Weltsichten

Dieses Buch möchte ich allen Reisenden widmen,
die sich unterwegs Zeit lassen.
Ganz besonders aber Marc, der sich, genau wie ich,
vorgenommen hat,
nie Toilettenpapier zu kaufen.

Axel Brümmer & Peter Glöckner

auf Marco Polos Spuren

Mit dem Fahrrad von Venedig nach Peking

Reihe Weltsichten

Impressum

TITELBILD: Chinese in Gansu,
venezianische Karnevalsmaske
HINTERGRUNDBILD/TITEL: Innere Mongolei
RÜCKSEITENBILD: Teezeremonie im Iran,
Wanderarbeiter auf der nördlichen Seidenstraße in China,
Buddhahöhlen bei Datong
UMSCHLAGKLAPPEN: Axel und Peter im Tien Shan/Kirgistan,
Alter Koran auf Koranständer/Usbekistan

Die Namen von Personen und weniger
Orte wurden verändert, wenn es aus Gründen
der Rücksichtnahme oder des Schutzes
notwendig erschien.

Alle Rechte vorbehalten

Fotos: Axel Brümmer & Peter Glöckner

1. Auflage 2002

Lektorat: Sabine Krätzschmar, Thomas Spanier, Jörg Buhl
Umschlaggestaltung: Karl Serwotka
Layout und Satz: Ronny Peinelt
Kartografie: Enrico Scholz
Herausgeber: Axel Brümmer & Peter Glöckner
Druck und Bindung: Wiener Verlag, Himberg bei Wien

ISBN 3-934996-03-5

www.weltsichten.de

Inhalt

VORGESCHICHTE	FERNWEH	6
KAPITEL EINS	AUF UMWEGEN INS HEILIGE LAND	12
KAPITEL ZWEI	SCHÜSSE IM LIBANON	33
KAPITEL DREI	IM REICH DES AYATOLLAH	60
KAPITEL VIER	WEINENDE FENSTER	87
KAPITEL FÜNF	EIN GELDBAD	113
KAPITEL SECHS	UMWEGE	140
KAPITEL SIEBEN	WÜSTE OHNE WIEDERKEHR	164
KAPITEL ACHT	FREMDE TISCHSITTEN	190
KAPITEL NEUN	FLUCHT DURCH DIE WÜSTE	213
KAPITEL ZEHN	ALLEIN NACH PEKING	232
DENKSCHRIFT		259
DANK		261

FERNWEH

»Nehmen's Ihre Hände aus dem Schlafsack!«
Der dicke Polizist mit bayerischem Dialekt ließ keinen Zweifel daran, dass er es ernst meinte. Die rechte Hand auf der Pistolentasche, stand er breitbeinig im Morgengrauen. Offensichtlich wollte er gerne respekteinflößend wirken. Nur misslang ihm das gründlich. Fast tat er mir Leid, wie er da sichtbar unausgeschlafen im matschigen Voralpenschnee stand. Ich musste an die Gendarmen-Filme mit Louis de Funès denken, verkniff mir aber das Lachen. Mit einer Mischung aus Verschlafenheit und Trotz schwiegen wir die Staatsmacht an.
»Die Ausweise! Aber flott!«, machte der Dicke weiter Druck.
»Der hält uns für Penner«, Axel drehte sich zu mir.
Eine Zornesfalte bildete sich zwischen seinen Augen. Wenn der Polizist wüsste, was das bedeutet, hätte er jetzt eingelenkt.
»Habt's Ihr koane Ausweise?«, fragte er mit deutlich weicherer Stimme.
»Nö. Und Sie?«
Ich war jetzt endgültig wach. Und sauer.
»Werdet's net frech«, straffte sich der Beamte.
Axel redete von nun an geschlagene vier Minuten. Dass wir keine Ausweise haben, weil wir noch nie welche hatten, seit wir nach fünfjähriger Weltumradlung wieder in Deutschland leben. Dass unsere Pässe zwecks Visabeschaffung auf irgendwelchen Botschaften herumliegen. Dass wir die Kreuzung, auf der wir unsere Schlafsäcke ausbreiteten, gestern Abend im Dunkeln für einen Waldweg hielten. Dass wir keine Wegelagerer, sondern Radreisende sind. Dass unsere Räder nicht mit Diebesgut, sondern mit Kameras und Objektiven bepackt seien. Dass wir uns auf dem Weg nach China befinden, um dort eine Denkschrift für die Verständigung und den Dialog der Kulturen zu übergeben.
»Und wenn Sie uns daran hindern wollen, dann tun Sie's jetzt. Aber tragen Sie auch die Konsequenzen.«
Während seines Vortrages hatte sich Axel aus dem Schlafsack gepellt und stand bei seinen letzten Worten unmittelbar vor dem Polizisten, den er nun um anderthalb Köpfe überragte.
»Joa, wenn des so ist«, der Dicke trat den Rückzug an. »Dann gute Reise.«

Er machte eine Pause.
»Nach Kina oder so.«
Während er in seinen Dienst-BMW stieg, zogen wir die Schlafsäcke wieder zu.
»Und träumt weiter.«

Es gibt Träume, die müssen erst sterben, ehe man sie lebt. Als Axel und ich im Sommer 1990, damals noch als DDR-Bürger, zu unserer Weltreise aufbrachen, die uns nach fünf Jahren und mehr als 80 000 Kilometern nach Deutschland zurückführte, hatte ich drei große Träume. Ich wollte Australien erleben, den Südwesten der USA und China. Alle drei Orte habe ich – im doppelten Sinne des Wortes – intensiv erfahren. Australien fesselte und faszinierte mich, die Landschaften im Südwesten der USA raubten mir den Atem, China wurde zum Albtraum.

Keines der etwa sechzig Länder, die wir damals bereisten, habe ich so verabscheut wie China. Nirgends habe ich so gelitten, nirgends wollte ich so sehr weg. Als wir nach drei unendlich langen Monaten am 28. Februar 1995, körperlich und seelisch am Ende, die kasachische Grenze erreichten, schworen wir uns beide: Nie wieder!

Hinter uns lagen zermürbende Auseinandersetzungen mit der Staatsmacht, deren Willkür wir weitgehend schutzlos ausgeliefert waren. Wir hatten in chinesischen Gefängnissen eingesessen, mit dem allgegenwärtigen Geheimdienst Bekanntschaft gemacht, die lästige Neugier der Menschen erlebt, Korruption, Raffgier, Bürokratie, Betrügereien, Lynchjustiz. Wir hatten gesehen, wie Soldaten einen alten Mann auf offener Straße steinigten. Wir stolperten über einen Toten am Straßenrand, dessen steif gefrorene Hand wie ein Hilfeschrei in den Himmel ragte. Niemanden kümmerte das. Auch wir hatten Angst, zur Polizei zu gehen und den Toten zu melden. China begegnete uns im Winter mit eisiger Kälte, die uns um unsere Zehen zittern ließ und für wochenlanges Fieber sorgte. Auch die Herzen der Menschen schienen kalt zu sein. Wir hatten China für uns aufgegeben. Und wir gaben das triste Bild dieser Volksrepublik weiter. Unaufhörlich erklärte Axel: »Wir werden erst wieder in dieses Land zurückkehren, wenn sich dort grundlegend etwas geändert hat.«

Es hat sich wenig geändert in China. Der alte Mann, der damals das Volk belog, ist durch einen anderen alten Mann ersetzt worden.

Hongkong, damals unser Sprungbrett nach China, gehört jetzt offiziell zur Volksrepublik. Was man kaum merkt. Es gibt ein paar Freihandelszonen, in denen sich Firmen der westlichen Welt ihren Anteil abstecken. Mehr als eine Milliarde potenzieller Käufer sollen mit den ›Segnungen‹ des Westens versorgt werden. Der Konzern, der als erster Fuß fasst, hat die größten Absatzchancen. Der einfache Chinese hat davon wenig.

Was sich im Laufe der fünf Jahre wirklich geändert hat, ist unsere Sicht auf das Land. Es ist ein bisschen wie mit allen negativen Erlebnissen. Erst sagt man sich: Nie wieder! Dann beginnt sich die Sicht zu verklären. Die wirklich schlimmen Dinge haben wir weitgehend verdrängt. Sie sind durch das Raster der Erinnerung gefallen. Was bleibt, sind die kleinen Nettigkeiten, die wenigen Erlebnisse, die Farbe in das triste Grau brachten.

Hatte China nicht phantastische Landschaften, an denen wir uns gar nicht satt sehen konnten? Waren wir nicht beeindruckt vom Geisterglauben der Menschen, fasziniert von der Vielfalt der Kulturen und Religionen? Hatten wir nicht entlang der Seidenstraße liebenswerte, hilfsbereite Menschen getroffen? Und war da nicht in der tiefsten Provinz dieser Dolmetscher, der uns, statt die Rede seines verknöcherten Polizeichefs ins Englische zu übersetzen, leidenschaftlich berichtete, dass die positiven Veränderungen in China erst noch beginnen würden und wir nur zu früh in dieses Land gekommen seien?

Nach und nach wurde uns bewusst, dass wir noch nicht reif waren, China zu begreifen. Die drei Monate damals waren viel zu kurz, um sich einer dreitausend Jahre alten, uns völlig fremden Kultur zu nähern. Wieso glaubten wir eigentlich, dass unsere Kultur, unsere Denkweise die richtige ist? In mir wuchs die Gewissheit, dass wir etwas Grundlegendes falsch gemacht hatten. Was, das wollte ich herausfinden. Vielleicht ist schon eine allmähliche Annäherung die Lösung. Vielleicht war nur der Kulturschock unser Problem?

Ich wollte verstehen, wieso die Dinge in China so sind, wie sie sind. Ich wollte begreifen, was die Menschen bewegt, was sie denken und fühlen. Wir mussten noch einmal in dieses Land. Gegen das Stigma, gegen die Angst, die unweigerlich mitfahren würde. Für das Verstehen und die Verständigung. Den Dialog fördern und fordern, das war unser journalistisches Ziel, als wir in Saalfeld losfuhren. Es war der 28. Januar 2001.

Auf den Tag genau fünf Jahre und elf Monate, nachdem wir China für immer den Rücken gekehrt hatten.

Wer sich mit dem ›Reich der Mitte‹ beschäftigt, kommt an Marco Polo nicht vorbei. Seine Reiseerinnerungen ›Die Beschreibung der Welt‹, auch bekannt als ›Die Wunder der Welt‹, die er bis 1298 als Inhaftierter in genuesischer Gefangenschaft seinem Mithäftling Rustichello diktierte, haben die Entdecker aus aller Welt über Jahrhunderte fasziniert und inspiriert. Von Kolumbus weiß man, dass er ein Exemplar des Buches bei sich hatte, als er Amerika entdeckte. Kolumbus starb in der Überzeugung, den westlichen Seeweg nach Indien gefunden zu haben. Wie viele Entdeckungsreisende vor und nach ihm suchte er das China Marco Polos, das reiche Katai, die sagenhafte Goldstadt Quinsai, Indien und die Gewürzinseln.

Axel und ich waren in jugendlichem Fernweh unabhängig voneinander auf die Reisebeschreibungen des Marco Polo gestoßen und begeistert von den Dingen, die in den Kinderbüchern über die sagenhafte Tour berichtet wurden. ›Die Beschreibung der Welt‹ haben wir später mehrfach gelesen. Der Gedanke, einmal auf den Spuren Marco Polos nach China zu fahren, reifte langsam und wurde immer konkreter, je mehr wir uns an der Vorstellung berauschten. Und – so detailgetreu wie möglich auf Polos Spuren mit Rädern von Venedig nach China – das hatte vor uns wahrscheinlich noch niemand gemacht.

Der Venezianer Marco Polo reiste siebzehnjährig mit seinem Vater Niccolo und dessen Bruder Maffeo in Richtung Morgenland. Zuvor waren die beiden Brüder schon einmal als Händler in den Orient gezogen und galten lange Zeit als verschollen. Sie trafen mongolische Fürsten und handelten im Herrschaftsbereich der Goldenen Horde, die ihren Namen von den goldenen Zelten hat, in denen ihre Angehörigen lebten. Kublai Khan, mächtiger Herrscher des Tatarenreiches, ließ sich von den Brüdern alles über die römischen Kaiser, die Könige des Abendlandes und andere christliche Fürsten berichten. Dann schickte er sie zurück nach Hause, um den Papst zu bitten, er möge ihm hundert gelehrte Männer schicken. Außerdem sollten die Polos etwas von dem heiligen Öl aus der Lampe mitbringen, die für ewig über dem Grab Jesu Christi in Jerusalem brennt. Kublai Khan, der sich den unterschiedlichen Religionen gegenüber offen und interessiert zeigte, war der Enkel des Eroberers Dschingis Khan und herrschte über ein Reich, das sich von China bis ins Gebiet des heutigen Irak und im Nordosten bis nach Russland hinein erstreckte.

1271, zwei Jahre nach ihrer Rückkehr in die Heimat, machten sich die Polo-Brüder noch einmal in den Fernen Osten auf. Diesmal nahmen sie den jungen Marco mit, der später von der letztlich über zwanzig Jahre dauernden Reise berichten würde. Die Karawane hatte sich etwas Öl von der Lampe des Heiligen Grabes beschafft. Der soeben neu gewählte Papst, Gregor X., händigte den Reisenden päpstliche Briefe aus und gab ihnen zwei Mönche vom Predigerorden mit, denen er die Vollmacht gab, Priester zu weihen, Bischöfe zu ernennen und Absolution zu erteilen. Außerdem vertraute er der kleinen Gruppe Geschenke an, darunter wertvolle Kristallvasen, die die Reisenden dem Großkhan in seinem Namen und mit seinem Segen überreichen sollten. Die zwei Mönche – mehr wollte die Kirche nicht entbehren – machten bereits in der Türkei wieder kehrt, wohl aus Angst vor den Gefahren einer solchen Reise, wie man heute annimmt.
Die Venezianer Polo nahmen zunächst den Schiffsweg nach Akko im heutigen Israel. Über Gebiete des heutigen Libanon, Syrien und die Türkei kamen sie nach Persien, reisten von dort weiter über Afghanistan durch ganz China bis nach Cambaluc, dem heutigen Peking, wo Marco Polo fünfzehn Jahre im Dienste des Großkhans die Provinzen des riesigen Mongolenreiches bereiste.

Was schon vor über siebenhundert Jahren ganz hilfreich war, könnte vielleicht auch uns nützen. Zwar hatten wir keine Geschenke im Gepäck, aber ein paar Empfehlungsschreiben, die auf dem Weg nach Peking vielleicht die eine oder andere Tür würden öffnen können.
Diese Tour war vermutlich die gefährlichste, die wir bis jetzt unternommen hatten. In kaum einem der Länder, durch die wir reisen würden, herrschte Frieden.
Seit Marco Polos Abenteuer sind sieben Jahrhunderte vergangen. Im Nahen Osten verschärften sich die andauernden Spannungen zwischen Juden und Palästinensern im Verlaufe unserer Reise noch. Auch die arabischen Nachbarstaaten, die wir durchqueren mussten, sind Israel alles andere als wohlgesonnen. Die Türkei befindet sich in einem permanen-

ten Bürgerkrieg mit der kurdischen Minderheit. Der Hauptteil unserer Reiseroute führte durch Kurdengebiet.

Im Iran, wo schiitische Revolutionäre 1979 den Schah stürzten und eine islamische Republik ausriefen, wacht man mit Argusaugen, dass Sitte und Moral eingehalten werden. Auch ausländische Reisende haben sich nach den strengen Regeln des Landes zu richten. Bis zu unserer Abreise war nicht klar, ob wir überhaupt Visa für den Iran bekommen. Das Gleiche trifft auf Afghanistan zu, ein weiteres Land auf der Marco-Polo-Route. Seit zwei Jahrzehnten tobt der Bürgerkrieg. Islamischfundamentalistische Taliban-Milizen terrorisieren das bitterarme Land. Während wir schon im Nahen Osten waren, erfuhren wir von der Sprengung der weltgrößten stehenden Buddha-Statuen im afghanischen Bamian. Was für eine fanatische Bilderstürmerei!

Sollten wir also heil durch Afghanistan kommen, dürfte es in Tadschikistan kaum ruhiger werden. Auch hier bekämpfen sich seit dem Zerfall der Sowjetunion islamistische Rebellen und Prokommunisten mehr oder weniger offen. Die Friedensabkommen waren bisher stets recht brüchig.

Wenn es überhaupt so etwas wie ein sicheres Land auf unserer Marco-Polo-Tour gab, dann war es Kirgistan. Hier wollten wir noch einmal Luft holen, ehe es hinein ging nach China. Über die Lage im bevölkerungsreichsten Land der Welt sind die Meldungen stets widersprüchlich. Kleinste Ereignisse können hier radikale Wendungen zur Folge haben. Als wir gerade im Iran waren, kollidierten vor der chinesischen Küste ein US-amerikanisches Aufklärungsflugzeug und ein chinesischer Abfangjäger. Nervenspiel und diplomatische Verwicklungen waren die Folge. All das konnte auch Auswirkungen auf unsere Reise haben, machte sie so unberechenbar, ja gefährlich.

KAPITEL EINS

AUF UMWEGEN INS HEILIGE LAND

Venedig, das war die letzte Station, die letzte Möglichkeit, Verwandte und Freunde zu sehen und sich von ihnen zu verabschieden. Aber auch Ausgangspunkt einer Reise, auf die wir beide unsäglich gespannt waren und auf die wir uns freuten. Trotz der möglichen Gefahren.

Hier sollte die Reise richtig losgehen. Die Vorbereitungen dafür hatten wir vom Fahrrad aus gelenkt, während wir die winterlichen Alpen überquerten, über Internetcafés abgewickelt, letzte Details über Handy besprochen. All das würde nun zu einem großen Teil wegfallen. Wir verließen Europa. Und waren froh darüber.

Endlich saßen wir wieder auf unseren Rädern, konnten unsere Nasen in den Wind halten, ins nächste große Abenteuer rollen. Der Schnee in den Alpen hatte uns nicht im Geringsten gestört. Im Gegenteil. All die Unannehmlichkeiten, auch die, die noch kommen würden, bestärkten uns nur in dem Gefühl, genau das Richtige zu tun. Erst dadurch spürten wir, dass wir wieder richtig unterwegs waren. Und jeder gerollte Meter Richtung Süden bedeutete, sich zu entfernen von dort, wo Zuhause war. Darauf hatten wir uns schon lange wieder gefreut. Denn wir rollten in gewisser Weise in eine Welt, in der wir uns auch zu Hause fühlten. In eine Welt des Ungewissen, der Entdeckungen, der Unabhängigkeit aber auch der Herausforderungen.

Marco Polos Heimatstadt auf der anderen Seite der Lagune hatte im milchig-braunen Licht der Abendsonne so gar nichts Anziehendes. Vielleicht später, wenn die ersten Lichter angehen würden. Venedig schickte uns einen Tag vor Beginn des ›Carnevale‹ mit dem Wind noch eine übel riechende Fäkalienwolke herüber zu unserem Aussichtsplatz. Dann verkrümelte sich die Silhouette, anstatt zu einem romantischen Lichtermeer zu werden, im Dunst. Nicht lange, nachdem wir unseren Schlafplatz hinter mehreren Heuballen angesteuert und uns in unsere Schlafsäcke verkrochen hatten, stieg auch schon eisige Kälte auf. Doch die Schlafsäcke hielten uns angenehm warm. Am Morgen würden sie mit Eis bedeckt sein. Stromleitungen durchschnitten den Nachthimmel. Sonst herrschte Stille. Wir versuchten zu schlafen. Ein Hund heulte irgendwo.

Ich musste an das Gespräch auf dem nahen Zeltplatz denken, wo wir in der Hoffnung auf eine warme Dusche hatten schlafen wollen.

»Nein. Ausgeschlossen. Ohne Zelt könnt ihr hier nicht schlafen.«

Der Platzwart drehte sich weg und wendete seine Aufmerksamkeit wieder dem Computerspiel zu. Der Zeltplatz war teuer, kaum belegt und die strikte Weigerung, sich noch etwas dazu zu verdienen, stieß bei uns auf völliges Unverständnis. Axel versuchte es noch mal.

»Wir sind auch morgen früh gleich wieder verschwunden. Ist nur für diese eine Nacht. Wir bezahlen jetzt gleich und sind morgen wieder weg.«

»Nein! Ich habe das doch schon einmal gesagt. Kommt nicht in Frage!«

Er wurde grantig. Vielleicht hatte er sich verspielt und kam nun nicht in den nächsten Level.

»Ist ja schon gut«, lenkte Axel ein. »Wir verschwinden ja schon. Nur noch eine Frage: Was ist eigentlich der Grund, dass man ohne Zelt nicht hier schlafen darf? Können Sie mir das sagen?«

»Erfrierungsgefahr«, seine Stimme klang noch kälter, als es draußen ohnehin schon war. Trotzdem mussten wir lachen.

»Bei so einem frostigen Typ kein Wunder«, meinte ich zu Axel.

»Komm, wir suchen uns woanders eine Ecke zum Schlafen. Heben wir uns unser Geld doch lieber für was Besseres auf.«

Am nächsten Tag schoben wir unsere Räder über den Damm, die Ponte della Libertà, zur Lagunenstadt. Der erste Tag der zwölftägigen Maskenparade hatte gerade begonnen. Polizisten lenkten Menschenströme durch die Gassen, die seit unserem ersten Venedig-Besuch vor zehn Jahren noch schmaler geworden zu sein schienen. Nur der breite Canale Grande ließ ein klein wenig Luft in die Enge der Stadt. Wir schauten nur kurz den Booten und Gondeln bei der Fahrt Richtung Rialto-Brücke hinterher. Dann verschluckte uns das Gassengewirr abermals.

Die wenigen Minuten reichten aus, um festzustellen, dass die Luft besser geworden war. Das Wasser in den Häuserschluchten, das lange noch nicht zum Baden einlud, löste wenigstens keinen Brechreiz mehr aus. Vielleicht hatte ich aber auch nur falsche Erinnerungen. Aus der venezianischen Kloake jedenfalls war halbwegs passables Meerwasser geworden.

Wege über kleinste Brücken waren zu Einbahnstraßen erklärt worden, um Besucherströmen mit entgegengesetzten Zielen überhaupt ein Vorwärtskommen zu ermöglichen. Vor einigen Brücken und auf ihnen bilden sich trotzdem jedes Jahr um diese Zeit Staus, die sich stundenlang hinziehen können. Und nachdem wir die intelligenteste Route zur Piazza San Marco gefunden zu haben glaubten, ohne unsere Räder über allzu viele Stege tragen zu müssen, stellten wir dort fest, dass nicht einmal mehr die Tauben auf dem Pflaster Platz fanden. Die armen Tiere verstehen vermutlich in diesen Tagen die Welt nicht mehr und flüchten sich auf den mächtigen weißen Dogenpalast, von wo aus sie ohnehin den besseren Blick haben dürften. Nur alteingesessene Venezianer machen jetzt das einzig Richtige. Sie flüchten aus ihrer Stadt, die Mitte Februar von hunderttausenden von Faschingsverrückten geradezu überrannt wird.

Die Händler dagegen dürften das Treiben händereibend beobachten. Sie machen zwölf Tage lang ein gutes Geschäft. Hotels und Fremdenverkehr waren es auch, die den Karneval in den achtziger Jahren des zwanzigsten Jahrhunderts wieder ins Leben riefen, um die lauen Wintermonate einträglicher zu machen. Davor hatte es fast zweihundert Jahre lang keinen öffentlichen Karneval gegeben. Napoleon hatte ihn 1797 wegen des ›zügellosen Treibens‹, das er mit sich brachte, abgeschafft.

Punkt zwölf ging am 16. Februar 2001 der alljährliche Konfettiregen über den Köpfen der Besucher auf dem Markusplatz nieder. Der Karneval konnte beginnen. Unser Hotel war leider mitten im Zentrum – zwischen Masken mit langen Nasen, Rüschenblusen, Tüll und glänzenden Fracks. Wir schoben uns vorbei an Gauklern, eindrucksvoll kostümierten Menschentrauben und dem ein oder anderen völlig normal gekleideten Touristenpärchen. Vor allem die Masken waren beeindruckend. Manche müssen ein Vermögen gekostet haben. Viele waren farblich vollkommen auf die Kostüme ihrer Besitzer abgestimmt. Golden glänzende, schlichte einfarbige, schrille bunte, minimalistisch geformte ohne viele Schnörkel, mit und ohne prachtvolle Haarteile. Es gab ganze Gruppen von Kostümierten, die alle das Gleiche anhatten oder wenigstens farblich harmonierten. Manche Besucher dagegen waren nur thematisch, andere gar nicht aneinander angepasst. Viele konnten offenbar nur noch stehend wirklich beeindrucken, bei der geringsten Bewegung hätte man Angst um die aufwändige Verkleidung haben müssen. Wir mussten aufpassen, dass wir mit unseren Füßen nicht auf die Stoffe trampelten oder mit den Rädern über die langen Schleppen rollten.

Die Maskenträger stellten sich sofort in Pose, sobald irgendein Tourist seine Kamera auf sie richtete – was mit kleinen Unterbrechungen eigentlich ständig der Fall war. Ich fragte mich, ob die Leute in den Kostümen nur einen von der Tourismusbranche bezahlten Job taten. Auf jeden Fall entdeckte ich, wenn ich tatsächlich einmal etwas von den Gesichtern hinter den Masken sehen konnte, erstaunlich oft gelangweilte, sogar genervte Minen. Karneval als lästiger, aber einträglicher Job?

Hinter der Hotelzimmertür verschwand der ganze Trubel. Hier konnten wir uns noch einmal in Ruhe auf unsere Reise konzentrieren, alternative Routen diskutieren, die letzten Anrufe machen und Sachen waschen.

»In Nahost ist jetzt einiges anders als noch vor ein paar Tagen.«
Axel blätterte stirnrunzelnd in einer Karte.
»Wenn unser ursprünglicher Plan, direkt in den Libanon zu fahren, schief geht, müssen wir woanders lang. Nur wo?«
»Mmh.« Mein Gemurmel drang kaum bis zu ihm vor.
»Der ganze Nahe Osten ist das Problem. Sharon vor allem.«
»Wir haben Glück, wenn wir halbwegs ohne Schwierigkeiten durchkommen«, sagte ich. »Aber das war uns ja von Anfang an klar ... «
»Sieht nicht so aus, als könnten wir einfach so aus Israel ausreisen. Wir müssen uns wirklich was einfallen lassen.«
Ursprünglich wollten wir über den Libanon in die Türkei und von dort in den Iran. Eine Einreise in den Libanon von Israel aus schien allerdings unmöglich. Und auch Syrien hatte sicher kein Interesse daran, eine Einreise von Israel aus zu genehmigen. Für die arabischen Länder im Nahen Osten ist Israel ein Erzfeind. Wer von Israel kommt, hat in diesen Ländern schlechte Karten.
»Das wird uns noch eine Weile beschäftigen, denke ich.«
Axel faltete die Karte zusammen. »Zur Not müssen wir mal sehen, ob wir mit einer Fähre den ganzen Schlamassel umfahren können.«
Das alles noch weit umständlicher und aufregender kommen würde, wussten wir zu diesem Zeitpunkt noch nicht.
Marco Polos Wohnhaus wurde renoviert. Nach hartnäckigem Suchen und Fragen hatten wir es endlich gefunden. Kein Schild, nur eine

kleine Gedenktafel hing daran. Ob die Italiener Polo immer noch für einen Aufschneider halten, der nichts weiter tat, als mit unglaublichen Zahlen um sich zu werfen und Geschichten zu erzählen, die ihm ohnehin keiner ohne zu zweifeln abnehmen wollte? Heute wissen wir ja, dass er im Grunde Recht hatte. Und einem Reisenden, der seinen Fuß das erste Mal in fremde Länder setzte, über die kaum jemand im Abendland etwas wusste, sollte man die eine oder andere Übertreibung schon verzeihen.

Eine nächtliche Fährfahrt hatte uns aus der Lagunenstadt gebracht. Über dem Meer tauchte die Sonne auf. Pátras, Griechenland, ein Zwischenstopp. Nachts hatte ich unruhig geschlafen und gehofft, dass der Wecker endlich klingelte. Jetzt war es sechs Uhr morgens, und die Fähre war pünktlich angekommen. Über tausend Kilometer entfernt von Venedig legte sie an, über fünfzehntausend von unserem Ziel – Peking. Und genau gegenüber, nur etwa hundert Meter von unserer Anlegestelle, fuhren Schnellzüge nach Athen. Um acht Uhr abends wollten wir in Piräus, Athens Hafen, auf die nächste Fähre gehen. Etwas umständlich, aber wenigstens diese Fähre sollte direkt nach Israel fahren.

»When does the next train leave for Athens? Wann fährt der nächste Zug nach Athen?«, fragte ich den Mann am Kartenschalter.

»Seven o'clock. Sieben Uhr.«

Ich bedankte mich und drehte um, da rief er mich zurück.

»Sie sind mit dem Rad, nicht wahr? Räder können in diesem Zug auf keinen Fall transportiert werden!«

Und schon war unsere hervorragende Idee zerplatzt wie eine Seifenblase. Nur, wenn der Zug nicht voll sein würde, könne man uns und die Räder mitnehmen.

Langsam wurde es heller. Wir saßen in einem Café und warteten. Sieben Grad Celsius, der leicht faulige Geruch gammelnder Algen und der Gestank von Autoabgasen kroch uns in die Nasen. Axel murmelte in meine Richtung.

»Mir gefällt es hier nicht.«

Wir waren uns einig. Auch darüber, dass wir jetzt wussten, wohin all die alten, ausgedienten Autos gebracht werden – die Ladas, Skodas und Daihatsus. Sie kommen nach Pátras.

Eine Bauruine, aus der die Stahlträger für das nächste Stockwerk ragten, wetteiferte mit einem klobigen, grauen Bankgebäude mit Bunkercharme um meine Gunst. Rechts davon bröckelte der Putz und mit ihm der Glanz von einem alten, schönen Haus. Man konnte noch den Schriftzug ›Majestic Hotel‹ erkennen. Sonst gab es hier wenig Majestätisches. Neben dem Schriftzug war eine Leuchtreklame mit zwei Meter großen Lettern angebracht worden: ›CHIC‹ lockte sie in lateinischer Schrift. Irgendwie erfolglos.

Ohne Helm schossen Motorradfahrer an uns vorbei. Die Fahrer der geparkten Lastwagen dachten nicht daran, die Motoren abzuschalten. Abgase brachten die Luft zum Flimmern. Trotzdem fühlte ich mich gut. Ich war schließlich wieder unterwegs! Zusammen mit Axel, auf Marco Polos Spuren.

Ich fragte mich, wie er sich wohl damals gefühlt hat. Mit siebzehn Jahren war er wohl nicht nur im Reisen unerfahren. Waren die Polos Abenteurer? Aus was für einer Familie kam Marco? Sicher waren die Polos keine Kaufleute, auch wenn man das überall nachlesen kann. Die Abenteuerlust muss sie getrieben haben, wenngleich sie wohl ohne Unterstützung durch Venedig kaum eine solche Reise hätten realisieren können. Die Polos sollen eine Menge Geschenke dabei gehabt haben, um den Zugang in fremde Ländern zu erleichtern.

Wahnsinn, denke ich in solchen Momenten. Die beiden ›alten‹ Polos waren zehn Jahre lang verschollen und hatten womöglich schon als tot gegolten. Kaum jemand wird angenommen haben, dass sie zurückkehren. Und wie lange dauerte Marcos Reise? Vierundzwanzig Jahre! Nein. Das können keine gewöhnlichen Leute gewesen sein. Zum Reisen braucht man ein ganz bestimmtes Auftreten. Selbstsicherheit. Hartnäckigkeit, Geduld. Diplomatisches Geschick. In den richtigen Momenten Charme. Während ich noch darüber nachdachte, dass wir fürs Reisen eigentlich wie gemacht sind, fuhr der Zug ein. Ein Gepäckwagen hing zwischen den Personenwaggons, und der war nicht einmal übertrieben voll. Der Gepäckschaffner machte trotzdem einen unglaublichen Aufstand. Nein, er könne uns mit Rädern..., auf keinen Fall, nein, er mache keine Ausnahmen, ausgeschlossen, ... er könne uns nicht mitnehmen. Gut. Typisches Beamtentum, sagten wir uns. Und fingen unter großem Geschrei an, unsere Räder einzuladen. Mit gleichgültigem Blick, so, als sei das eine Selbstverständlichkeit. Manchmal muss man die Regeln eben selbst aufstellen.

Irgendwann tat es dem Schaffner wohl Leid um seine Stimmbänder. Ein wenig meckerte er noch vor sich hin, wurde aber immer leiser. Dann beruhigte er sich. Und wir hatten uns gar nicht erst aufregen müssen.

Das musste ja auch gut gehen. Die Sonne schien. Der Zug fuhr dem Gestank davon, links das Meer, eine Insel, oder war das Festland? Auf den Kuppen der kahlen Berge hielt sich der letzte Schnee, unten auf der Ebene trugen die Zitronenbäume schon Früchte. Und die anderen blühten. Um diese Zeit? Die Sonne wärmte die Heißwasseranlagen auf den Dächern der Häuser. Die Hauswände waren weiß angestrichen und machten so aus den Dörfern idyllische Flecke, die sich zwischen den Olivenhainen versteckten.

Axel und ich redeten nicht viel. Wir genossen die Fahrt durch die griechische Ebene.

Bis unser Zug hielt. Einfach so, im flachen Land. Eineinhalb Stunden passierte nichts. Die Waggontüren ließen sich nicht öffnen. Irgendein Typ von der Bahn war die Gleise entlanggelaufen und tippelte, bevor wir ihn in die Mangel nehmen konnten, wieder zurück. Niemand wusste, was los war. Ohne Vorwarnung, so wie er einfach angehalten hatte, fuhr die Bahn dann bis zum letzten zurückliegenden Bahnhof. Die Türen öffneten sich und wir bestürmten die Schaffnerin, von der wir wussten, dass sie etwas Englisch sprach.

»Warum geht es nicht weiter? Unsere Fähre nach Israel fährt heute Abend. Die müssen wir unbedingt erreichen!?«

»Wann genau fährt die Fähre?«

»Sieben Uhr.«

Eine Notlüge, sie fuhr um acht. Aber wenigstens eine Stunde Reserve wollten wir haben.

»Kein Problem. Bleibt sitzen.«

Wenig später rollte eine Lokomotive heran und wurde statt der anderen vor den Zug gekoppelt. Da standen wir nun immer noch, aber immerhin mit neuer Lok und der Aussicht auf eine halbwegs pünktliche Ankunft in Athen. Noch um einiges später – ein wenig stieg schon die Nervosität in uns auf – fuhren wir tatsächlich los.

Endlich.

Einmal durchatmen.

Alarmierend nur, dass diese Lok merklich langsamer vor sich hinzuckelte, so langsam, dass man jeden einzelnen Schienenstoß spürte. Am nächsten Bahnhof stoppte der Zug. Für weitere eineinhalb Stunden.

»Bitte alle aussteigen«, rief jemand in den Waggon. »In zehn Minuten fährt auf dem gegenüberliegenden Gleis ein Expresszug ein. Dort kommen alle mit.«

Na, das waren ja geradezu himmlische Aussichten. Ein Expresszug! Der Bahnmitarbeiter drehte sich zu uns um.

»Sie können nicht mitfahren! Für Räder ist kein Platz und dieser Zug endet hier.«

Verdammt! Wir hatten jetzt zwei Möglichkeiten. Wir konnten fluchen. Oder uns einfach auf unsere Überzeugungskraft verlassen. Auch dieser Express würde uns mitnehmen, das war sicher.

Mit selbstbewusstem Geschrei, unter energischem Beiseitedrängen der Bahnbeamten und anderer Hindernisse und notfalls auch mit Handgreiflichkeiten würden wir unsere Drahtesel in diesen Zug befördern. Es würde nur wieder lästig sein.

Ich möchte an dieser Stelle an die Leute vom Reisebüro in Deutschland erinnern, die meinten, dass Schwierigkeiten beim Umsteigen absolut ausgeschlossen seien. Sie hatten uns diese Verbindung schließlich auch herausgesucht.

»Kein Problem. Die nächste Fähre ist ganz leicht zu erreichen.«

Die sind noch nie mit Rädern gereist!

Ich habe von Anfang an nicht nur geahnt, sondern gewusst, dass es Ärger geben würde und hatte das auch Axel gesagt. Aber mir war auch klar, dass wir es schaffen. Jemand, der brav und folgsam das tut, was Uniformierte ihm sagen, hat keine Chance.

Auf die Handgreiflichkeiten konnten wir zum Glück verzichten. Wir kamen auch so in den Zug. Warum musste so etwas nur immer so lästig sein? Was dachten sich die Bahnbeamten? Dass wir seelenruhig zusehen, wie unsere letzte Chance, die Fähre noch rechtzeitig zu erwischen, davonfährt?! Das können sie nicht wirklich von uns erwarten!

Stunden später war ich irritiert. Wo blieb der Smog? Das hier war doch Athen?! Dagegen sprach, dass uns die Akropolis irgendwie entgangen sein musste. Oder war sie das dort, nah beim Hafen, vielleicht schon gewesen? Die eintönige und ruhige Fahrt im Expresszug hatte uns müde gemacht, wir dösten in unserem Abteil vor uns hin. So schnell, wie wir nach Athen hineingefahren waren, ließen wir es nun schon wieder hinter uns. Zu schnell, um uns auch nur einen flüchtigen Eindruck zu verschaffen. Nur wenige Kilometer weiter, im Hafen Piräus, wartete die Fähre nach Israel. Wir radelten die letzten Meter zur Ladeklappe und platzierten unsere Räder im Bauch des Schiffes.

So verließen wir also Europa. Das letzte Mal ohne Passkontrolle. Auf Wiedersehen, Europäische Union.

Zwei Tage tuckerte die Fähre durch Nieselregen, tief hängende, dichte Wolken und unruhige See. Ich wünschte mir mein Faltboot. Vielleicht nur, um den Lautsprechern an Bord des Schiffes zu entkommen. Wer den Klang alter Bahnhofslautsprecher kennt, weiß, wovon ich rede. Nur dass diese hier die altbekannten deutlich im Krächzen übertrafen und an Verständlichkeit unterboten. Ich war erstaunt, dass das technisch überhaupt noch möglich war. Oft verstanden wir nicht ein Wort, und es dauerte viele Durchsagen, bis wir begriffen, dass sie auf Englisch waren. Allerdings half das auch nicht weiter. Im Zimmer ließen sich die Lautsprecher nicht ausschalten und fingen grundsätzlich dann an zu rauschen, wenn wir gerade kurz vorm Einschlafen waren.

Von einem jungen Holländer erfuhren wir, dass die Fähre von Zypern nicht direkt nach Haifa fuhr, sondern einen Umweg über Port Said in Ägypten machte, ans nördliche Ende des Suez-Kanals. Das verlängerte die Reise um einen weiteren Tag und machte uns unweigerlich zu Pauschaltouristen. An dem Ruhetag, erzählte der Holländer, könnten wir eine Tagestour zu den Pyramiden nach Kairo buchen. Wir hatten leider nicht die zur restlichen Reisegruppe passenden knallbunten Shorts dabei, buchten aber trotzdem. Was sollten wir auch sonst tun? Eine Pauschalreise, das hatten wir noch nie mitgemacht! Wir waren ohnehin abhängig von der Fähre und hatten wirklich keine Lust, erst irgendein anderes Transportmittel nach Israel zu suchen.

Nach einem unspektakulären Anlegemanöver in einer unspektakulären Stadt, deren einzige Daseinsberechtigung wohl im Abkassieren von durch den Kanal fahrenden Schiffen besteht, wurden wir direkt zu einem bereits wartenden Bus geleitet. Im Nu fanden wir uns in der oberen Etage eines stickigen, nach Zigaretten und Schweiß stinkenden Doppelstockbusses wieder und lauschten den deutschsprachigen Ausführungen der Reiseleiterin.

Ganze zweieinhalb Stunden Busfahrt durch Steinwüste unter milchig-blauem Himmel folgten, ohne dass etwas besonders Aufregendes zu sehen war. Beidseitig der Straße war der Boden zum großen Teil nutzbar gemacht worden. Hier weideten Schafe, Reis wurde angebaut.

Dazwischen befand sich der ein oder andere Militärstützpunkt, was den tristen Eindruck noch verstärkte.

Wenigstens die berühmten Wüstenschiffe bekamen wir zu sehen, weil der Bus nahe am Suezkanal entlang fuhr. Die Wasserstraße wird bereits nach einigen hundert Metern Entfernung von Dünen verdeckt und die riesigen Ozeanschiffe scheinen durch ein Meer aus Sand zu fahren.

In Kairo ließ man uns Touristen frei. Wir durften den Nil bestaunen, begegneten Frauen in erzkonservativer und anderen in modischer Kleidung. Mit Kopftüchern, Schleier oder langem, offenen Haar.

»Aber in einer halben Stunde müssen Sie zurück am Bus sein! Wir treffen uns in einer halben Stunde wieder hier am Bus! Zwanzig vor um!«, hatte uns die Reiseleiterin bestimmend hinterhergerufen.

Wir rannten Richtung Altstadt. Eine kleine Gasse ging in ein Wirrwarr von weiteren über, jemand nahm ein Tier aus, das verdächtig nach Ratte aussah. So genau konnten wir das nicht sehen, wir hatten keine Zeit. Ein junger Ägypter verkaufte an seinem Stand riesige Brotfladen, Opis nuckelten an Wasserpfeifen und mehrere Jungen passten auf eine kleine, eingepferchte Schafherde auf. Wir machten einige Fotos.

Ich dachte an die armen Touristen im überfüllten ägyptischen Museum, die unablässig Dinge zu hören bekommen wie: »Beeilung, bitte! Wir wollen weiter!« Wir mussten das zum Glück nur diesen einen Tag ertragen. Für die anderen war dies ihr Urlaub ...

Nach einer ganzen Stunde im Museum ein halbstündiger Schnelldurchlauf am Fuße der Pyramiden. Ich trödelte absichtlich und vergab so die Chance, wie andere meterweise Film zu belichten und ägyptische Verkäufer mit Bauchläden abzuwehren. Oder jene, die gerne für ein Foto mit ihrem Kamel ein bisschen Geld nehmen. In meiner Trödelei genoss ich, mich voll und ganz auf die Pyramiden zu konzentrieren. Sie waren gewaltig. Sie dominierten die Landschaft total. Das müssen sie schon kurz nach ihrer Erschaffung getan und so jeden möglichen Angreifer gehörig eingeschüchtert haben. Stellvertretend für einen Staat, der wohl nur durch seine Stabilität solche Mammutbauwerke zu verwirklichen in der Lage war. Doch so richtig konnte ich das alles nicht verarbeiten. Ich war nicht darauf vorbereitet, hierher zu kommen. Es war, als durchlebte ich einen unwirklichen Tagtraum.

Unter der Sphinx durften wir ganze zehn Minuten verharren und ehrfürchtig dorthin schauen, wo einmal ihre Nase gewesen sein musste. Hat sie nun Napoleon abgeschossen oder ist sie abgebrochen, als Obelix darauf stieg? Beide Varianten sind in Büchern festgehalten ...

Im Souvenirladen dagegen ließ man uns dann über eine Stunde in unserer Langeweile allein. Länger als bei den Pyramiden und der Sphinx zusammen. Es war ja nicht so, dass ich mich darüber beschweren wollte, aber mich hätte doch interessiert, wie hoch die Provision letztendlich ausfiel ... Darüber hüllte sich die Reiseleiterin jedoch in Schweigen.

»Eines muss man den Ägyptern lassen«, sagte eine Frau auf der Rückfahrt zu ihrer Nachbarin. »Hier sieht man keine besoffenen Männer auf der Straße.«

»Aber dafür rauchen die doch alle ständig ihre riesigen Haschischpfeifen. Diese großen Dinger, wo Wasser drin ist. Wenn die sich so zudröhnen, brauchen die keinen Schnaps.«

Die Reiseführerin machte sich nicht die Mühe, zu erklären, dass in den Wasserpfeifen reiner Tabak drin ist. Sie sagte auch nichts über die harten Strafen, die auf Drogenkonsum stehen. Das hätten die Touristen als Zurechtweisung empfinden können – was sich negativ auf das Trinkgeld ausgewirkt hätte. Also kam der ägyptische Alltag in ihren Beschreibungen wenig vor. Trotzdem empfand ich den Ausflug keineswegs als Fiasko. Dazu war er mir einfach zu skurril. Wir waren für wenige Stunden in die Rolle von austauschbaren Touristen geschlüpft, vor der wir uns immer gescheut hatten. Und waren froh, abends auf der Fähre wieder Axel und Peter zu sein, die Abenteurer, die nicht genau wissen, was morgen alles passiert, dafür aber sicher sind, dass alles passieren kann.

Am frühen Morgen, im schwachen Licht der Sonne, legte unsere Fähre in Haifa an. Die meisten Touristen auf dem Schiff hatten einen dreitägigen Trip durch Israel gebucht. In Haifa waren sie nun auch die ersten, die das Boot verlassen konnten. Jeder bekam eine Lunchbox, wurde von den Sicherheitsbeamten durchleuchtet und dann für den nächsten Tagesausflug in mehrere Busse verfrachtet.

Unsere Räder waren längst gepackt. Aber wir durften das Schiff nicht verlassen. Die Zoll- und Einreisebehörde ließ sich für normale Reisende Zeit. Schrecklich, wie fürchterlich wichtig sich hier alle nahmen und wie schrecklich akkurat alles sein musste. Kein ägyptisches Chaos. Dieses eigentlich liebenswerte Durcheinander.

Ganz zu schweigen von der eigentlichen Kontrolle. Penibel wurden unsere Räder durchgesehen, zum Teil auch auseinander genommen. Axels gefederte Sattelstütze hat diese Kontrolle nicht überlebt. Sie ließ sich hinterher nicht mehr fest spannen.

Als hätte die Gründlichkeit einer Steigerung bedurft, passierte etwas Unglaubliches.

»Ich erinnere mich an Sie.«

Die Beamtin schaute noch einmal in meinen Pass und dann wieder zu mir hoch.

»Vor ungefähr zehn Jahren waren Sie schon einmal hier, nicht wahr?«

Kaum möglich. Sie hatte uns wieder erkannt.

»Ja, das stimmt. Damals sind wir weiter nach Ägypten geradelt.«

Und nicht nur das.

»Deswegen wollten Sie auch keinen Einreisestempel in die Pässe.«

Sie lächelte selbstsicher und zufrieden über ihre berufliche Begabung.

Uns quälte nun diese Frage: Hatten wir uns damals so daneben benommen, dass man uns zehn, elf Jahre danach immer noch nicht vergessen hatte? Manche Grenzbeamte sollen ja ein fotografisches Gedächtnis haben. Um unseren Eindruck bei den israelischen Behörden unvergesslich zu gestalten, machte Axel wegen der kaputten Sattelstütze so viel Ärger, dass wir uns sicher sein konnten, in zehn Jahren noch einmal wieder erkannt zu werden.

Ich radelte barfuß. Zum ersten Mal wieder seit langem. Warm genug war es. Fünfzig Kilometer auf dem Randstreifen der Autobahn. Vorneweg. Wie so oft. Ich kann gar nicht mehr anders. Axel bot mir oft an, in seinem Windschatten zu fahren. Aber das geht nie lange gut, weil ich zurückfalle, wohl, weil ich das Tempo nicht bestimmen kann oder kein Ziel sichtbar vor Augen habe. Das hat sich im Laufe der Jahre, nach mittlerweile etwa 130 000 gemeinsamen Kilometern so ergeben. Links von uns thronte das Bergland, rechts das ruhige, blaue Meer. Die Sonne stand hinter dünnen Wolkenschleiern. 1948 gegründet, wahrlich ein kleines Land mit einer großen Vergangenheit und Heimat dreier Weltreligionen. Hier an der Küste wirkt die Landschaft mediterran, fruchtbar. Viele Felder werden zusätzlich bewässert. Obstplantagen auf beiden Seiten.

Jüdische und palästinensische Orte und Siedlungen wirken gleichermaßen nicht gewachsen, eher platziert. Das palästinensische Chaos war ein krasser Gegensatz zur jüdischen Ordnung und Sauberkeit, dennoch erinnerte mich das ein wenig an Ägypten. In den Städten dagegen fehlte das Grün. Kaum Bäume oder Palmen, aber viel Beton. Hübsche dunkelhaarige Mädchen mit modernen, figurbetonten Klamotten stolzierten selbstbewusst neben verschleierten Frauen durch die Straßen.

Das Militär war allgegenwärtig. Sogar junge Frauen mit Gewehren standen überall am Straßenrand wie hier in Hadera. Ich fragte mich, ob die Sicherheitslage wirklich so kritisch war. Zu Hause bekam ich manchmal den Eindruck, dass in den Medien extreme Auswüchse in einzelnen Orten verallgemeinert werden. Aber hier? War vielleicht allein die provozierende Anwesenheit von Soldaten ein Auslöser für gewalttätige Zusammenstöße?

Ohne genaue Karte mussten wir uns mit den großen Straßen begnügen. So landeten wir einige Zitrusplantagen weiter dummerweise wieder auf der Autobahn.

Dafür krochen wir zum Schlafen abends unbehelligt und abseits der Ortschaften auf einer Wiese in unsere Schlafsäcke und genossen den Blick auf das von der Nacht schwarze Meer. Der Februarhimmel war jetzt klar und schickte das Licht der Sterne zu uns herunter.

Nur einige Stunden später ging plötzlich alles drunter und drüber. Auf der jordanischen Botschaft in Tel Aviv hatte Axel erfahren, dass nur der Grenzübergang im Süden für uns offen sei.

Mir passte das gar nicht. Warum Jordanien? Weder lag es in der richtigen Richtung noch lag es vor siebenhundert Jahren auf Marcos Route.

Aber wir mussten offensichtlich dort hindurch. Dieser kleine Umweg war der einzige Weg nach Syrien, der uns Ärger wegen unseres Aufenthalts in Israel ersparen konnte. Eine direkte Einreise nach Syrien oder in den Libanon war, wie wir befürchtet hatten, wegen der politischen Situation undenkbar.

Und beide hofften wir, weiter per Rad voranzukommen. Auf Fährverbindungen oder umständliche Aktionen mit dem Flugzeug konnten wir jetzt wirklich verzichten.

Schließlich gelang uns eine leidlich akzeptable Kombination aus öffentlichem und bewährtem privaten Transportmittel. Axel ergatterte die letzten beiden Tickets für einen Flug nach Amman, Jordaniens Hauptstadt. Dieser Umweg hatte den Vorteil, dass wir erst auf dem Flughafen das jordanische Visum bekommen würden. Damit war aus unseren Pässen nicht mehr ersichtlich, dass wir je in Israel waren. Denn auch mit Visum hätte man uns weder in Syrien noch im Libanon einreisen lassen, wenn unser Zwischenstopp in Israel bemerkt worden wäre.

Einen gewaltigen Nachteil hatte die ganze Aktion natürlich. Uns blieben nur eineinhalb Tage für Jerusalem, das auf Marco Polos Reise insofern eine größere Bedeutung hatte, weil aus der Heiligen Grabeskirche das Öl stammte, das die venezianische Karawane dem Kublai Khan mitbrachte, der mit dem Christentum liebäugelte.

Von Tel Aviv bis Jerusalem waren es nur gemütliche achtzig Kilometer. Die Orte auf den felsigen Bergkuppen rechts und links der Fahrbahn, rundherum bewaldet, wirkten wie kleine Festungen, die das umliegende Land beherrschen. Allein diese Lage wirkte auf mich bedrohlich. Oder bildete ich mir das nur ein, weil ich zuviel ferngesehen hatte und mit Israel sofort Gewalt und Terror assoziierte?

Jerusalem liegt über viele Bergkuppen verteilt im Bergland von Judäa. Drei Weltreligionen beanspruchen die Stadt als heilige Stätte für sich – die Juden, das Christentum und der Islam. In der Altstadt, die von einer Ringmauer umgeben ist, liegen die für alle drei Religionen bedeutsamen Heiligtümer. Drumherum ist eine moderne Neustadt gewachsen.

Es war schon fast dunkel, als wir uns kurzerhand ins Gassengewirr der Altstadt stürzten. Sie ist fast gnadenlos verwinkelt. Das machte uns die Orientierung unglaublich schwer. Gässchen, zum Teil überdacht, enge Treppen und Wege, mit unverhofften Knicken.

Reste einstiger Gemäuer waren umgearbeitet und in neue Häuser integriert worden. Diese Kombination gab der Architektur ein ganz eigenartiges Aussehen. Wir streiften durch die verschiedenen Viertel, zur Klagemauer, zur Heiligen Grabeskirche, zum Felsendom. Das Beeindruckendste waren für mich die Festungsmauern und die alten Gebäude mit Dachterrassen, von denen wir einen herrlichen Ausblick über die Stadt hatten.

Dort irgendwo trafen wir Schlommer. Ich schätzte ihn auf sechzig Jahre, vielleicht fünfundsechzig. Ein orthodoxer Jude mit einer Kippah, der jüdischen Kopfbedeckung, klein, rund und schwarz. Schlommer führte uns in sein Lieblingscafé, ein Café mit einem grandiosen Blick auf den Ölberg.

»Axel, please get us three coffee – à la Schlommer.«

Damit waren offensichtlich alle Fragen, wie der Kaffee zu sein habe, geklärt.

Schlommer lehnte sich zurück und begann, zu erzählen.

»Ich reise viel in der Welt herum und halte Vorlesungen über die Tora.«

»Was ist für dich die Tora?«, fragte ich, da ich mir nicht mehr ganz sicher war.

»Die Tora, das sind die fünf Bücher mit der Lehre und der Weisung Gottes für die Juden. Das israelische Volk empfing die Tora von Moses am Sinai, dem Berg der Offenbarung, nachdem es sich aus der Knechtschaft Ägyptens befreit hatte. In der Tora ist der Wille Gottes, die Zehn Gebote, erklärt. Durch die Kenntnis der Gesetze soll der Wille Gottes respektiert und im Leben verwirklicht werden.«

Schlommer hatte gerade erst in Australien darüber gesprochen. In wenigen Tagen sollte es wieder nach Deutschland gehen. Er schien ständig unterwegs zu sein.

Axel hatte ein bestimmtes Interesse.

»Wie ist das eigentlich im Judentum mit den Frauen?«, fragte er. »Dürfen Rabbis heiraten?«

»Wenn du wissen willst, ob ich verheiratet bin«, lachte Schlommer, »dann ist die Antwort: Nein. Alles kann ich mir auch nicht erlauben. Zumindest darf es niemand erfahren.«

Und er erzählte uns von sich und seinen verbotenen Frauengeschichten, die seiner orthodoxen Gemeinde auf keinen Fall zu Ohren kommen dürfen, auf erstaunlich offene Weise. Ähnlich überraschend für sein Alter und seine Tätigkeit war seine Vorliebe für Diskotheken.

»Schade, dass ihr nur noch morgen hier seid. Sonst hätte ich euch in einen super Nachtklub mitgenommen.«

Irgendwann liefen wir weiter durch die verwinkelten, dunklen Gassen der Altstadt. Diese schienen zu diesem Zeitpunkt fast menschenleer, wie ausgestorben. Nur der Lichtschimmer aus verhangenen Fenstern markierte unregelmäßige Lichtflecken an dicht gegenüberliegende Lehmwände und in den Straßenstaub. Eine unbekannte, gespenstische Stimme rief uns im klaren Deutsch hinterher: »Lebt nicht in der Vergangenheit! Lebt für die Zukunft!«

Die Leere der Straße verlieh dem Ruf eine ganz eindringliche Bedeutung. Prophetisch klang er, aber auch mystisch.

Wir stiegen eine verwinkelte Treppe herab und hörten plötzlich unmittelbar hinter uns Schüsse. Zwei Araber, die an einem einsamen Stand noch etwas zu essen verkauften, beruhigten uns: »Das hat nichts mit euch zu tun, da geht's nur um arabische Christen.«

Danach gingen sie völlig entspannt zum Geschäftlichen über, uns etwas schmackhaft zu machen. Kein guter Zeitpunkt.

Oberhalb der Treppe versetzte ein Bewegungsmelder die Straßenszene in helles Licht. Gerade vorher hatte ich noch bemerkt, wie ein bewaffneter Wachposten sein Nachtsichtgerät absetzte, mit dem er uns die ganze Zeit heimlich beobachtet hatte. Alles in allem hinterließ die nächtliche Altstadt einen ausgesprochenen paradoxen, rätselhaften Eindruck. Einerseits herrschte diese Stille, auf der anderen Seite eine merkwürdig angespannte Atmosphäre. Die plötzlichen Schüsse zerrissen das ruhige Dunkel der Nacht, um die Stadt danach wieder in spannungsgeladene Starre verfallen zu lassen. Eine eigenartige Stimmung.

Das Tageslicht ließ das Mystische des Vorabends verschwinden. Die Altstadt war nun voller Touristen, obwohl der Felsendom seit einigen Monaten für Nichtmoslems völlig, und die Klagemauer der Juden lose gesperrt war. Fotos konnte man hier überhaupt nicht mehr machen. Dieses Attraktionsdefizit muss wohl die Heilige Grabeskirche ausgleichen. Der Bau war für jeden zugänglich. Das Gemäuer musste für Touristen herhalten, die sich in kurzen Hosen und wenig beeindruckenden Kämpferposen gemeinsam mit irgendeinem Priester vor dem Schrein ablichten ließen. Mir passte das nicht. Ich vermisste den nötigen Respekt und die würdevolle Stimmung an einer so wichtigen religiösen Stätte.

Auch die Polos waren in dieser Kirche und nahmen sich von dem Heiligen Öl, das die ewige Flamme über Jesu Grab versorgt. Der mongolische Kaiser Kublai Khan, der sich aufmerksam mit dem Christentum befasste, hatte darum gebeten. Das Öl galt als Balsam für Körper und Seele.

Das war fünfundzwanzig Jahre, nachdem die christlichen Kreuzritter Jerusalem zum letzten Mal und endgültig verließen. Kriege, römische Eroberungen oder Kreuzzüge hatten den Pilgerstrom nach Jerusalem nur kurz unterbrechen können. Vollkommen gleich, wer gewann – die Pilger aller Religionen kamen immer wieder hierher zurück.

Wenn man durch die Altstadt schlendert, die Leute auf den Straßen und an ihren Heiligtümern betrachtet, sich von einem guten Aussichtspunkt die Lage der Stadt am Rande der Wüste anschaut und versucht, sich in die alte Zeit hineinzuversetzen, dann kann man zumindest ahnen, warum es in dieser Stadt ständig Streit gab und gibt. Einer Stadt mit einer ganz eigenen Ausstrahlung. Wo sich der Horizont im Osten tief unter dem Betrachter über der Wüste abzeichnet.

Abends, nachdem wir noch mal einen kurzen Blick in das moderne, aber keineswegs so interkulturelle Stadtzentrum geworfen hatten, saßen wir noch lange mit einer Bekannten und deren jüdischem Freund zusammen. Weitere Freunde kamen hinzu. In den Gesprächen spürte ich keinen Hass auf die Araber. Aus ihrer Sicht schien die andere Seite unberechenbar, verhandlungsunfähig und strahlte eine ständige, irgendwie dunkle Bedrohung aus. Sicher genau das Gleiche, was die Araber aus Unkenntnis über die vermeintlichen Feinde von den Juden behaupten. Dabei leben sie zusammen, in einem Land, in einer Stadt!

Als wir ankamen, trat die schlimmste Situation ein, die man sich vorstellen kann. Beide Seiten redeten nicht mehr miteinander. Damit waren sie leichte Opfer für hasserfüllte Polemik und begriffen nicht mehr, dass auch auf der anderen Seite friedliebende Menschen leben.

»Es gibt immer Hoffnung auf Frieden«, sagte einer, »auch wenn ich jetzt viel weniger Hoffnung habe als noch vor einem Jahr.«

Das war Anfang des Jahres 2001, kurz nach der Wahl des konfrontationsbereiten Ariel Sharon zum israelischen Ministerpräsidenten. Dabei war zu dieser Zeit die Lage im Nahen Osten noch nicht einmal so aussichtslos wie wenige Monate später, im Juli und im August, als Anschläge auf beiden Seiten zunahmen und sich der Ton zwischen Palästinenserpräsident Yassir Arafat und Sharon hoffnungslos verschärften. Schade. Vertrauen, das die Grundlage für einen wirklichen Frieden ist, kann in diesem Land keiner gegenüber der anderen Seite aufbringen. Der Ärger wird wohl weitergehen.

In Tel Aviv hatten wir kurz vorm Abflug nach Osten ins jordanische Amman einige unangenehme Fragen über uns ergehen lassen müssen.

»Warum sind Sie in Israel gewesen?«

»Warum haben Sie Ihren Pass nicht stempeln lassen?«
»Wo haben Sie in Israel geschlafen?«
»Kennen Sie jemanden hier?«
»Was für einen Grund hat Ihre Chinareise?«
»Kennen Sie jemanden im Nahen Osten?«

Einen großen Vorteil hatte das ›Verhör‹ dennoch: Unser Gepäck konnte aus Zeitgründen vor dem Abflug nicht mehr kontrolliert werden.

Auffallend und erstaunlich auf dem Flughafen war, dass urplötzlich kaum noch Judenkappen zu sehen waren. Zwei orthodoxe Juden mit Melonen und schwarzem Mantel ließen ihre langen, schwarzen Locken nicht herunterhängen, sondern befestigten sie unter ihren Hüten. Das erstaunte mich mindestens genauso wie das wenig Vertrauen erweckende Aussehen der Propellermaschine der jordanischen Airline, in die wir und unsere Räder geladen wurden. So etwas war mir seit Aeroflot nicht mehr begegnet. Ich war heilfroh über die kurze Flugdauer.

Hilfloses Unverständnis beschlich mich. Auf den, nun allerdings gesperrten, Straßen lag Amman genau so weit von Jerusalem entfernt wie Tel Aviv, von wo aus wir jetzt nach Amman flogen. Das bekannte ›Was-soll-das?‹-Gefühl, das mich so oft beschleicht, wenn ich die Resultate gescheiterter Politik betrachte.

Amman, die jordanische Hauptstadt, liegt über etliche, zumindest für Radfahrer viel zu steile Berge und Täler verstreut. In einer kleinen Gaststätte verdarb mir ein Plakat den Appetit. Dort legte ein mordlüstern blickender israelischer Soldat auf einen kleinen Palästinenserjungen an.

Unmittelbar hinter Amman begann die Wüste. Die Orte bis zur syrischen Grenze wirkten kalt und wenig einladend. Also radelten wir daran vorbei. Gegen Mittag kam starker Wind auf, natürlich von vorn. Radfahrer wissen, dass das immer so ist. Es macht das Fahren verdammt ungemütlich. Der Luftsog vorbeirasender Lastwagen ließ uns gefährlich pendeln, fuhr in unsere durch die Packtaschen besonders windanfälligen Räder und riss sie für bange Sekunden aus der Geraden.

Wir hatten dummerweise unsere Wasserflaschen nicht gefüllt, und die nun auch immer seltener werdenden Stände am Straßenrand waren geschlossen. So dursteten wir etwas vor uns hin, bis wir abgekämpft in die Nähe der Grenze kamen.

Es ist wohl ein weltweites Phänomen, dass in Grenznähe die Geschäfte besser laufen, und so war auch am jordanisch-syrischen Übergang alles offen. Wir kauften uns zwei Cola, das beste, was man für einen Radfahrerkörper tun kann. Zucker und Koffein, das baut schnell auf. Zu Hause trinke ich keine Cola. Axel geht es genau so. Doch sobald wir für einige Tage oder Wochen auf den Rädern sitzen, ändert sich der Geschmack, und wir halten ständig Ausschau nach der nächsten kalten Colaflasche.

Die Grenzabfertigung, wo niemand von unserer Fahrt durch Israel wissen durfte, machte uns kaum Probleme. Zwar gab es riesige, einschüchternde Anlagen und fürchterlich wichtig tuende Beamte, aber schon gegen Abend waren wir auf der anderen, der syrischen Seite.

»Das war 'ne schwere Geburt«, sagte ich.

»Ja. Aber irgendwie auch nicht.«

»Nun können uns höchstens die Libanesen noch Ärger machen. Aber ich kann mir irgendwie nicht vorstellen, dass sie an dieser Grenze auch so scharf sind. Schließlich können wir ja gar nicht in Israel gewesen sein, wenn wir aus Syrien kommen – theoretisch.«

»Na ja«, meinte Axel. »Wenn einige andere Reisende wie wir den Unterschied zwischen Theorie und Praxis kennen und ausnutzen, warum sollen die Libanesen ihn nicht auch kennen?«

Trotzdem waren wir beide erleichtert, weil uns nun zumindest hier in Syrien niemand mehr nach Israel fragen würde. Wir schienen durch zu sein. Unglücklicherweise nur über einen Umweg, den Marco Polo damals verständlicherweise nicht gewählt hatte. Aber das war jetzt erst einmal egal. Alternativen gab es keine, und dafür war alles relativ reibungslos verlaufen.

Bald ragte vor uns die schneebedeckte Bergkette des Antilibanon aus dem Dunst.

In den Ortschaften hatten die Geschäfte geöffnet, Menschen waren auf den Straßen unterwegs. Das Land schien reicher und sauberer als Jordanien. Und grün war es. Wir kamen bis Damaskus beide aus dem Staunen nicht heraus. Jordaniens Wüste schien unendlich weit weg. Dafür waren die israelisch besetzten Golanhöhen umso näher, nur sechzig Kilometer von hier. In Damaskus' wunderschönen Gassen begegneten uns neben Dutzenden Wasserpfeife rauchenden Männern auch die ersten vollverschleierten Frauen. Nicht ein Stück Haut war bei den

Verhüllten zu sehen, weder am Hals noch an den Händen. Nur für die Augenpartie ließen die Tücher Platz. Meist waren die Frauen in Zweier- oder Dreiergruppen unterwegs, hielten sich den tiefschwarzen Stoff noch zusätzlich vors Gesicht, huschten schnell vorbei und würdigten uns keines Blickes. Das war vor den Kulissen dieser Stadt, vor alten Mauern, Moscheen, Minaretten und auf dem alten Pflaster doppelt beeindruckend. Genau so hatte ich mir diese Stadt vorgestellt. Sicher, Damaskus war auch chaotisch, laut und schmutzig, eben arabisch, aber nicht abstoßend. Daran konnten auch die sozialistisch wirkenden Bauten aus Zeiten, als Syrien noch mit der Sowjetunion verbündet war, nichts ändern.

In Syrien sind heute knapp drei Viertel der Bevölkerung sunnitische Muslime. Die Sunna, das sind die Überlieferungen von dem vorbildhaften Leben des Propheten Mohammed, nach dem sich die Moslems im Alltag richten sollten. Mohammed hatte zu Beginn des siebenten Jahrhunderts den Islam ins Leben gerufen, sich an ein Volk von Nomaden und Umherschweifenden gewandt und sie aufgerufen, einem einzigen Gott gegenüber ein Treuebekenntnis abzulegen.

Es war Anfang März. Axel hatte Geburtstag, und ich lud ihn ein. Wir gingen in ein ausgesprochen ›traditionelles‹ Restaurant. Ich blieb ein bisschen skeptisch. Zu oft ist so etwas reiner Touristennepp. Irgendwo in der Altstadt gelangten wir über eine versteckte Treppe dorthin und hatten Mühe, zwischen den Einheimischen nicht allzu sehr aufzufallen. Also setzten wir uns in eine Ecke, von der aus wir alles im Blick hatten. Eine Gruppe spielte orientalische Musik. Jemand ging herum und verteilte nach dem Essen Wasserpfeifen. Axel qualmte wie eine Dampflok, lächelte ab und zu glückselig in meine Richtung, und ich muss zugeben, dass der Früchtetabak, den er sich bestellt hatte, hervorragend roch. Trotzdem konnte er mich nicht überreden mitzurauchen.

Das Geburtstagsessen übertraf an Vielfalt und Menge alle unsere Vorstellungen. Orientalische Gerichte, so lecker zubereitet, wie ich es nie für möglich gehalten hätte.

»Diesen Geburtstag werde ich nie vergessen. Ein bisschen wie in den Märchen aus ›Tausendundeiner Nacht‹. Zumindest genau das, was ich mir als Kind darunter vorgestellt habe.«

»Jetzt weiß ich auch, warum diese Märchen immer so harmonisch und selbstzufrieden auf mich gewirkt haben. Das ist genau das Gefühl, was ich jetzt gerade habe.«

Ich lehnte mich zurück und war wirklich satt wie lange nicht mehr. Längst hatte ich die arabischen Zahlen gelernt.

»Nicht mal bei der Rechnung gibt es was zu meckern.«

KAPITEL ZWEI

SCHÜSSE IM LIBANON

»Mir läuft der Schweiß nur so in Strömen runter!«

Ich keuchte wie schon lange nicht mehr. Die Sonne knallte auf meinen Rücken. Wir fuhren mit dem Wind und spürten nicht den geringsten Luftzug. Unser Atem ging stoßweise, weil wir uns mit kräftigen Tritten in die Pedale straff bergauf kämpfen mussten. Vor uns thronte der Gebirgszug.

»Wenn wenigstens diese stinkenden Autos nicht wären«, rief Axel zurück.

Diese fuhren mit billigem Diesel und hüllten uns regelmäßig in hässliche, braungraue Rußwolken. Dadurch wurde das Radfahren kein bisschen angenehmer. Der Schweiß lief von meinem Rücken herab bis zu den Beinen. Staub und Rußpartikel, die immerfort in der Luft herumflogen, vermischten sich mit ihm. Ich versuchte, den Schweiß abzuwischen, doch dabei verschmierte ich das Ganze nur zu einer braunschwarzen Brühe. So machte das Radfahren wirklich keinen Spaß.

Auch über die folgende Abfahrt konnten wir uns nicht recht freuen. Sie bescherte zwar einigermaßen kühlen Fahrtwind, doch verloren wir auch die vorher mühsam erkämpfte Höhe. Wir wussten, dass uns heute ein noch höherer Pass bevorstand.

»Lass uns eine Pause machen, okay?«, rief ich. »Ich habe Hunger.«

»Gute Idee. Und ich muss unbedingt was trinken!«

Wir befanden uns kurz vor der Grenze. Die Steppe, fast eine Wüste, ging allmählich in grüne Berge über. Axel bremste ab und deutete mit dem Zeigefinger nach rechts. Eine kleine Bretterbude, aus der Essen verkauft wurde, stand am Straßenrand. Das war jetzt genau das Richtige. Keine fünf Minuten später hielten wir zusammengerollte Brotfladen in den Händen. Sie waren gefüllt mit Käse, Gemüse und gehacktem Fleisch. Diese Fladen schmeckten und machten vor allem auch satt. Es gab sogar kalte Cola.

»Ihr seht aus, als wenn ihr noch eine lange Reise vor euch habt. Wo wollt ihr eigentlich hin?«, fragte der Kneiper, als er uns die Becher reichte.

»Erst mal in den Libanon«, antwortete Axel. »Dann wollen wir noch einmal ein Stück durch Syrien und dann weiter in die Türkei.«

Den Rest verschwieg er absichtlich.

»Passt im Gebirge auf«, warnte uns der Wirt. »Die Berge sind voller Milizen. Wenn ihr da durch seid, müsst ihr die Berge wieder hinunter, durch die Beka-Ebene und auf der anderen Seite den Libanon wieder hinauf. Das ist ein heißes Land.«

Die Grenze lag kurz hinter dem Pass, der über den Antilibanon führte. Kommentarlos ließen uns die syrischen Grenzbeamten aus ihrem Land. Fast freundlich. Damit hatte ich nicht gerechnet. Laut dachte ich nach.

»Was ist, wenn wir wieder nach Syrien reinwollen?«

»Tja, eigentlich sind unsere Visa nur für eine einmalige Einreise gedacht«, murmelte Axel. »Das sagt zumindest dieser arabische Text hier.«

»Die englische Version sagt aber was anderes. Für mehrere Einreisen ... Ich hab vorhin extra noch mal nachgeschaut.«

»Lass uns einfach abwarten«, sagte Axel. »Mal sehen, was wird. Wenn wir einmal im Libanon sind, ist es sowieso egal. Dann finden wir schon einen Weg raus.«

Damit war ich einverstanden. Ändern konnten wir momentan sowieso nichts.

Als hätten sie unser Gespräch mitgehört, machten uns die libanesischen Grenzer Ärger. Mit übellaunigem Blick studierten sie minutenlang unsere Pässe, betrachteten aus nächster Nähe jeden Stempel und musterten uns zwischendurch immer wieder skeptisch. Von den Füßen bis hoch zu unseren fettigen, schweißtriefenden Haaren. Jeden der vielen Stempel in unseren Pässen wollten sie genau identifizieren. Leider dauerte das ewig und war sowieso nicht immer möglich.

Aus Spaß und gut gelaunt hatte sich Axel zum Beispiel auf einer abgelegenen Rinderfarm in Australien deren Stempel in seinen Ausweis drücken lassen. Genau dieser sorgte jetzt für Irritationen und aufgeregte Wortwechsel unter den Beamten. Er war nicht zu identifizieren, keiner konnte ihn zuordnen und auf unsere Erklärungen gab ohnehin niemand etwas.

Schließlich unterbrach Axel die Diskussion mit lauten Worten.

»This one is the official entry stamp of a pacific island.«

Der Einreisestempel einer ominösen pazifischen Insel also. Nicht schlecht.

Tatsächlich gaben sich die Grenzwächter damit zufrieden. Aber erst, als sie sich mehrfach davon überzeugt hatten, dass absolut nichts ›Israelisches‹ in unseren Ausweisen stand, gab uns einer die Pässe mit einer schnellen Handbewegung zurück. Als wollte er sagen: Da habt ihr sie, aber lasst euch unter keinen Umständen wieder hier blicken!

Vor uns lag das Beka-Tal, eine fruchtbare Ebene zwischen Antilibanon und Libanon. Diese beiden Gebirgszüge stellen das ganze Gegenteil der fruchtbaren Niederung dar. Sie sind dünn besiedelt. Auf den Erhebungen wachsen nur vereinzelt Bäume zwischen dem Geröll, wenige verstreute Zedern säumen die oberen Hänge. Auch dort, wo kein Schnee lag, leuchtete der Kalkstein der Berge weiß. Nur an manchen Stellen dominierte das Dunkel von Dutzenden Cañons. In der Ebene hatten sich im Laufe der Jahrhunderte nicht nur die unterschiedlichsten Völker, sondern in den letzten Jahrzehnten auch vierzigtausend syrische Soldaten niedergelassen. Ständig gab es hier Kämpfe. Meistens standen sich syrische Milizen, Palästinenser, Libanesen und Israelis gegenüber. Manche Hauseingänge und Fenster waren noch immer mit Sandsäcken gegen Kugeln geschützt.

Die Luft war braun und zäh. Schwer lag der Dunst zwischen den Gebirgszügen.

Früh am Morgen hatte unsere Reise in Damaskus begonnen, achthundert Meter über dem Meeresspiegel. Wir waren auf den Antilibanon hinaufgefahren, 1460 Meter, hinunter in die Beka-Ebene auf tausend Meter, und wieder hoch nach Westen ins Libanongebirge, 1695 Meter. Das alles innerhalb von knapp neunzig Kilometern. Dabei hatten wir uns bewusst Zeit gelassen, weil wir die Nacht im Gebirge und nicht in Beirut verbringen wollten. Schnell hätten wir hinunterrollen können. Die Hauptstadt lag nur noch etwa zwanzig Kilometer weiter bergab. Etwa hundert Meter über uns entdeckte ich noch immer Schneereste. Die Luft hier oben war kalt und klar. Bald würden die Sterne über uns zu sehen sein.

»Ich freue mich schon auf den Sonnenaufgang«, sagte ich zu Axel.

»Wenn morgen früh die Luft im Beka-Tal etwas klarer ist, müssten wir von hier aus eine herrliche Aussicht haben.«

Darauf freute ich mich schon.

Oben auf dem Pass wurde der Weiterweg von einer Straßensperre kontrolliert. Gut zwanzig Uniformierte bewachten sie. Eine flache Baracke entpuppte sich als eine Art Armeestützpunkt mit provisorischem Kasino. Wir hatten keine Lust, uns zum Schlafen einfach hundert Meter weiter in die Büsche zu schlagen. Zu leicht kann man dabei beobachtet und für einen Banditen, Spion oder sonstigen Kriminellen gehalten werden.

Also fragte Axel jemanden, der ein paar Streifen mehr auf den Schultern hatte als die anderen: »Können wir auf dem Hügel da vorn, hinter der Sperre, übernachten?«

»Wenn ihr hier schlafen wollt, legt euch hinter unser Haus dort drüben.«

Etwas mürrisch zeigte der Uniformierte mit ausgestrecktem Arm Richtung Baracke.

Axel zögerte und sah mich unzufrieden an. Mir passte diese Stelle auch nicht.

»Ehrlich gesagt ... Es ist dort nachts viel zu laut. Ständig fahren Autos vorbei«, erwiderte Axel.

»Wir würden lieber noch ein Stück den Berg hinaufgehen.«

»Ja ja, von mir aus.«

Das Gespräch war beendet. Mit gleichgültigem, fast mürrischem Blick ging der Uniformierte davon.

Wir schoben unsere Räder in die Dunkelheit. Inzwischen war es so finster geworden, dass ich den kleinen Pfad, der von der Piste wegführte, nicht mehr erkannte. Noch vor ein paar Minuten hatte ich seinen Verlauf genau verfolgen können.

»Axel!«

Ich drehte mich zu ihm um.

»Bleib mal bei den Rädern. Ich geh den Berg hoch und schaue, ob dort oben irgendwo ein guter Schlafplatz ist. Ich hol dich dann, in Ordnung?«

»Lass uns die Räder doch gleich mitnehmen«, sagte Axel.

»Nein. Das ist viel zu steil. Warte erst mal hier.«

Ich stolperte den Berg hinauf. Oben nahm die Steigung noch zu. Endlich erreichte ich eine Art kleines Plateau. Die Fläche war ideal. Der perfekte Platz zum Schlafen mit garantiert schönem Rundblick. Ich kehrte um. Auf dem Rückweg geriet ich zufällig auf den Pfad, der halb um den Berg herumführte und eine wesentlich geringere Steigung aufwies. Das war der Weg, den ich vorhin gesehen hatte. ›Gut zum Hochschieben‹, dachte ich. Meine Augen hatten sich noch nicht ganz an die Dunkelheit gewöhnt, und so lief ich in einer der tiefen Furchen, die ich für Fahrspuren hielt.

Plötzlich hörte ich direkt vor mir in der Dunkelheit ein Geräusch. Es war ganz in meiner Nähe und klang gefährlich. Metallteile glitten gut geölt ineinander und rasteten hörbar ein. Offenbar ein Gewehr, das durchgeladen wurde. Ich hatte keine Lust, wegen einer blöden Verwechslung irgendwo im Libanon als Jagdwild zu enden.

Was konnte ich tun? Deckung gab es auf ein paar hundert Metern keine. Der Hang, auf dem ich stand, war viel zu offen und bot keinen Schutz. Für den Fall, dass auf mich geschossen würde, schien eine Flucht ausgeschlossen. Oder hatte ich einfach zu viele Krimis gesehen? Ich war unsicher. Viel zu nah klang das metallische Klicken. Schätzungsweise zwanzig oder dreißig Meter. Also blieb mir nur die völlig entgegengesetzte Variante.

Ich hustete ein paar Mal, um mich deutlich bemerkbar zu machen. Zur Sicherheit knipste ich meine Stirnlampe an. Es war still. Ich hustete noch einmal und machte nun im Licht der Lampe einen Schritt.

Plötzlich schrie mich jemand ganz in der Nähe an. Irgendetwas Unverständliches, hastig und schnell gerufen. So schnell, dass ich kein Wort verstand. Nicht mal annähernd. War da vielleicht Unsicherheit in der Stimme des Unbekannten? Wenn ich wenigstens etwas verstanden hätte! Was sollte ich tun? Ruhig bleiben, nur keine hastigen Bewegungen machen. Ruhig ..., ganz ruhig!

»I'm German, I don't understand.«

Ich versuchte, eine beruhigende Stimmlage zu erwischen, konnte aber ein Flattern meiner Stimmbänder nicht unterdrücken. Verdammt, jetzt ging die Stirnlampe aus, und ich traute mich nicht, die Arme zu heben, um sie wieder anzuschalten.

Also wiederholte ich das Ganze.

»I'm German, I don't understand.«

Keine Antwort. Ich versuchte weiter, mich verständlich zu machen. Leider machten mir meine dürftigen Arabischkenntnisse einen Strich durch die Rechnung. Trotzdem gab ich nicht auf. Der Stimme nach zu urteilen, schien mein Gegenüber ein junger Mann zu sein, der nun ganz die Beherrschung verlor und fürchterlich zu schreien begann.

Ich fühlte mich plötzlich gar nicht mehr gut, denn nun verlor ich endgültig die Kontrolle über die Situation. Dieser fanatische, nervöse, unsichtbare Kerl vor mir entschied jetzt, ob ich den nächsten Tag noch erleben werde oder nicht.

»Alemani, Germany!«, rief ich. »Alemani! Germany!«
Er lud noch einmal durch.

Mir schien die Zunge im Hals fest zu stecken. Ich konnte nichts sagen, schluckte und bevor ich irgendeinen Ton von mir geben konnte, schlugen direkt neben mir zwei Kugeln im Berghang ein. Ich zuckte zusammen und konnte mich nur mühsam zwingen, still stehen zu bleiben. Das war doch nicht sein Ernst? Er hatte schon längst erreicht, was er wollte. Ich hatte Angst um mein Leben! Wenn er mich wirklich treffen wollte, hätte er mich auch treffen können! Machte er beim nächsten Mal ernst?

Die Kugeln hatten Gesteinssplitter und feinen Staub aufgewirbelt, der sich jetzt über meine nackten Füße legte. Ich konnte nicht einfach abhauen. Eine Flucht war ausgeschlossen. Auf den Boden schmeißen? Nein. Was wollte er nur von mir? Was sollte ich tun?

Der Mond schien in mein Gesicht, während mein Gegenüber im Dunkeln stand. Ich konnte ihn nicht sehen, höchstens ahnen, wo er sich befand. Es waren nur Sekunden vergangen, mir kamen sie wie Minuten vor.

Langsam hob ich meine Arme und tastete nach der Stirnlampe. Ich schaltete sie wieder an, ließ meine Hände aber oben. Jetzt musste er mich gut sehen können. Ich wollte ihn wissen lassen, dass ich keine Waffe bei mir trug. Wieder versuchte ich, beruhigend auf ihn einzureden, aber mein Wortschatz half mir dabei nicht viel weiter. Meine Stimme zitterte. Das schien meinen Widersacher nicht recht überzeugen zu können, und er begann erneut, auf mich einzuschreien. Immer hysterischer. Rief er nach Hilfe? Inzwischen war ich mir zumindest sicher, dass es sich bei ihm nicht um einen Jäger handelte.

Ich stand einfach nur da. Hilflos. Aber so konnte das nicht ewig weitergehen. Sollte ich mich einfach umdrehen und weggehen? Nein, das war wohl keine gute Idee. Also machte ich langsam einen Schritt nach vorn.

Kugeln schlugen wenige Zentimeter vor meinen Füßen ein, und ich hörte nur noch wütendes Gebrüll. Der Kerl konnte offenbar besser zielen, als mir lieb war. Ich stand wie angewurzelt. Der Versuch, das

Heft in meine Hände zu bekommen, war gescheitert. Mir fiel absolut nichts ein, was ich noch hätte machen können. Also blieb nur eines: Ruhig stehen zu bleiben, die Hände oben zu halten und mich selber mit der Lampe anzustrahlen, damit mein Gegenüber nicht mit irgendeinem Angriff von meiner Seite rechnen musste. Langsam leuchtete ich etwas weiter nach oben, so dass nur noch mein Kopf und meine Hände im hellen Licht lagen. Ich beschloss, ruhig stehen zu bleiben, selbst wenn das bis zum nächsten Morgen dauern würde.

Mein Gegenüber schrie weiter, nun jedoch eindeutig nicht mehr in meine Richtung. Er rief andere zu Hilfe. Ab und an schoss er wieder in meine Richtung, nun jedoch in einem etwas größeren Abstand neben mich. Offensichtlich wollte er mich hier festnageln.

Noch gut zehn Minuten, oder was ich dafür gehalten hatte, dauerte es, bis mehrere Männer zu uns kamen. Sie waren offenbar Kameraden meiner nächtlichen Begegnung. Die ganze Zeit über hatte ich dagestanden wie ein Idiot, mit leuchtender Stirnlampe, erhobenen Händen und schweißnassem Gesicht. Die Tropfen waren mir über die Brauen in die Augen gelaufen. Ich hatte mich nicht getraut, sie mit der Hand wegzuwischen. Vielleicht hätten wir doch hinterm Haus bei der Straßensperre schlafen sollen...

Inzwischen konnte ich, den Umständen entsprechend, besser sehen. Meine Augen hatten sich an Schweiß und Dunkelheit gewöhnt. Vor mir erkannte ich die Umrisse von drei oder vier Hütten und einige schemenhafte Bewegungen.

Noch mehr Gewehre wurden entsichert. Jemand kam mit vorgehaltener Maschinenpistole auf mich zu und schob mich zu den anderen. Ich stolperte, getrieben von einer Gewehrmündung, den Hang hinunter, durch einen kleinen Graben, über einen Wall. Und plötzlich schaute ich in fünfzehn, zwanzig Gewehrläufe, die ausnahmslos auf mich gerichtet waren. Daran bestand kein Zweifel. Trotzdem – ich fing an, mich besser zu fühlen. Obwohl alle auf mich einschrien und darauf bestanden, dass ich die Hände überm Kopf ließ.

Die Typen trugen völlig zerlumpte Uniformen. Sie waren so verwahrlost und dreckig, als wenn sie es hier oben auf dem Berg schon ewig ohne Wasser aushielten. Keiner sprach auch nur ein Wort Englisch. Sie schrien, johlten und schossen von Zeit zu Zeit direkt neben mir in die Luft. Zweifellos, um mich einzuschüchtern. Das war ihnen gelungen, ich gab keinen Ton von mir und stand regungslos zwischen den Gewehren.

Schließlich wurde ich weiter getrieben, von den Hütten weg. Damit hatte ich nicht gerechnet. Warum sollte ich wieder ins Gestrüpp? Schlimme Befürchtungen trieben mir erneut Schweißperlen ins Gesicht. Die Meute grölte neben und hinter mir. Ununterbrochen schossen sie nun in die Luft. Wohl, um mich voranzutreiben und noch mehr einzuschüchtern.

Plötzlich stieß mir jemand so brutal in den Rücken, dass ich nach vorn auf die Knie stürzte. Ich spürte den Gewehrlauf in meinen Rippen. Unmittelbar neben meinem Ohr ging ein Schuss los, der direkt vor mir in die Erde einschlug. Ich konnte kaum noch klar denken, die Ereignisse schienen sich zu überschlagen. Bis jetzt hatte ich die Truppe nicht zuordnen können und wusste vor allem nicht, was sie von mir wollten, für wen sie mich hielten. So blieb mir keine andere Wahl, als völlig planlos und ohne Strategie genau das zu tun, was sie von mir verlangten.

Allmählich begriff ich, dass ich nur zum Anhalten gezwungen wurde, weil etliche der Gestalten zurückgeblieben waren. Augenblicklich wurde mir klar, dass sie nichts mit denen von der Straßensperre zu tun hatten. Im Gegensatz zu denen da unten waren die meisten hier blutjung. Aber warum regte sich an der Straße nichts? Sie war nach meinen Schätzungen allerhöchstens dreihundert Meter Luftlinie von uns entfernt! Und was war mit Axel? Hoffentlich hatte er sich inzwischen aus dem Staub gemacht!

Die Meute trieb mich einen Hügel hinauf. Allmählich beruhigte sich die Stimmung. Jemand fing an, ein paar Brocken Englisch hervorzukramen. Mir fiel ein Stein vom Herzen! Zwar konnte ich längst nicht alles erklären, aber es half wenigstens, die Stimmung ein wenig zu beruhigen.

Kurz bevor wir ein Haus erreichten, in dem ich zu Recht den Anführer der Truppe vermutete, begann ich, von unserer Radreise zu erzählen.

»Ich bin mit dem Fahrrad von Deutschland bis hierher gefahren. Mein Reisepartner ist unten an der Straße und passt dort auf die Räder auf.«

Das hätte ich vielleicht so offenherzig nicht preisgeben sollen. Es verursachte einige Aufregung. Man wollte offenbar nichts mit den Straßenwächtern zu tun haben. Oder hingen sie doch alle irgendwie zusammen?

Wenigstens wurden sie nun so vorsichtig, dass nicht einfach übereilt und spontan entschieden wurde, sondern erst der Chef gefragt werden musste. Darauf hatte ich spekuliert.

Ich hatte Axel von mir aus erwähnt. Damit wollte ich zeigen, dass ich nichts zu verbergen hatte. Zumindest das wussten sie nun. Ich wurde zwar immer noch aufmerksam eskortiert, aber die Waffen waren längst nicht mehr so starr auf mich gerichtet, und auch die Hände brauchte ich nicht mehr oben zu halten. So erreichten wir die Hütte des Anführers.

Der machte trotz allem einen relativ gelassenen Eindruck. Leider sprach er nur ein paar Brocken Englisch, jedoch genug für eine Verständigung mit mir. Eine Uniform oder ein anderes Rangabzeichen trug er nicht. In seiner Trainingshose, über deren Bund ein ansehnlicher Bauch quoll, wirkte er genauso schlampig wie seine Mitstreiter. Er war unrasiert und wirkte unausgeschlafen. Trotzdem gewann ich ganz allmählich das Gefühl, dass ich diese Sache hier überleben würde. Axel vermisste mich inzwischen sicherlich auch. Die Schüsse musste er einfach gehört haben.

Der Boss sprach kurz mit seinen Leuten. Dann sollte ich mich setzen.

»Was ist mit deinem Freund?«, fragte er mich freundlich.

»Keine Ahnung. Er müsste etwas weiter unten auf der Piste bei den Fahrrädern sein«, antwortete ich ihm.

Dabei war ich mir sicher, dass er längst zum Kontrollposten auf die Hauptstraße gelaufen war. Genau das hätte ich an seiner Stelle auch getan.

»Ist er hinunter zur Polizei gegangen?«

Die Frage hatte einen unangenehmen Beigeschmack.

»Ich weiß nicht. Schließlich habe ich ihn seit zwanzig Minuten nicht mehr gesehen.«

»Okay. Alles ist in Ordnung. Ich möchte mich entschuldigen für den Ärger«, sagte er.

Für den Ärger? Er schien nicht genau zu wissen, was ich in den letzten Minuten durchgemacht hatte. Oder wusste er es doch? Auf jeden Fall wirkte die Entschuldigung, als wenn sie ernst gemeint sei.

»Schon gut«, antwortete ich, obwohl ich mich noch längst nicht gut fühlte.

Meine Knie zitterten noch immer, während ein paar Höflichkeitsfloskeln von beiden Seiten das Gespräch beendeten. Dann wollte ich nach Axel sehen.

»Wenn ihr wollt, könnt ihr bei uns schlafen. Wir machen euch ein Zimmer frei. Etwas zu essen könnt ihr auch haben«, sagte der Anführer.

»Gern. Aber ich muss trotzdem erst mal zu meinem Freund.«

Gegessen hatten wir zwar schon, einen Platz zum Schlafen aber immer noch nicht. Zusammen machten wir uns auf den Weg. Ein Schwung Freischärler und deren Chef begleiteten mich. Jemand fragte, ob ich mir eingepinkelt hätte. Ich schüttelte den Kopf.

»No.«

Wofür hielt der mich eigentlich? Ich musste trotzdem auf meine Hose leuchten, um zu beweisen, dass es nicht so war. Dafür erntete ich anerkennende Bemerkungen und Schulterklopfen.

Axel war nicht bei den Rädern. Ich hatte ihn auch nicht dort erwartet. Die Räder standen aber noch an der alten Stelle. Offensichtlich hatte er sie hier gelassen, da er ohne sie schneller flüchten konnte. Auf dieser Piste war es nachts unmöglich, schnell zu radeln. Auch nicht bergab.

Der Anführer stellte ein paar seiner Leute ab, um auf unsere Räder aufzupassen. Das war mir eigentlich nicht recht. Am liebsten hätte ich sie bei mir behalten. Unser ganzes Gepäck hing an ihnen dran. Aber ich war noch immer nicht in der Stimmung, zu widersprechen. Wir gingen runter zur Polizeistation. Dort, in einem Hinterzimmer, saß Axel.

»Mensch, bin ich froh, dass dir nichts passiert ist«, rief er, als ich eintrat.

»Hab mir Sorgen gemacht, als du nicht wieder gekommen bist. Und dann hab ich auch noch die Schüsse gehört!«

»Und dann?«

»Ich hab nach dir gerufen und mit der Taschenlampe rumgefuchtelt, um auf mich aufmerksam zu machen und dir den Weg zurück zu zeigen. Da kamen Maschinenpistolensalven als Antwort. Aber nicht etwa in die Luft, sondern direkt in die Felsen hinter mir. Ich konnte nicht mehr weg und hab mich zum Schluss selber angeleuchtet.«

»So hab ich's auch versucht. Und weiter?«

»Ich dachte ehrlich gesagt, es seien irgendwelche Bewohner, die im Dunkeln Angst vor Fremden haben. Als aber zwei Typen in zerlumpten

Uniformen, mit Maschinenpistolen vor dem Bauch kamen, hab ich begriffen, dass ich abhauen muss. Mir war auch klar, dass ich dir nicht helfen kann. Wenn ich geblieben wäre, wer weiß? Die hatten die Gewehre im Anschlag ... «

»Wie bist du dann hierher gekommen?«

»Na ja, ich bin wie angestochen im Zickzack zwischen den Geröllhügeln den Berg runter gerannt, und immer wieder schlugen Schüsse rechts und links von mir ein. Und hier bei der Militärpolizei bin ich kurz vor den Zerlumpten angekommen, hab die entsicherte Waffe ins Kreuz bekommen und sollte zurück auf den Berg.«

Ich grinste. Ausgeschlossen, dass sich Axel ins Dunkel würde abführen lassen.

»Aber du hast dich geweigert ... «

»Klar, was hätte ich machen sollen? Die Polizisten haben sich außerdem gleich schützend vor mich gestellt. Dann kamen noch ein paar mit ihren Knarren und ich konnte ins Haus, wo ich denen dann erst mal gesagt habe, dass die zwei ihre Waffen noch entsichert hatten.«

»Und wo sind die zwei hin?«

»Abgehauen. Ich hab ihnen ein bisschen Angst eingejagt, als sie mir nicht sagen wollten, wo du bist. Hier wusste ja niemand ob du noch lebst! Die Bullen wollten mir nicht helfen. Da hab ich geschrien, getobt und dem einen Zerlumpten kurzerhand eine geknallt, weil er so ein dämliches Grinsen drauf hatte. Das saß. Das Grinsen verschwand und die zwei auch. Und ungefähr zwanzig Minuten später bist du dann hier aufgetaucht. Quicklebendig.«

So eine Aufregung. Weswegen eigentlich? Sogar unsere Räder waren noch da. Sie waren zwar durchwühlt, es fehlten zwei Diafilme und meine Höhenmesseruhr. Aber ansonsten schien alles komplett zu sein.

Auch die Stimmung zwischen den beiden Truppenchefs war relativ entspannt. Entgegen meiner Erwartung. Inzwischen hatte ich nämlich mitbekommen, dass zumindest die einfachen Soldaten, oder was auch immer sie waren, von den libanesischen Polizisten nicht gern gesehen wurden. Eine halbe Stunde diskutierten die Chefs miteinander. Der mit der Trainingshose und dem dicken Bauch ging schließlich wieder zurück auf den Berg, allerdings nicht, ohne sich vorher noch dutzendfach bei mir zu entschuldigen.

Damit hatten wir das Gröbste geschafft, aber wir waren noch längst nicht entlassen. Unzählige Fragen wurden uns gestellt, die Antworten wurden mitgeschrieben. Immer wieder fragte man uns nach dem verhassten südlichen Nachbarland. Etliche Male wurden unsere Pässe überprüft. Aber für Israel hatten wir nun einmal keinen Einreisestempel, egal, wie lange sie danach suchten. Protokolle wurden aufgenommen, wieder gefragt, mit skeptischen Blicken die Antworten quittiert. Zum Schluss interessierte der Vorfall kaum noch, sondern nur noch wir selbst und vor allem unsere Reiseroute. Wir waren schließlich Exoten und damit eine willkommene Abwechslung im Straßensperrenalltag.

Schließlich durften wir sogar Abschiedsfotos machen. Digital und auf Film. Dann konnten wir uns hinter dem Polizeigebäude schlafen legen. Aber nicht für lange.

Ein Polizist kam zurück zu uns und verlangte, dass Axel den Film vor seinen Augen zerstört. Axel gab sich geschlagen und zerschnitt einen unentwickelten Polaroidfilm. Nun waren wir wieder allein. Schnell wechselte ich die Flashcard meiner digitalen Kamera. Gerade rechtzeitig, denn sie kamen wieder zurück und verlangten, dass ich nun auch die digitalen Bilder lösche. Also löschte ich vor ihren Augen die leere Flashcard. Glück gehabt.

Sie gingen. Nach ein paar Minuten erschienen sie wieder und forderten uns auf, mitzukommen. Ein General aus Beirut sei gekommen.

Der sah wichtig aus, mit Mütze, Streifen und allem, was einen General sonst noch auszeichnen mag. Alle standen stramm. Wir standen daneben. Uns wurde niemand vorgestellt. Also zeigten wir auch keinen übertriebenen Respekt.

Wieder hagelte es Fragen, Pässe wurden kontrolliert und kopiert. Wieder ging es um Israel. Jetzt kamen uns die Empfehlungsschreiben zugute, die wir dabei hatten. Eines trug sogar einen Stempel vom Europäischen Parlament. Das schien mächtig Eindruck zu machen. Ein arabischer Zeitungsartikel über unsere Reise, der in einer syrischen Zeitung abgedruckt worden war, setzte dem Ganzen gewissermaßen die Krone auf. Sie hatten es hier wirklich mit zwei Helden zu tun.

Der unbekannte General verschwand wieder. Vorher wurde uns ein Nachtlager auf ein paar Matratzen organisiert, diesmal in der Polizeistation. Vielleicht wollten sie uns so besser unter Kontrolle halten. Mir war das egal. Ich wollte nur noch schlafen.

Immer wieder hatten uns die Polizisten gefragt, ob an unseren Rädern nichts geklaut worden sei, als die Soldaten sie heruntergebracht hatten. Sie spielten auf unser Geld an. Aber es fehlte nichts, außer den Filmen. Meine Uhr betrachtete ich als kleinen Preis dafür, am Leben geblieben zu sein. Sie war mir in diesem Moment egal.

Obwohl ich innerlich noch stark aufgewühlt war, konnte ich in dieser Nacht gut schlafen. Axel hatte länger zu tun, zur Ruhe zu finden. Er war auch am nächsten Morgen sehr still, sprach kaum ein Wort und starrte manchmal minutenlang vor sich hin.

Am nächsten Morgen kochten die Polizisten einen Kaffee für uns. Dann rollten wir los in Richtung Beirut. Weg von dem Ärger.

Beim Zurückschauen entdeckte ich etliche halbverdeckte Radaranlagen. Sie standen direkt hinter dem Hügel, in dessen unmittelbarer Nähe wir beschossen worden waren. Das war also der Grund für die ganze Aufregung! Wir waren nichtsahnend in ein Militärlager gestolpert!

Ich hatte in diesen Minuten auf dem Berg wirklich Angst um mein Leben, vielleicht das erste Mal echte Todesangst. Damals, auf der Weltreise, hatten wir vergleichbare Situationen eigentlich nur in Chinas Gefängnissen. Und hier wie dort hatte ich viele lange Minuten das Gefühl, die Kontrolle verloren zu haben, hilflos zu sein. Die sonst immer währende Hoffnung, mehr noch Überzeugung, dass uns nichts passiert, war abhanden gekommen. Aber diese Reise war von Anfang an anders. Wir wussten, dass sie mehr Gefahren bergen würde. Versteckte und offensichtliche. Daran durften wir zwar nicht ständig denken, aber völlig vergessen durften wir sie auch nie.

Noch Wochen später spukten uns die Ereignisse im Kopf herum. Ich erzählte Axel, dass ich mir in jener Nacht gewünscht hatte, entweder unverletzt zu überleben oder wenigstens von einem einzigen, sauberen Schuss erledigt zu werden. Ohne große Schmerzen und langen Todeskampf. Doch unterhalten konnten wir uns darüber nicht. Jeder schonte sein Seelenleben mit allen Kräften durch eine schützende Mauer voller Optimismus.

Noch etwas schlapp rollten wir schweigend davon, die Sonne im Rücken.

Beirut, die Stadt am Fuße der Berge, lag unter einer graubraunen Dunstglocke. Auch das Meer versteckte sich darunter. Für eine schnelle Abfahrt war die Straße zu schlecht. Je näher wir der Stadt kamen, desto dichter und chaotischer wurde der Verkehr.

Zerschossene Gebäude in allen Stadien, von völlig restauriert bis vollkommen verfallen, säumten die Straße. Die Folgen des Bürgerkriegs, bei dem sich in den siebziger Jahren Christen und Muslime erbitterte Kämpfe lieferten, sind heute noch allgegenwärtig. Der Osten Beiruts ist in der Hand von libanesischen Christen, im Westen dominieren sunnitische Muslime und im Süden sollen vor allem Schiiten und palästinensische Flüchtlinge leben.

Seit der Friedensvereinbarung von 1992 gibt es ein Wiederaufbauprogramm in Milliardenhöhe, das inzwischen sichtbar Früchte trägt. Mitunter wird allerdings übertrieben. Einige Gegenden sind inzwischen regelrecht totrestauriert. Mit enorm viel Geld sind Häuser exakt im alten Stil wieder aufgebaut worden. Diese Wohnungen sind so sündhaft teuer, dass sie sich kein Einheimischer mehr leisten kann. Amerikaner und Saudis, die eine halbe Million Dollar dafür hinlegen, kommen einmal im Jahr für eine Woche Urlaub nach Beirut. Ansonsten sind diese Wohnungen verwaist. Deshalb wirken manche Stadtviertel regelrecht wie ausgestorben.

Politisch hat man im Libanon nach Jahren des Kriegs und zwei israelischen Invasionen eine, wie ich finde, interessante Lösung gefunden. Der Präsident muss ein Christ sein, der Premierminister ein sunnitischer Muslim und der Präsident der Nationalversammlung ein schiitischer Muslim. Für jede Religionsgruppe gibt es eigene Gerichte, die Eheschließungen, Scheidungen oder Erbschaften nach den jeweiligen Gebräuchen regeln. Das scheint zu funktionieren, wenngleich Spannungen natürlich weiter vorprogrammiert bleiben.

Beirut, das früher das ›Paris des Nahen Ostens‹ genannt wurde, hat durch den Krieg viel von seinem früheren Charme verloren. Vom pulsierenden Nachtleben des Vorkriegsbeiruts fanden wir nur noch kümmerliche Reste. Einzelne finstere Nachtclubs und heruntergekommene Bars wirkten nicht gerade einladend. Die genauso finster dreinschauenden Prostituierten schienen schon lange vor dem Krieg in der Stadt gearbeitet zu haben. Nicht einmal eine einigermaßen gemütliche Gaststätte ließ sich für das Abendbrot auftreiben. Später stellten wir fest, dass das Nachtleben längst in einen Vorort zwanzig Kilometer nördlich von Beirut ausgewandert war.

Der Verkehr in der Hauptstadt, in der über die Hälfte der rund dreieinhalb Millionen Libanesen lebt, ist gelinde gesagt chaotisch. Weil das Gebirge steil zum Meer abfällt, bleibt wenig Platz für Straßen und

Häuser. Das Resultat sind Gebäude bis dicht an die Küste, eine Stadt ohne Freiflächen und fürchterlich viel Verkehr auf schmalen Straßen. Zudem wird, ähnlich wie in Damaskus, mit einer gefährlichen Mischung aus Ignoranz und Unfähigkeit gefahren. Grundsätzlich achtet niemand darauf, ob er den Verkehrsfluss der anderen stoppt oder behindert. Die meisten Staus schienen überflüssig.

Wir erzählten einem Journalisten, den wir in einem Café trafen, die Geschichte, die wir die Nacht zuvor erlebt hatten. Sie schien ihn nicht sonderlich zu beeindrucken.

»Passiert so etwas im Libanon öfter? Hast du von solchen Erlebnissen schon einmal gehört?«

»Ja, von vielen«, antwortete er achselzuckend. »Aber noch nie davon, dass jemand so etwas völlig unversehrt überlebt hat.«

Er berichtete von Verhafteten, Angeschossenen und Erschossenen. Auch andere Libanesen, mit denen wir uns unterhielten, zeigten sich weniger über die Schießerei verwundert, als vielmehr darüber, dass wir gesund und auf freiem Fuß waren.

Wir müssen wirklich einen Schutzengel gehabt haben!

Im Gegensatz zu Syrien war für uns die Verständigung hier im Land kein großes Problem. Neben der Amtssprache Arabisch sprachen viele Libanesen Französisch, einige Englisch und, was mich sehr verwunderte, auch Deutsch. Prägend ist jedoch der französische Einfluss, der auch ein halbes Jahrhundert nach Erlangen der Unabhängigkeit nicht nur in der Sprache spürbar war. Auf der Straße hört man neben dem arabischen »Keef halak, Wie geht's?« schon mal ein »Bonjour« oder »Salut«. Spuren hatte auch die französische Küche hinterlassen. Nicht nur die Art, wie das Essen angerichtet wird, sondern auch der delikate Geschmack begeisterte mich. Oft sind die Speisen allerdings scharf gewürzt. Eintöpfe gelten als Spezialität. Die libanesische Küche soll angeblich die beste im Nahen Osten sein. Diesem Ruf kann ich nur zustimmen.

In nördliche Richtung verließen wir die Stadt. Direkt an der Küste standen unzählige Militäranlagen, zu denen wir nun lieber gehörigen Abstand hielten. Die syrische Armee wird von vielen Libanesen gehasst, weil sie eine Art Besatzermacht darstellt. Andererseits hatte sie den fünfzehn Jahre währenden Bürgerkrieg im Land beendet.

Die Küstenstraße Richtung Tripoli war schmal und viel befahren.

Rechts blieb das bis zu dreitausend Meter hohe Libanongebirge immer präsent. Dies gibt dem Land gewissermaßen eine geografische Berechtigung. Das Wahrzeichen des Landes, die Zedern, sind jedoch sehr selten geworden. Über die Jahrhunderte wurden sie nach und nach abgeholzt und exportiert. Heute steht nur noch ein kleines, uraltes Wäldchen irgendwo im abgelegenen Norden des Landes.

Auf dem Weg in die Türkei lagen noch einmal rund hundertfünfzig Kilometer Syrien vor uns. Die Formalitäten an der Grenze liefen ausgesprochen ruhig, freundlich und schnell ab. Für syrische Verhältnisse war die Gegend dicht besiedelt.

Erst tauchte links eine Insel auf, dann Tartus, die Stadt, die als letzte auf dem Festland von den Kreuzrittern gehalten wurde. Sie strotzte nur so von dieser Betonbauweise, die ich einfach abstoßend finde. Wahrscheinlich hatten sich hier Einflüsse sozialistischer Plattenbauästhetik durchgesetzt. Die Folge waren kahle, graue, schmucklose Betonbauten, die eines wie das andere immer gleich aussahen: rissig, grau und monoton.

Wir fuhren zur Uferpromenade – und waren enttäuscht. Betonhäuser, eine breite dreckige Asphaltstraße, ein geborstener Betonweg, dann etwas Sandstrand, auf dem kaputte Schiffe vor sich hin rosteten. Ein Sturm hatte sie irgendwann an Land gespült. Grün gab es hier nicht und nur wenige gemütliche Cafés. Wir fanden schließlich doch ein annehmbares, in dem wir Tee tranken und Axel seine inzwischen lieb gewonnene Wasserpfeife rauchen konnte.

Während die Mädchen draußen vorbeiflanierten, die, anders als etwa in Damaskus, durchaus nicht mit Reizen geizten, saßen drinnen einige Männer an Tischen zusammen, rauchten Wasserpfeife oder spielten Karten. Irgendwo legte jemand Patiencen.

Weil es schon dunkel wurde und uns das Libanonerlebnis immer noch im Kopf umherschwirrte, fuhren wir nicht mehr aus der Stadt hinaus, sondern schliefen in dieser Nacht im Hinterhof einer kleinen, unscheinbaren Kirche. Bunte Lichterketten waren um den Kirchturm gewunden, unmittelbar dahinter ragte das Minarett einer Moschee in den Nachthimmel. Dieses Nebeneinander gefiel mir. Es hatte etwas sehr Friedliches, Harmonisches an sich. Zumindest bis morgens gegen Fünf. Dann unterbrach der Muezzin, unüberhörbar in Form einer zerkratzten Schallplatte, die Ruhe und rief knackend und krächzend zum Gebet.

Normalerweise radelten wir morgens erst ein bis zwei Stunden, ehe wir möglichst landestypisch frühstückten. Hier im Vorderen Orient bestand diese Mahlzeit für uns häufig aus Brotfladen, einer Art Bohnen in saurer Sahne, Gemüse, Orangen oder auch Rührei, Pommes frites, Knoblauchmayonnaise und dazu Wasser. Ich mochte diese Art von Frühstück. Es sättigte und lag nicht schwer im Magen.

Hinter Latakia, der zweiten Hafenstadt Syriens, verlor die Landschaft ihren trockenen, mediterranen Charakter und wurde saftig grün. Überall blühten Blumen. Wenn ich mir die Apfelsinenbäume und Kakteen wegdachte, hätten wir auch in Deutschland sein können. Mit den Bäumen kehrte auch das Vogelgezwitscher zurück. Erst hier wurde mir klar, dass ich schon ewig keine Vögel mehr gehört hatte. Der Frühling schien einzukehren.

Kurz vor der türkischen Grenze erfuhren wir, dass die Taliban-Milizen die weltberühmten Buddhastatuen in Afghanistan vollständig gesprengt hatten. Was für ein Frevel! Und Afghanistan lag auf unserer Reiseroute! Schlagartig verging uns die Lust, das Land kennen zu lernen, in dem die Koran-Schüler herrschten. Wozu soll solch religiöser Übereifer noch führen? Selbst das atheistische China fördert inzwischen den Wiederaufbau der alten, in der Kulturrevolution zerstörten Klöster. Irgendwann werden auch die Nachfahren in Afghanistan die jetzige Regierung für die Zerstörung ihres Kulturerbes verfluchen.

Doch erst einmal lagen noch andere Länder auf unserer Reiseroute.

Abends, irgendwo mitten im Wald, passierten wir die syrisch-türkische Grenze. Schon das erste Dorf auf der anderen Seite der Grenze wirkte auf Anhieb gemütlicher als die von Betonhäusern hässlichen syrischen Ansiedlungen. Überall standen Bäume, Händler breiteten darunter ihre Waren aus. Alles war voll blühendem Leben.

In einer Wechselstube tauschten wir Geld zu einem Kurs von eins zu vierhunderttausend. Die Türkei hatte gerade eine schwere Wirtschafts- und Finanzkrise zu bewältigen. In Ankara und mehreren weiteren Städten Anatoliens war es zu Massenprotesten gegen die Regierung gekommen. Die türkische Lira hatte innerhalb weniger Wochen vierzig Prozent ihres Wertes verloren. Damit schnellte die Inflation in die Höhe, weshalb uns das Land trotz des günstigen Umtauschkurses nicht wirklich billig vorkam.

Das Wichtigste aber war mit Geld nicht zu bezahlen: Wir fühlten uns wohl. Zum ersten Mal brauchten wir keine akute Angst mehr zu haben, dass jemand Tagebuch und Filme konfisziert. Dass wir verhaftet, gefilzt und verhört werden. Oder wieder Schüsse fallen.

Endlich konnten wir jedem erzählen, dass wir zuvor in Israel waren. Das ständige Aufpassen, was wir anderen Leuten gegenüber sagten, das immerwährende Gefühl, etwas Unerlaubtes getan zu haben, hatte allmählich unsere Nerven zermürbt. Doch hier hatte niemand ein Problem damit.

Ich hatte allerdings ein Problem mit etwas völlig anderem: Ein Hund, der urplötzlich aus einem Gebüsch hervorgebrochen war, versuchte nach meiner rechten Ferse zu schnappen. Er sah mit seinen triefenden Lefzen und dem massiven Nacken aus wie der Preisträger eines internationalen Kampfhundefestivals. Nach einem kraftvollem Sprint hatte ich ihn soweit abgehängt, dass er aufgab. Dennoch war ich sauer.

»Kaum über die Grenze, und schon machen die türkischen Köter ihrem Ruf alle Ehre«, keuchte ich. Noch von früher hatte ich sie in unangenehmer Erinnerung.

»Sei froh, dass wir wenigstens bisher von so etwas verschont geblieben sind«, grinste Axel schadenfroh.

Nach ihm hatte der Monsterhund nicht geschnappt.

Auf dem Weg nach Antakya fand ich meine Philosophie, was Bergpässe betrifft, auf kraftraubende Weise bestätigt: Es gibt gute und schlechte Pässe. Einen guten sieht man schon von weitem. Man stellt sich auf ihn ein, fährt hinauf und rollt drüben wieder runter. Bei den schlechten hingegen gibt es viele Arten. Fast nie kann man hinter einem schlechten Pass gut hinunterrollen. Entweder ist die Straße ausgesprochen schlecht oder der Talwind extrem stark. Oder die Abfahrt wird immer wieder von kurzen, jedoch überflüssigen Anstiegen unterbrochen. Von einem schlechten Pass hat man keine gute Aussicht. Außerdem haben schlechte Pässe oft die Eigenart, dass man immer, schon von Beginn des Anstieges an, denkt, in spätestens einer halben Stunde oben zu sein. Doch kaum ist der anvisierte Punkt erreicht, taucht ein weiterer, noch höher gelegener Gipfel auf. Und ausgerechnet über den windet sich natürlich die Straße.

Das hier war ein ganz besonders schlechter Pass. Er hatte alle, aber auch wirklich alle schlechten Eigenschaften. Irgendwie passte er zu dem Hundeerlebnis. Zum Glück musste diesmal auch Axel den Berg hinauf.

»Kaum in der Türkei und schon geht's nur noch hoch und runter!« schnaufte er.

»Sei froh, dass wir wenigstens bisher von so etwas verschont geblieben sind.«

Die Stadt Antakya, die bis Ende des dreizehnten Jahrhunderts als ›Antiochia‹ wesentlich bedeutender war, machte einen angenehmen Eindruck auf mich. Frauen wirkten ungewohnt offen und traten sehr selbstbewusst auf. Nur noch wenige trugen Kopftücher. Alle gingen klaren, erhobenen Blickes und wirkten sehr sicher. Sie schauten uns an und riefen manchmal sogar hinter uns her. So etwas wäre in Syrien undenkbar gewesen.

Wir saßen in einer Teestube und schauten den Mädchen nach. Sobald sie merkten, dass wir sie musterten, wendeten sie sich brüsk von uns ab, flüsterten einer Freundin etwas zu und fingen leise an zu lachen. Dann warfen sie noch einmal einen schnellen, schüchternen Blick über die Schulter auf uns und gingen, immer noch lachend, davon.

Axels Gedanken drehten sich inzwischen um ganz andere Dinge.

»Hoffentlich kommt der Tee nicht wieder in solchen winzigen Gläsern.«

Er hatte ein ungutes Gefühl.

»Was stört dich denn?«, ich musste grinsen, als ich ihn das fragte.

»Ich finde diese Art, Tee zu trinken, ausgesprochen gemütlich.«

Die leichte Ironie in meiner Stimme konnte ich nicht unterdrücken. Aber noch ehe Axel genervt Einspruch erheben konnte, trat ich den Rückzug an.

»Du hast ja Recht, den Durst kann man auf diese Weise nicht löschen.«

Axel sah mich prüfend an. Ich nickte, um dem Ganzen Nachdruck zu verleihen.

»Aber, weißt du, was mich viel mehr stört? Die Leute trinken den Tee viel zu süß. Für meinen Geschmack jedenfalls.«

So süß, dass der Durst danach oft noch schlimmer wurde. Deswegen war ich jedes Mal froh, wenn wir den Tee ungesüßt bekamen und eine Zuckerdose dazu. Und ich wusste, dass es Axel genauso ging. Diesmal nickte er. Sein Gesicht hatte wieder jenen nachsichtigen Ausdruck angenommen, den er sonst nur Beamten zuteil werden lässt, die ihm nach längerer Diskussion gerade einen Stempel in den Pass gedrückt, ein Visum beschafft oder irgendeine andere Tür geöffnet haben.

Wir radelten weiter. Nach einem Pass der guten Sorte breitete sich die Hafenstadt Iskenderum zu unseren Füßen aus, zu Marco Polos Zeiten einer der wichtigsten Handelsplätze auf dem Weg in den Osten. Heute ist die Stadt Ausgangspunkt für die Verschiffung von Lebensmitteln zu Absatzmärkten in Europa oder im Vorderen Orient.

Nieselregen, der den Staub auf den Straßen zu Schlamm werden ließ, vergällte uns vorerst einen Stadtrundgang. Wir waren vom Radfahren stark verdreckt. Außerdem hatte uns die Nässe ausgekühlt. Deshalb beschlossen wir, in ein türkisches Bad zu gehen. Jemand machte mich auf die unscheinbare Eingangstür aufmerksam, an der wir sonst vorbeigelaufen wären.

Die Eingangshalle des Hamam war hoch und weit. In der Mitte plätscherte ein kleiner Springbrunnen gemächlich vor sich hin. An den kalten, beschlagenen Außenwänden befanden sich eine Art angewärmte Steinpritschen. Dort zogen wir uns aus. Danach wurden wir in einen anderen Raum geschickt, der ähnlich aufgebaut war, jedoch statt Steinpritschen kleine Kabinen besaß. In jeder von ihnen befand sich ein Wasserbecken, in welches ständig heißes Wasser einlief. Dort, umhüllt von heißer, feuchter Luft, ließen wir uns waschen. Ein wenigstens zwei Zentner schwerer Türke, dessen Gesichtszüge noch an seine armenischen Vorfahren erinnerten, schrubbte mich mit einem kratzigen Schwamm, seifte mich ein und goss mir heißes Wasser aus dem Becken über.

Ich wurde wohlig müde. Meine Gedanken schweiften ab. Ich musste an Marco Polo denken. Wie hatten die Polos diese Gegend und die hiesige Kultur wohl empfunden? Irgendwo in der Nähe, im Golf von Iskenderum, hatten sie die Nachricht erhalten, dass in Rom endlich ein neuer Papst gewählt worden war. Von hier wurden sie unverzüglich nach Acri zurückgerufen, und starteten quasi ein zweites Mal. Dem Klerus war die Bedeutung ihrer Mission bewusst. Papst Gregor X. hatte sie mit einem Auftrag betraut, von dem vielleicht die Zukunft Europas abhing.

Doch was mich weit mehr interessierte: Wie sahen sich die Polos selber? Als Botschafter oder als Händler? Oder verstanden sie sich vor allem als Abenteurer? Marco Polo verliert in seinem Bericht kein Wort darüber. Sechseinhalb Jahre dauerte allein ihre Hinreise, fast zehntausend Kilometer legten sie durch unbekannte, teils feindliche Gebiete zurück. Immer wieder drehten sich meine Gedanken um diese so ungewöhnlichen Männer. Auch sie hatten ihre Reiseroute nach den damaligen politischen Gegebenheiten richten müssen. Diese zwangen sie zu einem weiten nördlichen Bogen. Wie wird es ihnen gegangen sein, wenn sie in neue Städte kamen? Wurden sie als Fremde geächtet, ausgeschlossen? Worauf achteten sie mehr, was faszinierte sie stärker, die fremdartige Kultur oder neue, Gewinn versprechende Handelsmöglichkeiten? Ich träumte weiter und wäre fast eingeschlafen.

Dagegen half nur starker Tee. Axel schleppte mich in ein Straßencafé, wo er seine geliebte Wasserpfeife rauchen konnte. Alte Männer spielten Backgammon oder Karten. Sie nahmen kaum Notiz von uns. Der Raum war total verqualmt, aber den Rauch der Wasserpfeifen empfand ich nicht so abstoßend wie den von Zigaretten. Er war voller Aroma. Ich ertappte mich dabei, wie ich die Luft genussvoll einsog. Dabei bin ich Nichtraucher. Der ganze Laden strahlte eine Atmosphäre aus, die mich an eine mexikanische Siesta erinnerte. Nur, dass sich zur fast aufreizenden Gelassenheit der graubärtigen Männer die totale Konzentration auf das Spiel gesellte. Ein spannendes Wechselspiel von Anspannung und Entspannung. Wie geschickte Dramaturgen inszenierten diese alten Türken ihren Cafébesuch. Wir waren ein dankbares Publikum.

Immer wieder sind es diese spezifischen Eigenheiten und Rituale, die uns magisch anziehen, die uns ansprechen und unseren Verstand fordern. Wie auf jenem Platz irgendwo in Anatolien, wo ein eigenartiger Trubel um zwei junge Männer gemacht wurde.

Ein schnauzbärtiger Türke, vielleicht Anfang dreißig, schlug wie in Trance auf eine Pauke ein und übertönte damit den Klang eines kreischenden, fast quietschenden Blasinstrumentes, das für die Melodie zuständig war, jedoch wegen der lauten Paukenschläge völlig unterging. Trotz der nicht zu überhörenden Misstöne tanzten ein Dutzend Männer und Frauen zur Musik, und zwar nicht etwa im Takt, sondern zum ganz eigenen Rhythmus eines imaginären sittsamen Tanzes. Ein glückliches Lächeln erfüllte dabei ihre Gesichter. Zu unserem großen Unverständnis auch die der beiden jungen Männer. Denn, wie wir inzwischen erfahren hatten, war der Grund für den Auflauf ihre Verabschiedung zur Armee. Achtzehn Monate Wehrdienst standen den

Rekruten bevor. Niemand aus meinem Bekanntenkreis hat seine Einberufung gefeiert. Ich verstand diese Leute nicht. Allein schon deswegen, weil für sie die durchaus nicht von der Hand zu weisende Gefahr bestand, irgendwo erschossen zu werden.

Je weiter wir nach Kurdistan hineinkamen, desto kühler wurde auch das Klima. Meteorologisch, politisch und menschlich. Wahrscheinlich haben sich Menschen und Politik einfach nur dem Wetter angepasst.

Die Kurden, sie machen immerhin siebzehn Prozent der türkischen Bevölkerung aus, kämpfen schon seit ewigen Zeiten für die Anerkennung ihrer Sprache und ihrer Kultur. Ihr Ziel ist die Autonomie ihres Landes innerhalb der Türkei. Verständlich, wenn man weiß, dass es sich um eine der weltweit größten ethnischen Gruppen handelt, die keinen eigenen Nationalstaat besitzt. Heute leben die Kurden verstreut in verschiedenen Gebieten des Iran, Irak, Syriens, der Türkei und in verschiedenen Staaten der ehemaligen Sowjetunion. Nirgends aber hatte der Kampf um die Unabhängigkeit so blutige Folgen wie in der Türkei. Allein 1993 kamen bei Kämpfen zwischen der türkischen Armee und kurdischen Separatisten rund zweitausend Zivilisten und Soldaten ums Leben. Und auch im Moment war die Lage in Kurdistan wieder merklich angespannt. Trotzdem radelten wir durch dieses Gebiet.

Die Sonne schien strahlend hell. Alles, die Erde, die Gebäude, Gewächse, hatte eine einheitliche graubraune Farbe angenommen, die die gesamte Landschaft dominierte. Im Kontrast dazu standen nur die Schneeberge und der strahlend blaue Himmel.

Es war kalt, doch wir kamen gut voran. Die Gegend wurde sichtlich ärmer und traditionell-islamischer. Auf dem Land begegneten uns kaum noch Frauen, die ihre Haare offen zeigten. Sie wirkten fast alle vermummt. Nur noch einen Schlitz für die Augen ließen die Tücher offen.

In Erzurum, schon weit im Osten der Türkei sprachen uns zwei Studenten an. Ob wir ihnen eine Reise-, Aufenthalts- oder Arbeitsgenehmigung für Deutschland beschaffen könnten.

»Hier geht sowieso alles den Bach runter«, sagte einer von ihnen.

Wir zuckten nur mit den Schultern. So stimmte das nicht ganz. Die Inflation ging rapide bergauf. Für eine deutsche Mark vierhundertfünfzigtausend Lire, Tendenz steigend.

Wir saßen auf unseren Rädern, auf dem Weg nach Osten. Wieder entdeckte ich auf einem Schild das Wort ›Müdürlügü‹. Ich hatte keine Ahnung, was es hieß. Aber es gefiel mir, weil es so klassisch war. Vier Vokale, alle ein ›ü‹. Typisch türkisch, denkt man doch da. Jedenfalls als Deutscher. An so etwas kann ich mich erfreuen, wenn ich auf einen zweitausend Meter hohen Berg muss und die Gegend sonst so karg und trostlos wirkt, sodass auch die krummen Pappeln mich nicht mehr aufmuntern konnten.

Aber nicht nur die winterliche Landschaft wirkte auf uns trostlos. Auch das viele Militär schreckte uns ab. Im Gegensatz zu den recht verschlossen wirkenden Einheimischen waren die meist jungen Soldaten sehr offen. Oft winkten sie uns zu. Eine Entschädigung für die Düsenjäger, die fortlaufend im Tiefflug durch das Tal donnerten und meine Nackenhaare zu Berge stehen ließen.

Überall sahen wir Militäranlagen, die meisten von ihnen waren befestigt und wurden stark bewacht. An einer Straßenkreuzung waren neben mit Erdwällen gesicherten Gebäuden auch Panzer eingegraben. Sicher wegen der Kurden. Die machen angeblich keinen Unterschied zwischen Einheimischen und Ausländern. Vor Reisen in diese Gebiete wird schließlich ausdrücklich gewarnt. Doch alle, die wir fragten, meinten, dass es zurzeit ruhig sei. Dennoch war Vorsicht geboten. Nur weil die Armee gerade Ruhe gab, hieß das natürlich nicht, dass auch die Straßenräuber Pause machten.

An Ortseingängen größerer Dörfer und Städte wachten Kontrollposten. Sie redeten auf uns ein, aber wir hielten nicht an. Ansonsten, das wussten wir aus Erfahrung, kam es jedes Mal zu stundenlangem Palaver. Woher, wohin, warum. Also gaben wir uns im Vorbeifahren besonders freundlich, machten eine entschuldigende Geste und riefen ihnen »Aleman« zu, damit die Soldaten wenigstens wussten, woher wir kamen. Nie nahmen sie uns das übel. Einer rief uns sogar auf Deutsch ›Gute Reise‹ hinterher.

Die Reise wäre noch weit besser verlaufen, wenn sie nicht ab und zu von wilden Hunden unterbrochen worden wäre. Türkische Straßenköter besitzen unter Radfahrern ja schon einen ziemlich schlechten Ruf. Doch im Gegensatz zu ihren kurdischen Artgenossen wirken sie wie niedliche Schoßhündchen.

Kurdische Hunde sind wenigstens doppelt so groß, doppelt so

schnell und doppelt so bösartig, wie die schlimmsten türkischen Hunde. Wahrscheinlich fressen sie auch doppelt so viele Radfahrer. Heimtückisch wie sie waren, griffen sie meistens im Rudel an. An bedächtiges Fotografieren war unter solchen Umständen natürlich nicht zu denken.

Ich konnte jedenfalls nicht wirklich ruhig bleiben, als wieder einmal ein Rudel auf mich zustürzte und im Sucher schon mächtig an Größe gewann. Dabei hatte ich ein Weitwinkelobjektiv auf meiner Kamera. Axel, das muss hier mal gesagt werden, geht bei Hunden sowieso stiften. Zumindest bei Hunden, die nicht augenblicklich den Schwanz einziehen, wenn sie ihn sehen. In so einem Fall brauche ich dann nicht weiter auf seine Hilfe zu bauen.

Also musste ich mir wieder einmal selbst helfen. Das tat ich, indem ich die Hunde aus Leibeskräften anschrie. Sie blieben dann fast immer verblüfft stehen. Das funktioniert allerdings nicht, wenn man zu leise oder unentschlossen schreit. Stürzen die Köter weiter, muss man zu Steinen greifen und sie der Meute scharf entgegenschmeißen. Und zwar mit solchen Steinen, die den Hunden selbst dann Respekt einflößen, wenn man weit daneben trifft. Schließlich kann man sich nicht allzu lange beim Zielen aufhalten.

Axel transportierte zur Sicherheit immer einen Schwung solcher Steine griffbereit am Rad mit sich.

An unserem vorletzten Tag in der Türkei bekam ich einen Platten. Bisher waren wir davon verschont geblieben. Als der erste Ärger verflogen war, wurde mir bewusst, wie gut unsere Räder waren. Es ist mit den Fahrrädern ein bisschen wie mit dem Schiedsrichter beim Fußball: Die besten sind die, die man nicht bemerkt.

Unauffällig, aber zuverlässig verrichteten unsere Fortbewegungsmittel ihren Dienst. Dabei gebe ich zu, dass ich am Anfang skeptisch war. Vierzehn Gänge, Nabenschaltung und Hydraulikbremsen – konnte das gut gehen? Es ging gut. Die Hydraulikbremsen lernte ich während der Tour unheimlich schätzen. Ein wirkliches Sicherheitsplus. Bis zum Ende der Tour büßten sie kaum etwas von ihrer Bremskraft ein.

Die Nabenschaltung hatte freilich den Nachteil, dass man nicht unter Last, zum Beispiel beim bergauffahren, schalten konnte. Wobei das für Fernradler wie uns ohnehin nicht von Bedeutung sein sollte. Außerdem wird dieser Nachteil durch eine ganze Reihe anderer Vorteile aufgewogen. Dazu zähle ich neben dem einen unscheinbaren, einfach zu bedienenden Drehgriff auch die Möglichkeit, im Stand quasi durchzuschalten. Wenn wir beispielsweise mit einem noch relativ hohen Gang an einer leicht ansteigenden Kreuzung anhalten mussten, schalteten wir einfach auf den gewünschten Gang runter und radelten dann problemlos an. Jeder Radfahrer kennt die Schwierigkeiten, die eine Kettenschaltung in einem solchen Fall verursacht.

Bei der Reparatur des Plattens lernten wir einen Kurden in unserem Alter kennen. Er hatte zehn Jahre in Deutschland gelebt und begann zu schwärmen.

»Kriegst Geld für nicht arbeiten und dann doch arbeiten und haben sechstausend Mark im Monat!«

Er hatte über einen Asylantrag einen deutschen Pass bekommen.

»Kein Problem, du nur sagen ›kurdisch‹, dann kein Problem!«

Ich konnte ihn gut verstehen. Zu der Zeit, als er die Türkei verlassen hatte, war die Verfolgung der Kurden noch viel stärker als heute.

»Die Türken machen Geschäft von mein Vater kaputt. Ich haben nichts mehr. Also ich gehen nach Deutschland. Sehr schönes Land. Ich haben viele deutsche Freund dort.«

»Aber warum hast du dann in Deutschland noch schwarz gearbeitet?«

Ich war gespannt, was er antworten würde.

»Du immer zahlen alle Steuern?«, er grinste übers ganze Gesicht. »Wo ist Unterschied?«

Wir fuhren über einen kleinen, gut zweitausend Meter hohen Pass. Mit Rückenwind rollten wir allmählich auf der anderen Seite wieder bergab. Ich legte den Kopf auf den Lenker, um möglichst wenig Luftwiderstand zu bieten und sinnierte darüber, ob die Gegend nun eine Steppe oder eher Wüste war.

Doch was war das?!

»Mensch, Axel, guck doch mal!«

Axel muss ebenso in Gedanken versunken gewesen sein. Langsam hob er den Kopf, dann hörte er auf zu treten.

»Das gibt's doch nicht.«

Die Landschaft, die ganze Erde um uns herum war plötzlich bunt geworden. Farben wie aus dem Märchenbuch! Gelbe, grüne und weiße Erdschichten lagen dicht beieinander. Jeder Hügel hatte eine andere Farbe. Durch ein Wolkenloch schien die Sonne und ließ die Farben noch viel kräftiger leuchten.

»Ganz, ganz eigenartig«, sagte ich, auch um mich zu vergewissern, dass ich nicht träume. Wie aus der Ferne vernahm ich meine eigene Stimme.

»Aber wunderschön.«

Etwas Ähnliches hatte ich nur einmal in einer ziemlich abgelegenen Ecke im US-Bundesstaat Utah gesehen. Schon damals hatte ich eine Gänsehaut. Axel drängte trotzdem auf Weiterfahrt. Schwarze Einsprengsel gesellten sich zu der bunten Farbenpracht.

»Lavabrocken«, stellte Axel nüchtern fest.

Es ging also doch alles mit rechten Dingen zu. Mit wachsender Erkenntnis nahm die Farbenpracht auch schon wieder ab. Bis wieder alles wieder im gewohnten Graubraun versank.

Ein weiteres Tal öffnete sich vor uns. Darin lagen ein Dutzend kleiner Dörfer verstreut. Schafhirten trieben ihre Herden durch die Einöde. Die Berge rechts und links waren kahl.

»Da!«

Axels Finger richtete sich auf ein Massiv, dessen Spitze wir nicht erkennen konnten. Er musste nicht aussprechen, was er dachte. Der Ararat!

»Dort oben ist Noah gestrandet«, sagte ich.

Axel schaute mich zweifelnd an.

»Du brauchst gar nicht so zu gucken. Irgend so ein amerikanischer Wissenschaftler hat die Arche sogar schon gefunden!«

Der Blick, den ich nun erntete, war noch ungläubiger.

»Also ausgegraben und angeschaut hat er sie sich noch nicht«, lenkte ich ein. »Aber unter ein paar hundert Metern kompaktem Fels will er sie schon genau lokalisiert haben. Alles andere ist nur noch eine Frage der Zeit.«

»Und eine Frage der finanzkräftigen Sponsoren.«

Der Berg, den ich vor vielen Jahren schon einmal von der anderen Seite, von Armenien aus gesehen hatte, wirkte einfach majestätisch. Ein gewaltiger, Ehrfurcht gebietender Vulkan. Obwohl die Spitze des Fünftausenders für den Rest des Tages hinter einer dichten Wolkenfront blieb.

Auch am nächsten Morgen hingen sämtliche höheren Berge in einer dicken, dunklen Wolkendecke. Alles, was darunter hervorschaute, hatte über Nacht etwas Neuschnee abbekommen. Tiefer war der Schnee in Regen übergegangen, der die trostlose Landschaft nass werden und die sonst trockenen Wasserläufe anschwellen ließ.

Starker Wind trieb die dunkle Wolkenschicht vor sich her. Plötzlich riss sie auf und der Ararat lag vor uns. Ich lächelte in mich hinein. Ein wirklich vollkommener Vulkan. Wie von Gott geschaffen. Selten hatte ich einen so ebenmäßigen Berg gesehen. Ein Bild, das sich einbrennt ins Gedächtnis und von dem man hofft, man möge es nie vergessen.

Ein Stück weiter, aber immer noch im Herrschaftsbereich des Berges, lag die Grenze zum Iran. Angesichts der Horrorgeschichten, die wir gehört hatten, war ich wieder hellwach. Unser potenzielles Sündenarsenal müsste jedes Revolutionsgericht aufschrecken: Musikkassetten, Ausgaben von Illustrierten, von der Fotoausrüstung ganz zu schweigen.

»Fünf Stunden werdet ihr gefilzt«, hatten uns in Kurdistan Leute prophezeit. »Mindestens!«

Alles in allem dauerten die Grenzformalitäten keine dreißig Minuten. Zwar strahlten die Räume, durch die wir geschickt wurden, mit ihren vergilbten Kacheln, den schweren Stahltüren und vergitterten Fenstern so viel Anmut wie eine Gestapo-Verhörzelle aus, doch mussten wir uns weder strengen Kontrollen unterziehen noch unser Geld vorzählen.

Ich war angenehm überrascht. Auch wegen der Iranerinnen, die uns in Gruppen entgegenkamen, und tatsächlich weit mehr als nur ein paar schüchterne aber dennoch verbotene Haarlocken unter ihrem Kopftuch hervorschauen ließen.

Ein lauter Seufzer entfuhr mir, und auch Axel konnte seine Überraschung nicht verbergen.

»Das fängt ja gut an«, zwinkerte er mir zu.

»Hoffen wir mal, dass es auch so weitergeht«, antwortete ich und schaute einer ganz besonders hübschen Locke hinterher.

KAPITEL DREI

Im Reich des Ayatollah

»Wie steht hier im Iran eigentlich der Kurs?«
Axel zuckte mit den Schultern.
»Woher soll ich das wissen? Aber die werden mir das sicherlich gleich sagen.«
Er deutete auf einen Pulk heftig gestikulierender Geldwechsler, die auf uns zuströmten. Im Nu waren wir von ihnen umringt. Sie packten uns am Arm, zerrten uns hin und her und übertrafen sich gegenseitig im Geschrei. Wir standen verstört zwischen diesen Gestalten, deren geldgierige Augen und verkniffene Mienen für uns nichts Gutes verhießen, und begriffen überhaupt nichts.
»Der mit der Glatze hat mir grade für einen US-Dollar 790 Rial geboten, glaub' ich jedenfalls«, rief Axel unsicher. Er ›kämpfte‹ bereits mit dem nächsten besonders aufdringlichen Wechsler.
»Vielleicht waren's auch Truman, ich weiß nicht genau.«
Truman war keine offizielle Einheit, soweit wir wussten, aber eine, mit der die Leute auf der Straße rechneten. Zehn Rial gleich ein Truman. 450 000 türkische Lire waren eine Deutsche Mark. Wie stand der Rial zur Lire? Auch da gab es verschiedene Angaben. Oder handelte es sich um Truman?
»Also, was nun?«
Das ganze Rechnen, Überschlagen, Zählen und Geldjonglieren wurde dadurch erschwert, dass uns niemand Zeit zum Überlegen ließ. Einige der Wechsler hielten uns ihre Taschenrechner mit der vermeintlich verheißungsvollen Zahl direkt vor die Augen. So konnten wir natürlich nichts erkennen. Weitere Taschenrechner schoben sich dazwischen, Leute schrieen. Andere drängelten sich vor. Ich verstand gar nichts mehr.
»Ich hab's«, schrie Axel und winkte mich zu sich heran. »Also, ein US-Dollar ist ungefähr, ungefähr, lass mich mal rechnen, ungefähr achttausend Rial wert. Wenn das stimmt, was der hier mir eben erklärt hat.«
Axel kniff die Augen zusammen. Na gut. Wir hatten wenig Alternativen. Die Banken waren geschlossen, und wir hatten nicht die geringste Vorstellung davon, wie viel ein Rial wirklich wert war. Vielleicht machte der Wechsler gerade das Geschäft seines Lebens.

Wir fuhren los. Seit der Grenze schien sich alles zu ändern. Die Felder in den Tälern waren grüner, fruchtbarer und die bergige Landschaft weiträumiger. Alles wirkte größer, die Dimensionen schienen zugenommen zu haben. Auch die Kälte ließ etwas nach. Die Lehmhäuser der Kurden machten Gebäuden aus gebrannten Ziegeln Platz. Diese hatten den gleichen warmen, erdigen Ockerfarbton wie der Boden. Dörfer lagen eingequetscht in tiefen Felsschluchten. Moscheen mit hohen, schlanken Minaretten gab es nicht mehr. Im türkischen Kurdistan dagegen hatte jedes noch so winzige Dorf wenigstens eine. Waren die Iraner etwa weniger streng gläubig?

Der schiitische Islam ist im Iran Staatsreligion. Nach dem Sturz des Schahs 1979 wurde er sogar zur Basis des ›Gottesstaats‹ erklärt. Möglich, dass die Schiiten ihre Religion eher zu Hause als in den Gotteshäusern auslebten. Vielleicht übersah ich auch die Moscheen, gerade wegen der fehlenden Minarette.

Der Regen ließ nach. Wir fuhren weiter nach Südosten, Richtung Teheran. Alte, verfallene Betonbunker zierten die Bergflanken. Sie zeigten Richtung Grenze. Das Verhältnis zwischen dem Iran und der Türkei hatte wohl schon die verschiedensten Stadien durchschritten. Genau wie das zum Irak. Jetzt gab es auf der breiten, gut ausgebauten Asphaltstraße kaum noch grenzübergreifenden Verkehr. Bahnte sich zwischen beiden Ländern wieder eine politische Eiszeit an?

Der Wind schob uns ein wenig und die Straße fiel ganz allmählich ab. Wir kamen schnell vorwärts. Plötzlich hatten wir die felsigen Berge hinter uns gelassen. Vor uns lag das für den Iran so typische, ebene Hochland. Auf über zweitausend Metern Höhe erstreckt es sich in alle Richtungen. In der Ferne ragten schneebedeckte Berggipfel empor, hier jedoch war alles flach.

Ab und zu huschten kurze Regenschauer über die Ebene hinweg. Wir hatten Pech mit dem Wetter, und das ärgerte mich. Ursprünglich waren wir bei der Reiseplanung davon ausgegangen, dass wir auf der ganzen Tour entweder gar nicht oder wenn doch, dann nur höchst selten in Regen kommen. Zumindest ab Teheran, das wussten wir, lagen fast ausschließlich trockene Wüstenstrecken vor uns. Deswegen hatten wir auch keine besonders dichten Regensachen mitgenommen. Nun rächte sich diese Leichtsinnigkeit. Wir waren noch längst nicht in Teheran und der Regen nahm schon wieder zu.

Ausgekühlt und mit klammen Sachen radelten wir längst nicht mehr so schnell. Das Wetter wurde immer schlechter und ließ eher an einen verregneten, windigen Novembertag denken als an den Frühlingsanfang. Schwerer Regen ging nieder. Der Sturm peitschte die Regentropfen fast waagerecht vor sich her und eine Besserung war nicht in Sicht. So gar kein Wetter für ein Neujahrsfest, dachte ich. Mir war jedenfalls nicht zum Feiern zumute.

Die Iraner begehen den Beginn ihres neuen Jahres gewöhnlich in der zweiten Märzhälfte. Ganze dreizehn Tage dauert das Fest. Es heißt, die Menschen wollten damit die Ankunft des Frühlings begrüßen. Seit vielen Jahrhunderten ist das Tradition, lange bevor sich der Islam in Persien, dem heutigen Iran, etablierte. Die Menschen beschenken sich, und die einzelnen Familienmitglieder nutzen diesen Anlass, zusammenzukommen.

Ich musste an unsere Festtage denken. Wie ähnlich sind sich doch viele Bräuche, über die Grenzen verschiedenartiger Kulturen und unterschiedlicher Religionen hinweg!

Wir kamen in ein kleines unscheinbares Dorf. Sonne und Regen hatten die Lehmhütten verblassen lassen. Zwei alte, bärtige Männer in grauen Gewändern saßen auf einer halb verfallenen Mauer. Als sie uns erblickten, sprangen sie auf und winkten uns zu einem Tee heran. Solche Einladungen waren inzwischen häufig. So häufig, dass wir sie mitunter ablehnen mussten, um nicht den größten Teil des Tages nur mit Teetrinken zu verbringen. Diesmal nahmen wir jedoch an.

Kaum dass wir angehalten und die Männer begrüßt hatten, kamen von überall Scharen kleiner Jungs auf uns zugestürzt. Wie eine dichte, laut kreischende Traube umringten sie uns. Leider. Egal wie nett sie einzeln auch sein mögen, in der Masse trieben sie uns oft zur Weißglut. Sie fassten alles an, unsere Räder, unsere Haare, und zerrten an unseren Hosen. Nicht mal das Innere unserer Packtaschen war vor ihnen sicher. Alles, was nicht fest verschlossen war, wurde geöffnet und genauestens auf den Inhalt inspiziert. Dabei schrieen und kreischten die Bengel, natürlich ohne dass wir jemals auch nur das Geringste verstanden. Plötzlich hielt eines der Kinder meine Kamera in der Hand und wischte mit seinen kleinen dreckverkrusteten Fingern strahlend über das Objektiv.

Selbst den anwesenden Erwachsenen wurde das nun zu viel. Äußerlich wütend verjagten sie die Kinder. Allerdings ohne dauernden Erfolg.

Kurz nachdem die Meute in alle Himmelsrichtungen auseinander geflitzt war, kamen die ersten Kinder schon wieder zurück und tanzten johlend und grölend um uns herum. Wir flüchteten ins Haus unserer Gastgeber. Hier glaubten wir uns sicher. Doch weit gefehlt. Die Kinder hopsten kreischend hinterher.

Interessanterweise wurden sie von den Erwachsenen nur gestikulierend abgewehrt und nur mit wenig überzeugenden Rufen verscheucht. Nicht ein einziges Mal wurde jemand wirklich wütend oder erhob die Hand gegen sie. Das kleine, weniger als drei mal drei Meter große Zimmer, der einzige Raum im Haus, war also zum Bersten gefüllt. Hauptsächlich mit Jungs zwischen fünf und zwölf Jahren. Die Frauen und Mädchen hielten sich im Hintergrund und lugten vorsichtig von draußen durchs Fenster oder die offen stehende Tür herein. Einige von ihnen, selbst noch sehr junge, hielten kleine Babys im Arm. Ich musste daran denken, dass Khomeini das Heiratsalter für Mädchen auf dreizehn Jahre heruntergesetzt hatte.
Auf dem Fußboden stapelten sich selbst geknüpfte Teppiche. Andere lagen ausgebreitet im Raum. An der Wand stand ein Gerüst, eine Art Vorrichtung, an der ein weiterer Teppich hing. Dieser war noch in Arbeit. Richtige ›Perser‹ gehören immer noch zu den Exportschlagern des Iran. Der Einrichtung war anzusehen, dass die hiesigen Teppichknüpfer für ihre Arbeit nicht mehr als einen Hungerlohn bekamen.
»Kommt rein, setzt euch«, bedeutete uns der greise Hausherr und wies mit der Hand auf einen Teppich hinter einem kleinen Tischchen.
»Mögt ihr etwas Brot zum Tee?«
Gerne nahmen wir an. Zum Brot wurde uns leicht ranzige, offensichtlich selbst gemachte Butter gereicht und natürlich die unvermeidlichen Süßigkeiten. Gemeinsam tranken wir aus kleinen Tassen, ohne viel dabei zu reden. Unser Gastgeber schien etwas verschüchtert zu sein, weil er nur schlecht Englisch sprach und ihm die Unterhaltung schwer fiel. Dafür war er ein um so aufmerksamerer Hausherr.
»Du, Axel. Ich glaube, er möchte, dass wir über Nacht hier bleiben.«
Axel überlegte kurz.
»Von mir aus gern. Der Tag war heute schon lang genug. Dieser scheußliche Gegenwind hat mich ziemlich geschafft.«
Ohne sich noch einmal zu vergewissern, breitete der Gastgeber Teppiche und Decken als Schlafgelegenheit aus. Er duldete nicht, dass wir

unsere Schlafsäcke herausholen.

»Kommt gar nicht in Frage«, sagten seine Gesten. »Schließlich seid ihr meine Gäste!«

Die wortkarge Unterhaltung versiegte bald und endete in einem verlegenen, gegenseitigen Grinsen, so dass wir uns schon zeitig schlafen legten.

Die türkisch-iranische Grenze war zugleich eine Zeitgrenze. Weil wir ostwärts radelten, mussten wir die Uhren nun um eine Stunde nach vorn stellen. Genaugenommen war das für uns jedoch ohne Belang. Wir lebten mit der Sonne, oder, wie hier im Westen des Irans, wo die Sonne sich fast ständig hinter dichten Wolken versteckte, mit dem Tageslicht.

So wie es hell wurde, saßen wir auf unseren Rädern. Tagsüber versuchten wir, möglichst viele Kilometer zurückzulegen, um bald die Wüsten in Irans Osten zu erreichen, von dem wir uns trockeneres und wärmeres Wetter versprachen.

Auf einer wind- und regengepeitschten Hochebene lag Tabriz, eine verhältnismäßig große Stadt mit internationalem Flughafen und etlichen dicht verhüllten, aber dennoch revolutionären Mädchen, die mutig genug waren, uns ein für iranische Verhältnisse ganz unverschämtes »Hallo« hinterherzurufen. Verzagt zwar, aber immerhin.

Trotzdem radelten wir schnell weiter. Wir sehnten uns nach dem angenehmeren, sonnigen Klima in der weiter östlich liegenden Wüste. Hier kroch uns die Kälte in die Klamotten, die Sicht blieb vom Dunst verschluckt, kräftiger Gegenwind machte uns zu schaffen. Der Himmel war wolkenverhangen, und wir mussten ständig mit Regen rechnen.

Kurz hinter der Stadt stand ein Großväterchen am Rand der Straße und klatschte rhythmisch in die Hände. Mit einem lauten kräftigen Ruf munterte er uns auf.

»Don't be tired!«

Als ich diesen Aufmunterungsversuch das erste Mal hörte, war ich verblüfft. Später sollten wir ihn noch öfter zu hören bekommen. Er ist wohl die direkte Übersetzung der üblichen Begrüßung ›Du sollst nicht müde werden!‹ aus dem Farsi, dem Persischen. Wir verlangsamten die Fahrt und bedankten uns.

»Wartet mal!«, rief uns der Opi zurück. »Kommt doch mit zu einem Tee.«

Er winkte uns in eine kleine, keine zehn Meter entfernte Teestube. Zwanzig Männer, alle weit über sechzig, saßen an niedrigen Tischen, erzählten miteinander oder lauschten den Gesprächen und Reden der anderen. Dabei tranken sie Tee und rauchten ihre Wasserpfeifen. Wir setzten uns an einen freien Tisch. Axel deutete auf die Pfeifen, und gleich darauf brachte der Kellner eine an unseren Platz. Axel zog daran. Sein Gesichtsausdruck verfinsterte sich leicht. Er hustete.

»Also, ich will mich ja nicht beschweren, aber der kratzt im Hals.«
Er hustete noch einmal.

»Der Apfeltabak in Syrien war besser«, sagte er und rauchte weiter. »Lieblicher.«

So vergingen ein paar Minuten, in denen Axel über den Geschmack iranischen Wasserpfeifentabaks mit unserem Gastgeber philosophierte. Handtellergroße runde Teetassen ohne Henkel standen vor uns, ihr Inhalt dampfte und roch nach Früchten. Wir hockten auf dem Boden und erzählten.

»Die Iraner«, sagte der grauhaarige, aber dennoch rüstig wirkende Mann, der uns zum Tee überredet hatte, mit schnarrender Stimme, »die Iraner sind wirklich nette Leute.«

Er nahm einen Schluck Tee. Seinem sich verzerrenden Gesicht sah man für ein paar Sekunden an, dass das Getränk noch sehr heiß war.

»Nicht nur sind die Leute freundlich, auch die Landschaft ist wunderbar. Wüsten, Strände, Berge, einfach alles haben wir hier. Sogar richtigen Urwald! Hättet ihr das gedacht? Ein wirklich wunderschönes Land. Aber die Politik«, winkte er ab, »die kann man vergessen.«

Normalerweise gehen Iraner auf die politischen Verhältnisse im Land selten konkret ein. Wenn doch, dann beschweren sie sich gewöhnlich über das Mullah-Regime mit all seinen Auswirkungen. Von der Pflicht für Frauen, einen Tschador zu tragen, bis hin zur internationalen Isolierung des Landes, für die man die religiösen Hardliner verantwortlich macht.

»In den Zeitungen des Auslands«, fuhr er fort, »vor allem des westlichen Auslands wird vieles über unser Land falsch dargestellt. Die Menschen hier sind recht offen und den westlichen Einflüssen gegenüber keinesfalls abgeneigt. Eher im Gegenteil. Einzig und allein das Regime, die Regierung, entspricht den westlichen Darstellungen.«

Ihn störte die Pauschalisierung, das Schwarz-Weiß-Denken im Ausland.

Den ersten Punkt seiner Einschätzung mochten wir zu diesem Zeitpunkt noch nicht vollständig beurteilen. Bis jetzt hatten wir allerdings nur freundliche Iraner getroffen. Das mit der Landschaft stimmte in jedem Fall. Erst vor wenigen Stunden waren wir an faszinierend schönen schneebedeckten Bergen, die majestätisch über der weiten Ebene thronten, vorbeigefahren und tief beeindruckt gewesen.

Dass die westlichen Medien oftmals verzerrt berichten, mochte auch stimmen. Vermutlich lag es daran, dass es für Reporter nicht leicht ist, in kurzer Zeit einen wirklich tiefen Einblick in das Leben der Iraner zu erhalten. Oftmals wiederholen sich in ihren Berichten und selbst den Reportagen, die über einen längeren Zeitraum entstehen, Phrasen und Bilder, die das ohnehin schon vorhandene falsche Iranbild nur noch einmal mehr nachzeichnen. Leider werden damit Chancen vertan, westliches Verständnis für die orientalische Lebensweise, vielleicht für andere Lebensweisen überhaupt, zu fördern.

Was die Sichtweise unseres Gastgebers auf die Politik betraf, hatte ich ihm nicht so pauschal zustimmen können. Immerhin führte der vor vier Jahren gewählte Präsident Khatami zur Zeit unserer Tour einen zumindest für iranische Verhältnisse ausgesprochen liberalen Kurs. Allerdings hatte er es dabei extrem schwer, sich gegen die Mullahs durchzusetzen, die genau gesehen nicht nur die Justiz unter sich haben, sondern den Präsidenten auch jederzeit problemlos absetzen können. Durch den sich daraus für Khatami ergebenden Zwang, die erforderlichen politischen Umgestaltungen langsam durchzusetzen, resultierte eine Unzufriedenheit vieler Iraner gegenüber ihrer Regierung. Hoffentlich, dachte ich, können diese langsamen Veränderungen einen blutigen Konflikt vermeiden.

Aber erste, ganz vorsichtige Anzeichen für eine Liberalisierung glaubte ich bereits zu spüren. Selbst Zeichentrickfilme können ein Zeichen für die Öffnung eines Landes sein. Wenige Tage zuvor lief einer über den Bildschirm. Außerirdische beeinflussten darin mit Hilfe einer Satellitenschüssel das Fernsehprogramm. Satellitenschüsseln sind im Iran verboten. Eigentlich dürfte es sie gar nicht geben.

Fast jeden Tag gerieten wir mehr oder weniger in Situationen, die für sich und das Land sprachen. Ganz besonders bewusst wurde mir das, als wir eines Abends, es war schon seit über einer Stunde dunkel, einen Schlafplatz suchten. Seit Einbruch der Dämmerung hatten wir entlang der Straße keinen wirklich geeigneten Schlafplatz finden können.

Dann sahen wir ein großes umzäuntes Gelände. Ein uniformierter Wachmann saß in seinem Häuschen und sah fern. Aus Erfahrung wussten wir, wie ängstlich Leute oft reagieren, wenn nachts Ausländer, die nicht einmal die Landessprache beherrschen, auf sie zugehen und sie ansprechen. Doch uns blieb keine Wahl.

Axel radelte bis zum Fenster und klopfte dagegen. Der Wächter schaute erschrocken auf.

»Verstehen Sie Englisch? Können wir Sie was fragen?«

Der Mann zuckte zweimal kurz hintereinander mit den Schultern. Offenbar verstand er uns nicht. Trotzdem rollten wir nur wenige Minuten später unsere Matten hinter seinem Häuschen aus. Da an diesem Tag der Regen schon am Morgen nachgelassen hatte, brauchten wir zum ersten Mal im Iran kein Dach über dem Kopf. Nun war der Himmel klar und die Sterne erstrahlten in kaltem Licht.

In dieser dicht besiedelten Gegend wollten wir absichtlich lieber in der Nähe von Menschen schlafen, um nicht von Unbekannten plötzlich aus dem Schlaf gerissen zu werden. Unseren Gastgeber störte das nicht. Er hatte uns eine mit spärlicher Wiese bewachsene Stelle gezeigt und setzte sich lächelnd zurück vor seinen Fernseher. Nur zweimal kam er noch zu uns. Einmal, um uns Reis und Hähnchen zu bringen. Das zweite Mal, um den unvermeidlichen Tee zu reichen.

»Wenn sich jemand, der uns nicht einmal kennt, so um uns bemüht, ohne dass wir ihn darum bitten«, sagte ich, »dann habe ich ein absolut sicheres Gefühl. Hier gefällt es mir.«

»Ich weiß«, sagte Axel kichernd. »Wenn du was zu essen bekommst und in aller Ruhe deinen Schlafsack ausrollen kannst, bist du glücklich. Du bist ein verfressener, niveauloser Radfahrer! Gute Nacht.«

Axel drehte sich um und im nächsten Moment hörte ich nur noch sein tiefes, gleichmäßiges Atmen.

Am nächsten Morgen war das Wetter zunächst noch ganz annehmbar. Nur der Wind hatte wieder aufgefrischt. In einer kleinen Kneipe am Straßenrand entdeckte ich zwei verzinkte Samoware, die ihren ehemaligen Glanz gegen ein mattes Grau eingetauscht hatten. Sie waren so groß, dass ich sie während eines kurzen Blicks von außen durch das Fenster gesehen hatte. Hier beschlossen wir, zu frühstücken.

Aus dem Hahn des Behälters plätscherte der starke, dunkle Tee in unsere Tassen. Ich konnte ihn nur mit sehr, sehr viel Zucker genießen. Mir wurde bewusst, dass wir die letzten Tage ohnehin schon zu viel Tee getrunken hatten. Zumindest für unsere Verhältnisse. So viel, dass uns beiden richtig übel davon wurde.

Axels Gesichtsfarbe bekam an diesem Tag einen Hang ins Graugelbe. Oder bildete ich mir das nur ein? Er hatte, wie immer auf unseren Fahrradtouren, mehrere Kilogramm Gewicht verloren. Und zum Frühstück erhielten wir im Iran neben Tee nur dünne Brotfladen, Schafskäse und eine Zwiebel. Außer von ihr blieb wenig Geschmack im Mund, jedenfalls wenn wir nicht Unmengen von Salz darüber streuten.

Anfangs hatten wir diese Mischung aus wirklich einfachen Lebensmitteln genossen. Aber schon nach wenigen Tagen, in denen es bei der Ernährung kaum Abwechslung gegeben hatte, gewann ich die Überzeugung, dass irgendetwas fehlte. Das Essen war irgendwie unvollständig. Im Iran dachte ich häufiger als sonst an von Fett triefendes Fleisch und in Öl schwimmende Spiegeleier. Hier war das Essen fettarm. Was an sich kein Problem, für die Gesundheit und auf Dauer überaus empfehlenswert ist. Aber: Als Radfahrer, der Berge von der einen Seite her erklimmt, auf der anderen Seite wieder hinunterfährt, nur um dann die nächsten tausend Höhenmeter zu überwinden, merkt man die Umstellung auf wenig nahrhaftes Essen schnell. Die Türkei war in dieser Hinsicht eindeutig nahrhafter.

Mit schon wieder leeren Mägen quälten wir uns einen zweitausend Meter hohen Pass hinauf, mit dem wir beide nicht gerechnet hatten. Auf unseren Karten führte die Straße geradeaus, ohne dass Höhenunterschiede gesondert gekennzeichnet waren. Ein kräftiger Gegenwind blies uns ins Gesicht. Ab und zu brachte er Regenschauer mit sich.

Die Steigung hinter uns, traten wir wieder kräftiger in die Pedale, als uns ein Auto überholte. Wenige Meter vor uns hielt es am Straßenrand. Ein junges Pärchen stieg aus, kramte im Kofferraum herum und winkte uns zu sich heran. Inzwischen waren wir gleichauf und bremsten ab. Die Frau wühlte noch immer im Gepäck, fand schließlich eine große Schachtel und reichte sie uns. Sie war aus Blech. Noch während ich mich bedankte und die darauf gemalte Alpenidylle mit Holzhaus und röhrendem Hirsch sprachlos bestaunte, verabschiedeten sich beide lächelnd, stiegen in ihr Auto zurück und fuhren davon.

Beim Abschied hatte mich das Vertrauen erstaunt, welches die beiden ausstrahlten. Sie hatten uns die Hand gegeben, als ob das für sie die natürlichste Sache der Welt sei. Andererseits wussten wir, und unsere bisherigen Erfahrungen hatten das nur bestätigt, dass Händeschütteln im Iran eher als unanständig gilt. Diese Geste erinnerte mich plötzlich an für mich so selbstverständliche Umgangsformen, dass mir die große, vor allem kulturelle Entfernung zwischen uns und diesem Land noch einmal drastisch ins Bewusstsein gerufen wurde. Zu lange schon hatten wir die ständige Anspannung, etwas falsch zu machen, Gefahren umgehen zu müssen oder zu neugierige Hände und Fragen abzuwehren, ausgehalten. Jetzt merkte ich wieder, welchem Druck wir uns ausgesetzt hatten.

»Axel, pack die Schachtel weg. Wir können bei der nächsten Rast nachschauen, was drin ist«, sagte ich.

»Warte doch mal. Ich will gleich wissen, was sich unter so einem Hirsch verbirgt«, meinte er und schüttelte die Dose. Drinnen raschelte und klapperte es.

Sie war bis zum Rand gefüllt mit zuckersüßen, klebrigen Karamellbonbons. Mit solchen, die ich als kleines Kind essen musste, damit sie mir endlich meine wackligen, längst überfälligen Milchzähne herauszogen.

»Mensch, eine Energieschachtel, ich fasse es nicht«, grinste ich.

Sie enthielt genau das, was uns fehlte. Pure Energie!

Vorfrühlingshafte kahle Bäume, deren Knospen kurz vor dem Platzen standen, saftige, grüne Wiesen und ein Bach, der reichlich Wasser führte, teilten sich das breite, gewundene Tal. Kleine, bewirtschaftete Felder wirkten wie hineingepresst. Auch die höher gelegenen Berghänge waren mit Gras bewachsen. Die Halme allerdings waren gelb und trocken und hatten so gar nichts mit den grünen, fruchtbaren Talgründen gemein.

Ein Schäfer trieb seine Herde auf der Straße entlang, obwohl der Verkehr wieder zugenommen hatte. Die Autos fuhren langsamer und bahnten sich laut hupend ihren Weg durch die Schafherde. Niemand regte sich darüber auf, niemand schimpfte. Normaler Straßenalltag im Iran.

Wir erreichten Siah-Chaman. Ein größerer Ort, dessen hervorragendste Eigenschaft sein Name selbst war. Mindestens zehn verschiedene Schreibweisen entdeckte ich dafür. Auf verschiedenen Landkarten, aber auch wenige Kilometer davor und selbst innerhalb der Ortschaft sprang uns der Name auf Straßenschildern an – jedes Mal Lateinisch unterschiedlich geschrieben!

Das war ein Phänomen, welches mir zuerst in Israel aufgefallen war und sich bis nach China hin fortsetzen sollte. Nicht nur für kleinere, unbedeutende Ortschaften schien man keine einheitliche Schreibweise gefunden zu haben. Selbst den Namen der iranischen Hauptstadt sah ich im Laufe der Reise als Teheran, Theheran oder Tehran!

Die Berge um uns herum verloren an Höhe. Sie waren runder, nicht mehr so schroff und das Gras, das auf ihnen spross, wurde grüner. Es sah ganz nach Frühling aus. Auch die Kälte ließ nach und an den Bäumen hingen pralle oder schon geöffnete Knospen. Einige standen in Blüte. Vielleicht kam der Frühling den Fluss hoch gekrochen.

Die Iraner feierten den Frühlingsanfang in Familie. Das milde Wetter und die grünen Wiesen nutzten sie dann sehr oft für ein Picknick im Freien. Mit Decken, Ballspielen und natürlich Tee. Je näher wir Mianeh kamen, um so mehr Familien bevölkerten die Dorfwiesen rechts und links der Straße. Fast alle winkten uns zum Tee heran, aber wir hatten nur Augen für die schweren, dunklen Gewitterwolken, die vor uns über der Stadt hingen. Sie sahen so bedrohlich aus, dass wir uns darauf geeinigt hatten, dort ein Hotel zu suchen.

Gerade angekommen, unmittelbar hinter dem Ortsschild, begann ein mächtiger Sturm zu toben. Straßenlaternen und Werbetafeln wankten gefährlich im Wind, Plastiktüten tanzten in der Luft über die Straße, und als wir vor dem ersten Hotel standen, prasselte der Regen auf uns nieder. Keine Frage, wir blieben hier.

»Ich bin fix und fertig«, stöhnte ich. »Das war heute aber ein gewaltiges Stück.«

»150 Kilometer!«, bestätigte Axel. »Dabei hatte der Tag so schlecht angefangen, mit Wind und Regen. Ich hätte nicht gedacht, dass wir noch so weit kommen!«

»Und das bei diesem Verkehr! Die Lastwagen waren heute besonders nervig. Mann, haben die mich aufgeregt! Lag wahrscheinlich an der schmalen Straße.«

Die Lastwagenfahrer, über die ich mich so ärgerte, konnten offenbar nicht richtig einschätzen, wie breit ihre Gefährte waren. Die einen rasten haarscharf an uns vorbei, die anderen überholten uns auf der gegenüberliegenden Straßenseite. Eines aber waren sie alle – viel zu schnell. Wenn die Trucks in Kolonne fuhren, was oft vorkam, hielten sie meist einen so geringen Abstand zueinander, dass für mich nicht klar war, wie sie in einer Gefahrensituation noch rechtzeitig bremsen wollten. Und das Schlimmste war die Tatsache, dass die meisten gar nicht sahen, warum der vorausfahrende Laster einen Meter nach links auswich. Dann wurde es nämlich richtig eng für uns.

Dabei wirkten die Lastwagenfahrer selbst auf uns eigentlich ganz freundlich, trotz ihres Fahrstils. Viele von ihnen, aber auch Frauen und Kinder auf den Rücksitzen von Autos, winkten uns freundlich zu. Einige gaben Lichthupe, andere drückten auf die richtige. Nur wenige blickten missmutig an uns vorbei.

Im Vergleich zu Kurdistan wirkten die Reaktionen auf uns im Iran offener, weniger misstrauisch. Einen Haken hatte das ganze Winken und Zurückgrüßen allerdings auch: Es strengte auf Dauer regelrecht an, denn nebenbei durften wir den nur wenige Handbreit an uns vorbeirasenden Verkehr nicht aus den Augen verlieren. Schließlich lagen noch mehrere tausend Kilometer vor uns, und die wollten wir nach Möglichkeit lebendig zurücklegen.

Im Hotel angelangt spürte ich wieder einmal, wie der Schmerz in mein rechtes Knie kroch. Egal ob ich mich aufs Rad setzte oder davon abstieg, jedes Mal, wenn sich die Belastung änderte, schmerzte es. Dieser Schmerz ließ dann erst einige Stunden später etwas nach. Da ich nicht ewig durchradeln konnte, kam mir, oder besser meinem Knie, die ruhige Nacht im Hotel ganz gelegen.

Ich stellte mich zu Axel, der an der Rezeption diskutierte. Wir sollten für die Übernachtung sofort bezahlen. Dabei war uns nicht wohl. Wir haben unter uns ausgemacht, dass wir sofort weiterradeln, wenn auch nur einer von uns ein so ungutes Gefühl bekommt. Doch draußen stürmte und regnete es, und nach einem Blick durchs Fenster wussten wir beide, dass wir heute Nacht trotzdem hier bleiben würden.

Die Quittung, die sich Axel sicherheitshalber geben lassen wollte, wurde uns erst für den nächsten Tag in Aussicht gestellt. Das war verdächtig. Axel sah mich skeptisch an.

»Wir hätten die Quittung gern sofort, wenn das möglich ist«, brummte er den Hotelier schließlich an.

»Ist nicht möglich. Morgen«, wiederholte dieser mürrisch.

»Geben Sie uns wenigstens handschriftlich die Bestätigung, dass wir bezahlt haben.«

»Ich sehe mal, was ich machen kann.«

Der Mann wendete sich brüsk ab und verschwand in seinem Büro. Ich hörte Axel ungeduldig mit den Fingerspitzen auf den Tisch klopfen. Der Angestellte kam zurück und hielt ein Blatt Papier in der Hand. Darauf stand etwas geschrieben, das Axel zufriedenzustellen schien.

Als das hinter uns lag und wir Räder und Gepäck hinauf ins Zimmer gebracht hatten, gingen wir ins Hotelrestaurant und aßen dort einen zarten, gut schmeckenden Lammspieß. Anschließend legte man uns die Rechnung auf den Tisch, die bei genauerer Betrachtung nicht das Geringste mit den Preisen auf der Speisekarte zu tun hatte. Offenbar wurde hier davon ausgegangen, dass wir die arabischen Zahlen nicht lesen können.

Axel begann völlig berechtigt, sich zu beschweren. In solchen Momenten war ich froh, dass wir eine Art Arbeitsteilung haben. Diese Situationen gehörten eindeutig in Axels Zuständigkeitsbereich. Ich brauchte mich darum nicht zu kümmern, konnte mich zurücklehnen und zuschauen, wie er die Situation meistert.

»Die Preise stehen so gar nicht auf der Karte«, sagte Axel laut zum Kellner.

»Oh, das liegt daran, dass die Suppe, der Tee und der Salat ›spezial‹ waren. Und der Bratspieß war extra groß für Sie, meine Herren.«

»Das muss dann auch so in der Karte stehen«, empörte sich mein ›Reisekassenverwalter‹.

»Aber wir haben doch gesehen, dass Sie mit den Rädern hier sind. Also dachten wir, dass wir Ihnen mit den besonders großen Portionen einen Gefallen tun!«

So konnte man mit Axel nicht diskutieren. Das Wort ›spezial‹ verstand er sowieso immer nur als den freundlich formulierten Versuch, ihm ganz besonders tief in die Tasche zu greifen.

»Mir scheint es eher so zu sein, dass Sie sich verrechnet haben!«

Er zog die Speisekarte zu sich heran und rechnete vor den Augen des Kellners die einzelnen Speisen zusammen. Dann präsentierte er ihm das Ergebnis.

»No, no! Das ist auf gar keinen Fall richtig.«

Nun rechnete der Kellner vor unseren Argusaugen die Preise erneut zusammen, und kam, da Axel ihn zweimal korrigierte, auf das selbe Ergebnis, das Axel vorher ausgerechnet hatte. Damit war der Kellner ganz und gar nicht einverstanden. Wieder zog er die erste Rechnung hervor und pochte resolut darauf. Nun nahm die Diskussion an Lautstärke zu. Ich lehnte mich weiter zurück, um dem Geschehen aus einiger Entfernung zuzuschauen.

Die Debatte erhitzte sich und schließlich wurde der Chef des Hotels hinzugerufen. Kellner und Hotelchef diskutierten nun darüber, ob wir für den Tee den doppelten oder nur den anderthalbfachen Kartenpreis zahlen sollten. Wir sahen, wohin sie auf der Speisekarte tippten und verstanden die Zahlen, die sie dabei nannten. Doch sie konnten sich nicht einigen.

Ich war misstrauisch. Den genannten Preisen traute ich ohnehin nicht mehr, aber unsere Reisepässe lagen noch an der Rezeption. Und darum machte ich mir Sorgen.

»Axel, hol mal lieber die Pässe zurück. Wer weiß, was die uns sonst noch anhängen«, sagte ich.

Der Chef wurde daraufhin richtig wütend.

»Ich rufe die Polizei, wenn Sie nicht bezahlen und Ruhe geben. Ich kann Sie auch hinauswerfen lassen«, zischte er. »Und übrigens, die Unterschiede beim Preis für das Essen müssen sein! Es gibt schließlich Unterschiede zwischen Iranern und Ausländern.«

Das saß. Uns fehlten die Argumente und zugegeben auch die Lust daran, den Abend in einem Streit enden zu lassen.

Nach der Logik des Hotelchefs allerdings war nicht das Essen ›spezial‹, sondern wir. Auch wenn mir die Art solcher Hoteliers prinzipiell natürlich nicht gefiel, es war doch immer wieder schön, bestätigt zu bekommen, dass man etwas Besonderes ist ...

Wir trollten uns in unser Zimmer und waren froh, dass uns in dieser Nacht niemand aus den Betten warf.

Am Morgen blickten wir aus dem Hotelzimmerfenster auf graue Wolken. Es regnete. Nicht stark, aber auf Dauer reichte auch das, um uns zu demoralisieren. Da konnte uns auch nicht der Erfolg aufmuntern, dass wir die Übernachtung beim Pässe abholen nicht noch ein zweites Mal bezahlen mussten.

Weil wir so gar keine Lust aufs Radeln im Regen verspürten, tranken wir erst einmal einen Kaffee, in einer Kneipe, wo wir heißes Wasser aus dem Samowar über unser lösliches Kaffeepulver in die Tassen gossen.

Der Inhaber sah uns verständnislos zu. Er schien sich dabei zu fragen, wieso wir das schöne, heiße Samowarwasser für etwas anderes als einen edlen Tee verwendeten. Mit einer mitleidigen Handbewegung winkte er ab, als wir für das Wasser bezahlen wollten. Unterdessen nahm der Regen weiter zu. Was sollten wir tun? Den ganzen Tag darauf warten, dass er endlich nachließ?

Lustlos stiegen wir vor der Kneipe auf die Räder. Zwanzig Kilometer weiter war meine knöchellange Hose vom Regen durchnässt, und die Kälte kroch in mein lädiertes Knie. An solchen Tagen machte das Radfahren absolut keinen Spaß. Ständig mussten wir den Blick kurz vor uns auf die Straße richten. Sobald wir den Kopf etwas hoben, um mehr als nur den löchrigen, nassen Asphalt zu sehen, rann kaltes Regenwasser in die Kapuze und lief am Körper hinunter.

Gegen Mittag saßen wir in der nächsten Kneipe. Ein ölbeheizter Kanonenofen wärmte uns auf. Hier drinnen konnten wir unsere Räder auch besser gegen den Regen präparieren: Wir zogen Schutzhüllen über die Packtaschen und Plastiktüten über die Lenkertaschen. Von wasserdichten Fahrradtaschen für unser Gepäck hatten wir uns nach den Erfahrungen auf anderen Reisen verabschiedet. Besonders in den Tropen hielt ich sie für ungünstig, da mir darin schon oft Sachen einfach verschimmelt waren. Nur wir selbst kamen bei den ganzen Vorbereitungen etwas zu kurz. Unsere Windjacken waren nicht wasserdicht, ließen dafür aber auch nicht die ganze Nässe hindurch. Solange es nicht in Strömen goss, ließ es sich so radeln. Aber bei fünfundzwanzig Stundenkilometern Geschwindigkeit und dauerhaftem Nieselregen siegte die Feuchtigkeit irgendwann doch. Wir kühlten allmählich aus, bei nicht mehr als fünf Grad Celsius Außentemperatur.

Mit so viel Regen hatten wir nicht gerechnet. Jetzt schien uns das schlechte Wetter regelrecht zu verfolgen. Das sollte sich den ganzen Tag nicht ändern. Im Gegenteil. Ein kräftiger Sturm kam hinzu. Dunkle Wolken rasten über unsere Köpfe hinweg. Von links fauchten Windböen durch unsere Räder. Wir pendelten manchmal gefährlich mehrere Meter hin und her, während ein Lastwagen nach dem anderen an uns vorbeirauschte.

Eine der Böen wehte uns einfach von der Straße. Wir landeten im Dreck, zogen die Räder aus dem Schlamm und sahen uns frustriert an. Ortschaften mit Kneipen schien es auch nicht mehr zu geben. Jetzt war ohnehin alles zu spät. Wir waren völlig durchnässt und entschieden, bis Zanjān durchzufahren. Aus Axels Bart tropfte das Wasser herunter und wurde auf seiner völlig verdreckten Windjacke zu matschigem Brei. Trotzig radelten wir weiter. Nach einer Weile bemerkte ich, dass Nässe und Kälte sich viel besser aushalten ließen, wenn wir nur schneller radelten, uns dabei also mehr anstrengten.

So hetzten wir in die nächste Stadt und flüchteten völlig durchnässt unter ein weites Vordach einer riesigen, aber heute verwaisten Markthalle.

»Was machen wir jetzt?«, meldete ich mich, verärgert über die Situation.

»Du bist ja an dem Schlamassel schuld. Also beschwere dich nicht!«, knurrte Axel.

Jetzt war ich sauer. Klar: Ich hatte vorgeschlagen, die wasserdichten Regensachen zu Hause zu lassen. Allerdings hatte ich Axel nur meinen Entschluss darüber mitgeteilt. Die Entscheidung aber, dass auch er ohne Regensachen fuhr, fällte er ganz alleine. Außerdem, und das ärgerte mich noch mehr, hatte ich bereits mittags den Vorschlag gemacht, nicht weiterzufahren, sondern den Rest des Tages einfach irgendwo ›abzuwettern‹.

Trotzig schwiegen wir uns an.

»Ihr könnt mit zu mir kommen, ich wohne eine Straße weiter. Falls ihr wollt, könnt ihr gerne bei mir übernachten.«

Die Stimme gehörte einem jungen Iraner, der am anderen Ende des Daches stand und unsere Stimmung, das schlechte Wetter und unser Problem, einen Schlafplatz zu finden, zusammenzählte. Axel und ich blickten uns einen Moment lang an und nickten dann.

Der junge Mann wohnte in einem recht modern wirkenden Haus, das von einer hohen Mauer umgeben war. Direkt an der von Gestrüpp bewachsenen Außenmauer entdeckte ich eine hinter Zweigen verborgene Satellitenschüssel. Im Innern des Hauses standen kaum Möbel. Dafür war jeder Meter des Fußbodens mit dicken, aufwändig gearbeiteten Teppichen ausgelegt. An den Wänden hingen Gaslampen.

»Die sind noch aus dem Irakkrieg. Wenn die Flugzeuge kamen, wurde in der ganzen Stadt der Strom abgestellt«, sagte unser Gastgeber, während er uns weiter durch sein Haus führte.

»Es war dann verboten, Licht anzumachen. Aber jeder, der genug Geld hatte, besorgte sich Gaslampen und dicke, lichtundurchlässige Vorhänge für die Fenster.«

Auf den Kissen, die um den Tisch herum verstreut lagen, saßen der Bruder des Hausherrn und ein Freund. Wir wurden gebeten, uns dazu zu setzen. Die kleine Runde diskutierte, in gebrochenem Englisch, die

Probleme in ihrem Land.

»Die Mullahs verbieten uns sogar, in Betten zu schlafen. Betten sind etwas Westliches, sagen sie«, erregte sich unser Gastgeber.

»Es ist eine Frechheit, dass sie sich herausnehmen, uns sogar im Privaten noch Vorschriften zu machen«, platzte es aus seinem Bruder heraus.

»Deswegen baut auch jeder eine hohe Mauer um sein Haus. Damit wenigstens noch ein kleiner Rest Privatsphäre übrig bleibt!«

Die drei waren offensichtlich Studenten, denn sie erzählten von einem Professor, der ihnen und einigen Kommilitonen dringend geraten hatte, den Iran zu verlassen.

»Weil dieses Land hier in der Vergangenheit lebt, hat er gesagt«, rief einer wütend. »Und er hat Recht.«

»Wir hatten schon die verschiedensten Ideen, wie wir dieses Land verlassen könnten«, meinte der Gastgeber.

Es schien, als habe seine Familie genügend Geld, diese Pläne vielleicht auch umzusetzen. In einer Minute, in der wir allein waren, setzte er sich zu mir.

»Sag mal, kannst du mir nicht in Deutschland ein Mädchen organisieren, zum Heiraten? Ich kann dir Geld dafür geben.«

Ich zuckte nur mit den Schultern. Was hätte ich sagen sollen? Er erzählte mir von seinem Plan, zur Not nach Albanien überzusiedeln. Ich spürte die abgrundtiefe Frustration über sein Land. Es war nicht einmal Hass auf die Religionswächter oder die politische Führung, auch keine Verachtung, nur tief sitzende Frustration. Ich verstand, dass er sich machtlos fühlte und nur noch weg wollte, ganz weit fort.

Wir schliefen auf dem Fußboden, direkt auf den weichen Teppichen, aßen früh gemeinsam ein paar Fladenbrote, tranken starken, heißen Tee und radelten los. Die emotional aufgeladenen Gespräche vom vorigen Abend gingen mir immer noch durch den Kopf. Sie hatten mich traurig gemacht, und das triste Wetter passte zu meiner Stimmung.

Der Schnee, der nachts den Regen abgelöst hatte, begann überall dort, wo die Sonne ihre Strahlen zwischen den Wolken hindurch schicken konnte, zu tauen. Wir ließen die Stadt hinter uns. Nach wenigen Kilometern lag nur noch in den Bergen rechts und links des Tales Schnee.

Mein rechtes Knie schmerzte. Es war nicht das Gelenk, das schmerzte. Vielleicht irgendeine Sehne. Wir fuhren langsamer. Auch, weil es fast unmerklich bergauf ging.

Ganz unverhofft entdeckten wir, noch einige Kilometer entfernt, den ›Dom‹, die ›Moscheen‹ oder das ›Mausoleum‹ von Soltanieh. Ich wusste in diesem Moment selbst nicht genau, welche Bezeichnung nun die angemessene war. Nur, dass es dem wichtigsten Imam der Schiiten, Ali, einst als Mausoleum dienen sollte. Dafür war es erbaut worden. Doch Ali kam nie nach Persien. Fast siebenhundert Jahre später, als Soltanieh unter den Mongolen eine Art regionale Hauptstadt wurde, packte ein Fürst die Gelegenheit beim Schopf und ließ sich selbst hier beerdigen.

Der gewaltige Dom misst fast fünfzig Meter in der Höhe und über zwanzig im Durchmesser. Die ursprünglichen Mosaike, die hauptsächlich in Blau gehalten sind, waren nur noch an wenigen Stellen erhalten. Auch alle Minarette sind mittlerweile eingestürzt. Dennoch erkannte man die alte Pracht. Ein faszinierendes Gebäude, das weder durch den Verfall noch durch zahlreiche offensichtliche Versuche, es kaputt zu restaurieren, seine Großartigkeit eingebüßt hatte. Würde das so bleiben? Die Kuppel war von außen eingerüstet, während sämtliche Wände der Halle im Innern mit einem Stahlgerüst überzogen waren. Ich war skeptisch – weltweit gibt es nach meinen Erfahrungen nur ganz wenige Beispiele für gelungene Restauration. Als ob Altertum und Verfall in unserer heutigen Welt keine Berechtigung mehr hätten, als ob nur gut ist, was konserviert ist. Allein der Anblick der Gerüste zerstörte schon einen Großteil der sonderbaren, wunderschönen Atmosphäre.

Der Wind pfiff kalt um die Ecken, und die Sonne ließ sich höchstens für Sekunden blicken.

Auf den folgenden Kilometern hatte ich keine Freude mehr. Mein Knie tat furchtbar weh. Ein stechender Schmerz, der auch dann blieb, wenn ich es nicht bewegte. Zweimal hatte ich das Gelenk bei einer Drehung belastet, als ich vom Rad absteigen wollte, und damit alles nur schlimmer gemacht. Nun konnte ich die Pedale kaum noch nach unten drücken. Axel versuchte mich nach einem Blick auf die Karte zu beruhigen: »Auf der nächsten Strecke fahren wir alle paar Kilometer durch Dörfer, dort können wir pausieren.«

Von wegen! Kein einziges Dorf auf den folgenden dreißig Kilometern. Der eisige Wind kroch uns in die Jacken, mein Knie schmerzte, kein Haus in der Nähe: Ich hatte miese Laune. Nur schleppend kam ich noch vorwärts, trotz starken Rückenwindes und war heilfroh, als wir nach Stunden endlich in einer Schenke saßen. Hier konnte ich mein Knie wenigstens eincremen und bandagieren. Dann begann ich, mein Tagebuch mit Material vom Tage zu füllen. Axel, das merkte ich, saß beim Gedanken an den kräftigen Rückenwind wie auf Kohlen. Zweihundert Kilometer hätten wir ohne meine Knieprobleme locker schaffen können. Sechzig waren es bis zu dieser Kneipe geworden. Aber er riss sich zusammen und sagte kein Wort. Stattdessen lehnte er sich zurück und schloss die Augen.

Bis zur nächsten Ortschaft, etwa fünfzig Kilometer entfernt, kamen wir mit Creme und Verband ganz gut voran. Und obwohl es gegen Abend sehr kalt wurde, schwitzten wir beim Fahren. Das kleine, weit verstreute Dorf war wie ausgestorben. Keine Kneipe, kein Laden und auch sonst kein öffentliches Gebäude. Die Häuser waren allesamt hinter hohen Mauern versteckt. Es wurde dunkel und wir konnten uns nicht recht vorstellen, außerhalb zu schlafen. In der Dämmerung hatten wir noch einige Menschen in den Feldern rechts und links der Straße herumwandern sehen. Wahrscheinlich Schäfer, die uns in der Nacht leicht für verdächtig halten könnten. Auch innerhalb des Dorfes bot sich keine Gelegenheit, unser Nachtlager aufzuschlagen. Es schien uns zu gefährlich, einfach irgendwohin zu schlafen.

Axel klopfte an eines der meterhohen Tore. Ein etwa vierzehnjähriger, für diese Kälte viel zu leicht angezogener Junge zog die Tür auf und trat auf den Weg. Im Nu folgten noch eine ganze Handvoll Leute, die aufgeregt miteinander redeten. Schließlich trat der Vater des Jungen dicht an uns heran und nahm das Zepter in die Hand.

»Schlaft bei mir. Kein Problem.«

Die Menschentraube löste sich auf, wir folgten dem Jungen und seinem Vater zögernd auf den Hof und warteten darauf, dass uns die beiden einen Platz für unsere Matten zeigten.

»Ihr kommt mit in mein Haus. Da könnt ihr schlafen«, bedeutete uns der Mann.

So weit hatten wir eigentlich nicht gehen wollen. Uns war es wichtig, innerhalb einer Umgrenzung, wenn möglich einer Mauer, zu schlafen.

Aber inzwischen war es noch kälter geworden, und so gingen wir mit. Außerdem ließ uns der Hausherr keine andere Wahl. Rigoros schob er uns mitsamt den Rädern in ein Zimmer.

Das Haus hatte fünf große Räume, die mit Teppichen ausgelegt, richtig gemütlich wirkten, aber wie bei unserem Gastgeber in Zanjän fast ohne Möbel auskamen und deshalb leer wirkten. Ein paar an der Wand lehnende Kissen, ein Bild, ein Spiegel – mehr musste nicht sein. Die Frau des Mannes sahen wir nur ab und zu in anderen Räumen herumhuschen. Sie kam nicht ein einziges Mal in den Raum, in dem wir uns auf den Boden gesetzt hatten. Einer der vier Söhne brachte Essen und Tee.

Der Junge, der uns die Tür geöffnet hatte, der älteste Sohn, verstand einige wenige Worte Englisch. Nach kurzer Zeit hatte er all seine Scheu verloren und redete, unterstützt von Gestik und Mimik auf uns ein. Wir sollten von uns erzählen. Also berichteten wir von unserer Tour, warum, wohin und wie wir unterwegs lebten, was wir aßen und tranken. Doch dann passierte ein Missverständnis.

»Wir rauchen nicht. Beide nicht. Und wenn wir auf Tour sind, trinken wir auch keinen Alkohol«, erklärte Axel und machte mit zwei Fingern den Zug aus einer Zigarette nach.

»Wasserpfeife rauche ich aber ganz gerne«, sagte er noch. Er versuchte, mit der Hand in der Luft einen Schlauch nachzuzeichnen.

Nun begann zwischen Vater und Sohn eine Diskussion auf Arabisch, der wir nicht folgen konnten. Der Sohn ging zum Telefon und wählte eine Nummer, sprach kurz etwas in den Hörer und legte ihn wieder auf.

Nach zehn Minuten klopfte jemand draußen ans Tor und kam kurz darauf in den Raum. Der dunkelhaarige, große Mann war uns sofort sympathisch, ein Raubein, mit schneller Auffassungsgabe und null Englischkenntnissen. Wir machten Witze und erzählten, so gut es ging. Plötzlich kramte er in seinem Beutel, und hielt in seiner Hand eine Büchse Wodka. Made in Germany! Bis zu diesem Moment war mir nicht klar gewesen, dass es Wodka auch in Büchsen gab.

»Nein, nein. Danke«, versuchte ich abzuwehren.

Das ließ er nicht gelten. Also trank ich gemeinsam mit Axel und ihm einen Schluck. Und das im Iran, dachte ich mir, wo Alkohol bei Strafe verboten ist!

Der Hausherr enthielt sich. Zweimal war er in Mekka, so erzählte er, und ich hatte den Eindruck, dass er das Ganze vielleicht besonders streng sah. Möglicherweise wollte er aber auch nur seinen Kindern kein schlechtes Vorbild sein. Deshalb war ich erstaunt, als er aus einem kleinen schwarzen Tresor, der in der Ecke stand, ein Fläschchen Parfüm hervorholte. Parfüm ist im Iran ebenfalls verboten. Aber das dicke Ende sollte erst noch kommen.

Der Vater erhob sich, verschwand im Nebenraum und kam mit etwas in der halb geschlossenen Hand zurück, das ich zuerst nicht erkennen konnte. Auf der Handfläche präsentierte er uns mit einem breiten Grinsen einen Klumpen Haschisch. Ein Schwarzer Afghane – halb so groß wie eine Männerfaust!

Ich war gespannt, was nun passieren würde. Inzwischen hatte unser Gastgeber eine gut zwanzig Zentimeter lange, gekrümmte Holzpfeife hervorgeholt und ein Stück Kohle auf einem kleinen Gaskocher zum Glühen gebracht. Es war klar, dass die Kohle diesmal nicht dafür gedacht war, eine Wasserpfeife in Gang zu setzen.

Der Afghane wurde pur geraucht, also vorher nicht mit Tabak vermischt. Die zwei Männer stopften etwas vom Rauschmittel in das kleine Pfeifenloch, nahmen dann mit einer rostigen Eisenzange das glühende Stückchen Kohle vom Kocher und hielten es ganz dicht an den ›Afghanen‹. Der schien sich dabei leicht zu verflüssigen und begann zu brennen. In diesem Augenblick zog das Raubein stark an der Pfeife und inhalierte den Qualm. Alle vier Söhne saßen dabei und schauten zu, wie jetzt auch ihr Vater das Mundstück der Pfeife zwischen die Lippen nahm.

»Da hast du was angestellt«, sagte ich zu Axel.

»Woher sollte ich denn wissen, dass die Leute hier mein harmloses Handzeichen ganz anders interpretieren?«, versuchte er sich zu rechtfertigen.

Ich musste grinsen. Axels Geste war völlig falsch verstanden worden, und nun rauchten wir trotz mehrfacher Aufforderung nicht mit!

Ab fünf Gramm, das hatte ich mehrfach gehört, steht im Iran die Todesstrafe auf dieses Zeug. Die beiden Männer entrückten mit jedem inhalierten Zug mehr. Unser Gastgeber entschwebte in andere Welten, während sein Kumpel immer leutseliger wurde. Und plötzlich war der Afghane weg. Komplett aufgeraucht!

Wir saßen mittendrin und konnten nicht glauben, wie viel Vertrauen diese Iraner zu uns hatten. Sie ließen uns vorher sogar Fotos machen. Fotos, anhand derer sie jedes iranische Gericht für schuldig befinden würde! Ich lag noch lange wach und dachte darüber nach.

Beim Frühstück am Morgen sprachen wir noch einmal über unsere

Reise, nicht aber über den vergangenen Abend. Wir tranken Tee und aßen Fladenbrot mit Schafskäse, bevor wir den Hof verließen.

In einem Dorf, einige Kilometer weiter, besichtigten wir eine alte Moschee. Ihre Formen waren nicht verschnörkelt, sondern gerade, aber dennoch wunderschön. Stück für Stück wurde sie umsichtig restauriert, dabei aber nicht wie andere allmählich zerstört. Ich schoss ein paar Bilder, während sich inzwischen schätzungsweise vierzig Männer um Axel versammelten, auf ihn einredeten und unsere Räder betrachteten. Einer rief ihm auf Englisch zu: »Ich habe dir was zu sagen, kann es dir aber nicht sagen.«

Was er damit meinte, wurde uns klar, als er sich von Axel weg hinter die anderen drängelte, vor mir die Hände ineinander legte und so tat, als inhalierte er.

»He, Axel«, rief ich, » geht das hier aber schnell rum!«

Der zuckte mit den Schultern. Unsere abendliche Begegnung konnte nur in einem kleinen Kreis weiter erzählt worden sein. Schließlich waren die Iraner selbst diejenigen, die am meisten verlieren würden. Trotzdem machte sich Axel Sorgen und drängte darauf, schnell zu verschwinden.

Wir radelten weiter, an Moscheen vorbei, deren Zahl kurz vor Teheran merklich zunahm. Alte, verfallene, von Baugerüsten umstellte Moscheen.

Je näher wir der Großstadt kamen, um so rücksichtsloser wurde der Straßenverkehr. Ein Phänomen, das weltweit verbreitet ist. Manchmal schien mir, als ob dieselben Autofahrer, die in der Wüste anhalten und fragen, ob man Wasser braucht, sich unter dem Einfluss des hektischen, rücksichtslosen Straßenverkehrs in der Nähe größerer Städte in wilde Bestien verwandeln. Bestien, denen man fast eine Art Schadenfreude anmerkt, wenn sie einen hilflosen Radfahrer auf brutale Weise ärgern können.

In einem Städtchen wurde Axel plötzlich rücksichtslos von einem Autofahrer abgedrängt. Er schlingerte und musste einige akrobatische Übungen vollführen, um nicht im Dreck zu landen. Dabei brüllte er dem Fahrzeug wütend hinterher.

Nach einigen hundert Metern hielt das Auto an. Wutschnaubend strampelte Axel heran. Noch während er sich dem Wagen näherte, erntete der Fahrer den gesamten angestauten Radlerfrust der letzten Wochen.

»Bist du verrückt? Mach die Augen auf!«, brüllte Axel.

Der Fahrer, dem seine Wut ebenso anzusehen war, stieg aus dem Auto. Ein großer Kerl, mit zornigem Gesicht und einer tiefen, roten Narbe, die vom Mund bis zum linken Auge reichte. Voller Wut und bereit zuzuschlagen, rannte er auf Axel zu. Doch dann stoppte er. Ich hatte mich bereits hinter Axel aufgebaut und meine Arme demonstrativ vor der Brust verschränkt. Mit zweien wollte er sich offensichtlich nicht anlegen.

Der überrumpelte Fahrer wusste offensichtlich nicht, wie er reagieren sollte, ohne vor uns und seinen Fahrgästen sein Gesicht zu verlieren. Die Mitfahrer des Mannes hielten sich weit im Hintergrund. Da ihm nun der erste Ausweg, sein Ansehen zu wahren, verwehrt blieb, probierte er es mit einer Kneifervariante. Er drehte sich zum Fahrzeug, zeigte auf eine riesige Beule am Auto und rief: »Police, Police!«

Daraufhin stieß Axel ihn weg, ging zu der Ecke am Auto, an deren Blech er mit seiner Hand beim Abdrängen gestoßen war. Jetzt schlug er kräftig noch mal auf die selbe Stelle und äffte spöttisch den Fahrer nach: »Police, Police!«

Anschließend machte er einige energische Schritte auf den Fahrer zu, der sich jetzt ängstlich auf die andere Seite des Fahrzeugs verzog.

Axel hatte sich abreagiert und die kleine Auseinandersetzung gewonnen. Wir konnten weiterradeln. Der Fahrer setzte sich wortlos hinter sein Lenkrad, startete den Motor und raste davon.

An diesem Tag kamen wir nicht mehr weit. Wieder einmal brach eine Speiche an meinem Hinterrad. Da ich dieses Rad nicht selbst eingespeicht hatte, reparierte ich die defekte Speiche gleich. Dabei bemerkte ich, dass eine andere viel zu fest war. Als ich diese lockern wollte, brach auch sie ab. Verdammt! Wir hatten nun keine Ersatzspeichen in der richtigen Länge mehr und ich musste wohl oder übel zwei Speichen verknoten. Darüber ärgerte ich mich gewaltig. Normalerweise reißen bei den Speichen die Köpfe an der Nabe ab. Bei mir aber rissen die Speichen auf dieser Reise immer am Nippel. Das machte einen Haufen an zusätzlicher Arbeit. Ich musste das Rad ausbauen, Mantel und Schlauch abnehmen, um auch den Nippel zu wechseln.

Woran lag das? An der hohen Belastung? An Materialschäden? Oder war beim Einspeichen im Werk gepfuscht worden? Auf jeden Fall wurde mir klar, – übrigens nicht zum ersten Mal auf dieser Tour – dass man sein Rad am besten selbst einspeichen sollte.

Wir waren Teheran nun sehr nahe. Freie Flächen, auf denen wir ungesehen draußen hätten übernachten können, gab es nicht mehr. Hotels auch nicht, die bündelten sich offensichtlich alle in Teheran selbst. Smog und Straßenverkehr verdichtete sich. Wir hatten gehört, dass Teheran eine der am schlimmsten verschmutzten Städte der Welt sein soll. Langsam glaubten wir das, und bei zehn Millionen Einwohnern war es vielleicht auch nicht wirklich überraschend.

Die Stadt schien toleranter zu sein als die anderen iranischen Orte, die wir bis dahin durchquert hatten. Die Kopftücher der Frauen waren weniger weit ins Gesicht gezogen als in anderen Teilen des Landes. Über den Stirnen kräuselten sich verbotene, schwarze Locken. Eines der Mädchen trug sein Kopftuch so weit hinten, dass es eine Provokation für die Religionswächter sein musste, die über solche und ähnliche Verstöße der Sittlichkeit zu wachen hatten. Axel und ich hätten beinah losgelacht, als wir sahen, wie das Kopftuch nach hinten über den Haarknoten zu rutschen drohte. Nur eine extra gesteckte Haarnadel hinderte es daran.

Noch mehrfach sollte uns Teheran ungewöhnlich weltoffen erscheinen. Da wir uns in dieser Stadt noch länger aufhalten wollten, suchten wir uns ein Hotel. Eines, was uns sicher erschien und sogar einen Internetzugang besaß. Diese Kommunikationsmöglichkeit stellte auf unserer Reise eine enorme Erleichterung dar. Ob Freunden oder Verwandten zu schreiben oder Organisatorisches zu klären, wie das Beantragen der nächsten Visa: Je länger wir auf Tour waren, um so häufiger nutzte ich diese Kontaktmöglichkeit.

Noch etwas lernte ich an Hotels sehr zu schätzen: Am nächsten Tag nahmen wir unsere gewaschenen Sachen entgegen – ein Luxus, den es auf unserer Weltreise nicht gab. Jetzt genossen wir ihn wenigstens manchmal. Jemand, der das nicht selbst erlebt, kann sich kaum vorstellen, wie unglaublich angenehm es ist, nach Tagen in verschwitzter, vor Dreck stehender Kleidung in eine mit sauberem, heißen Wasser gefüllte Wanne zu steigen und anschließend in frisch gewaschene Sachen zu schlüpfen. Ein absoluter Hochgenuss!

Teheran ist eine ungewöhnlich westlich wirkende Stadt. Vielfältige Geschäfte und riesige Einkaufszentren bieten so ziemlich alles an, was das Herz begehrt. Hochhäuser ragen weit hinauf und Stadtautobahnen leiten endlose Autoschlangen um das eigentliche Zentrum. Dennoch sind die Straßen fast ständig verstopft. Den nördlichen Stadtrand begrenzt ein schroffer, kahler Bergzug, dessen Gipfel jetzt noch immer von Schnee bedeckt waren. Dort oben transportieren Lifte Wanderer und Skifahrer zu ihren Ausgangspunkten. Die Luft war eisig und in einigen wenigen Tagen pro Jahr, wenn starker Wind den sonst alles einhüllenden Smog wegweht, reicht der Blick von der Spitze über das endlose, graue Häusermeer.

Wir hatten uns viel vorgenommen in dieser Stadt. Axel meldete sich telefonisch bei einer Teheraner Familie, der wir unterwegs begegnet waren. Im Hotel wollten wir uns noch einmal treffen. Umso erstaunter waren wir, als vor uns fünf mehr oder weniger junge Mädels standen, die uns aus braunen schüchternen Augen anblickten. So hatte ich mir den Familienbesuch ehrlich gesagt nicht vorgestellt. Doch dann entdeckte ich in einer Ecke nahe der Tür noch zwei ebenso schüchterne Brüder, die offensichtlich als Sittenwächter mitgekommen waren.

Plötzlich gackerten die Mädels alle auf einmal los, so wie es eben nur Frauen können. Alle sprachen ganz passables Englisch. Ihre Eltern hätten nicht kommen können, sagten sie. Es habe überraschend einen Todesfall in der Familie gegeben. Aber wir würden jetzt alle miteinander etwas unternehmen.

Sie waren mit zwei Autos hier, die vor der Hoteltür warteten. Nach einer kurzen Fahrt hielten wir an einem Bergfluss am Rande der Stadt. Am Straßenrand stand eine Reihe gemütlicher kleiner Kneipen. Es war nach dreiundzwanzig Uhr und die Schenken gefüllt mit jungen Leuten.

»Erzählt mal, was ihr macht, wohin und warum ihr unterwegs seid«, sagte Hosna, die Wortführerin.

Also erklärten wir: Dass wir schon lange zusammen auf große Radtouren gehen, dass wir uns der Gefahren diesmal durchaus bewusst sind, dass wir schon einmal in China waren und dabei viele hässliche Erlebnisse hatten, aber genau das der Grund dafür war, warum wir wieder dorthin aufgebrochen waren. Wir erzählten, wie vielen netten Menschen wir in allen Ländern bisher begegnet waren, wie oft uns Wildfremde ein Dach zum Schlafen angeboten hatten. Und dass es in jedem Land mehr oder weniger gefährliche Situationen gab.

Nebenbei aßen wir typische eingelegte Früchte, kleine Pflaumen. Axel rauchte seine Wasserpfeife, und in unser Gespräch schlichen sich nun auch ganz alltägliche Themen ein. Wir redeten über Musik und über das Leben bei uns zu Hause.

Eines der Mädels war verheiratet. Eine andere wollte gerne Deutsch lernen, war aber von der Schule abgelehnt worden. Eine dritte machte mir schöne Augen und ließ ab und an ihr dunkles Kopftuch rutschen, so dass ich ihre dunkle Wuschelfrisur sehen konnte. Sonst blieb alles natürlich sehr züchtig.

Von einem Missverständnis blieben wir auch diesmal nicht verschont. Ganz aufgeregt wollten die Jungen und Mädchen während der Unterhaltung von uns wissen, an welches Volk uns die Menschen und ihre Art hier im Iran erinnern. Wir hatten beide nicht gleich begriffen, worauf sie hinaus wollten. Zum Glück richteten sie bei der Frage ihre Blicke auf Axel.

Der antwortete zögernd, dass die Iraner schon etwas Besonderes seien, kein Volk, das man ohne weiteres mit einem anderen vergleichen könne. Am ehesten vielleicht noch mit einem arabischen Volk.

Nun erntete er strafende Blicke und peinliches Schweigen. Als sich die Augen dann auf mich richteten, besann ich mich glücklicherweise, Axel mit den selben empörten Blicken anzuschauen. Diesen Kniff, die Schuld auf andere abzuladen, beherrsche ich schon seit der Schulzeit.

»Findet ihr nicht, dass wir euch an Deutsche erinnern?«, fragte einer der Brüder.

Jetzt verstand ich. Andererseits wollte ich Axel nicht zu sehr in den Rücken fallen; vor allem, da er ja in gewisser Weise auch meine Gedanken ausgesprochen hatte. Also redete ich über die Gemeinsamkeiten, hob aber besonders die Unterschiede hervor. Vor allem, wenn ich den Iranern damit ein besseres Zeugnis geben konnte. Ganz besonders bei der Gastfreundschaft. Die empfand ich im Iran bisher sowieso als einmalig. Die Selbstverständlichkeit, das Vertrauen und die Herzlichkeit, die uns im Iran so beeindruckt hatte, so etwas war für uns eine völlig neue Erfahrung.

Eigentlich hatten unsere Begleiter etwas ganz anderes hören wollen. Sie erwarteten, dass uns der Vergleich zwischen Iranern und Deutschen besonders leicht fiel, weil sie sich als arisches Volk verstehen. Doch auch wenn dieser ganze ›Kaukasierkram‹ stimmt und selbst wenn Charaktereigenschaften und kulturelle Eigenarten auf Grund dieser gemeinsamen

Abstammung ähnlich sein sollten, bezweifle ich, dass sie glücklich gewesen wären, wenn ich sie zum Beispiel mit den Brahmanen aus Indien verglichen hätte. Die sollen auch zur kaukasischen Sippe gehören. Dieser Vergleich lag mir zwar nicht nahe, aber er schien mir auch nicht viel weiter her geholt als der, den sie gern gehört hätten.

Die nächsten Tage verbrachten wir mit organisatorischen Problemen. Axel ›bearbeitete‹ die usbekische Botschaft.

»Können Sie nicht wenigstens schon heute damit beginnen, ein Touristenvisum für uns auszustellen?«, bat er.

Dabei war klar, dass selbst das einige Tage dauern würde. Auch mit unseren Empfehlungsschreiben der deutschen Botschaft.

»So schnell geht das nicht. Außerdem müssen Sie dazu Ihre Pässe hier lassen.«

»Das können wir aber nicht.«

»Und warum nicht?«

»Wir haben Ihnen doch schon zweimal erklärt, dass wir unsere iranischen Visa verlängern müssen. Die sind fast abgelaufen. Außerdem können wir uns in vier Tagen die turkmenischen Visa abholen. Natürlich nur, wenn wir vorher die Anschlussvisa für Kirgistan und die von Ihnen bekommen. Aber die turkmenische Botschaft hat uns versprochen, dass sie uns die Dinger ganz schnell ausstellen, wenn wir die restlichen Visa vorlegen können, oder wenigstens eine Bescheinigung, dass wir sie bekommen werden. Mehr brauchen wir momentan ja auch nicht von Ihnen. Nur was Schriftliches, mit dem wir beweisen können, dass wir die Visa von Ihnen bekommen. Sie können uns die Papiere natürlich auch gleich ausstellen. Dann kriegen wir das mit der Verlängerung für unsere Iranvisa sicher noch schneller hin.«

Ich musste grinsen. Wenn Axel so diskutierte, hatte ich Verständnis für jeden Beamten, der sein Gehirn auf Mechanik umstellte. Und ich genoss wieder einmal unsere Arbeitsaufteilung, die Organisatorisches eindeutig als Axels Aufgabe deklarierte.

KAPITEL VIER

Weinende Fenster

Eingeschlossen von zwei- oder dreihundert Männern in dunklen Hosen und Hemden drängten wir uns auf der schmalen, staubigen Straße zwischen den für dieses Stadtviertel so typischen, grauen Häuserwänden. Die Männer waren Teilnehmer einer Zeremonie. Sie ehrten Hussein, den Enkel des Propheten Mohammed, der vor über tausend Jahren ermordet worden war. Am so genannten Aschuratag im ersten islamischen Monat Muharram, am zehnten Tag des neuen Jahres, trauern und büßen schiitische Moslems für den Toten, der in Kerbela im heutigen Irak eines Märtyrertodes gestorben ist.

Neben den schwarz gekleideten Männern auf der Straße standen mindestens doppelt so viele Zuschauer am Straßenrand, Männer und Frauen zum großen Teil getrennt auf sich gegenüberliegenden Seiten. Dass wir dem aufgeregten Treiben zusahen, störte niemanden. Ich machte Bilder von der Zeremonie, die sich wie ein Umzug gestaltete. Auf Pauken und Becken trommelten die Männer einen eindringlichen Rhythmus, zu dem sich der Tross durch die Straßen schob. Ganz vorn stapfte ein Zeremonienmeister mit wachsamen Augen vor den Trauernden her. Er behielt alles im Blick, denn er war für den reibungslosen Ablauf verantwortlich. Jeder der Männer hielt einen kurzen Stab in den Händen, an dessen Ende ein dickes Bündel Ketten befestigt war. Damit schlugen sie sich im Takt der Paukenschläge behäbig auf den Rücken. Einmal links, dann wieder rechts, links, rechts. Selbst kleine Jungen, gerade einmal zehn Jahre alt, prügelten sich mit den Ketten. Der älteste Geißler mochte an die siebzig gewesen sein.

Manche warfen sich abwechselnd zwei Kettenbündel über die Schultern und hielten die Augen dabei geschlossen. Einige schauten ganz angestrengt, andere ernst, ein paar hatten überhaupt keinen Ausdruck in ihren Gesichtern. Doch allen merkte man ihre Hingabe und eine gedrückte, traurige Stimmung an.

Wenige Schritte hinter dem Anführer des Zuges ging etwa ein Dutzend kräftige Männer. Auf ihren Köpfen und den breiten Schultern balancierten sie einen riesigen, mindestens zehn Meter langen Kopfschmuck, an dem viele kleine, aus Blech ausgeschnittene Symbole und etliche kupferfarbene Helme befestigt waren. Das Ganze ähnelte einem Schauspiel. Die Schiiten ahmen am Aschuratag die Schlacht in Kerbela nach, der Kopfschmuck soll dabei so etwas wie ein Symbol für die Übermacht der sunnitischen Regierungstruppen sein, die Hussein am Ende köpften. Der Schmuck auf dem Kopf der starken Männer, das Bild für die Armeen, war so schwer, dass bei besonders schwierigen Manövern, in Kurven und bei Drehungen, mehrere Umstehende beim Balancieren helfen mussten. Wenige Straßenecken dahinter verschwand der gesamte Umzug in einem hohen schwarzen Zelt, in dem die Trommler weiter auf die Paukenfelle einschlugen und die Geißler ihre Ketten im Rhythmus der Pauken noch ekstatischer auf ihre Rücken krachen ließen. Das große Zelt war mit bunten Perserteppichen ausgelegt, an den Wänden hingen schwarze Tücher mit gelben, grünen und weißen arabischen Schriftzügen.

Plötzlich wurde abgebrochen. Die Geißler legten ihre Ketten nieder und wie auf Kommando wich die religiöse Inbrunst einer heiteren, fast fröhlichen Stimmung. Die Männer und Frauen setzten sich, aßen und erzählten laut. Einer der anderen Zuschauer sprach uns an. Er wirkte irritiert.

»Was macht ihr hier?«

»Oh, ein paar Freunde haben uns empfohlen, wir sollten mal hierher kommen, um uns das anzuschauen. Wir sehen nur zu, genau wie du«, antwortete Axel.

»Das verstehe ich nicht. Findet ihr das etwa interessant?«

»Klar«, sagte ich und schickte hinterher: »Wir interessieren uns für die Bräuche des Islam.«

Unser Gegenüber schüttelte nachdenklich den Kopf. Schon vorher hatten wir in vereinzelten Gesprächen Verwunderung darüber gehört, dass wir den Umzug verfolgten und den Geißlern interessiert zusahen. Es war keine Abneigung oder Zorn, nur Unverständnis. Irgendwie bekam ich das Gefühl, dass sich manche Iraner vielleicht für diesen Brauch schämten. Die Trauerzeremonien für Hussein, den dritten Imam, fanden zwar auf öffentlichen Plätzen und Straßen statt, trotzdem schienen wir nicht wirklich dazuzugehören.

Seit mehreren Tagen hatten wir immer wieder von ›Husseinparties‹ gehört. Warum, wurde uns jetzt klar. Iranische Jugendliche, vor allem junge Frauen, betrachten den Aschuratag als Gelegenheit, ein klein wenig Freiheit zu genießen und unbewacht von Vätern, Onkeln oder Brüdern mit Freundinnen und vielleicht auch heimlichen Freunden ins Gespräch zu kommen. Mit der Begründung, sie gingen zum Aschurafest, was sie dann auch taten, konnten sie automatisch mehrere Stunden unter sich sein. Wahrscheinlich wurde die Bezeichnung ›Party‹ deshalb von einigen unserer Freunde so oft benutzt.

Um Hussein wurde aber nicht nur in pompösen Zeremonien wie dieser getrauert, später sahen wir noch schlichtere Versammlungen, bei denen die Kopfschmuckträger fehlten und sich Männer im Takt der Paukenschläge mit der rechten Hand leicht auf die Brust schlugen. Ein interessanter Kontrast zu den Kettengeißlern, deren ›Werkzeuge‹ ich einmal aus Neugier in die Hand genommen und dabei festgestellt hatte, wie schwer sie waren. Wenn man mit diesen Ketten, den ›shallägh‹, mit kräftigem Schwung zuschlägt, schmerzt der Rücken beträchtlich. Aber ich hatte auch Leute beobachtet, die die ›shallägh‹ einfach wie ein nasses Handtuch auf ihren Rücken fallen ließen.

»Ich kann solche Rituale irgendwie nachvollziehen«, sagte Axel, »auch wenn manches auf mich schon befremdlich wirkt. Aber ist es denn bei uns mit dem Christentum so anders? Wir haben doch auch komische Rituale, die jemand, der das von außen betrachtet, kaum verstehen kann. Oder wie soll man jemandem erklären, dass ein Hase kommt, der bemalte Eier für Kinder versteckt, weil Jesus gestorben ist?«

Er grinste.

Auch am nächsten Tag begegneten wir Gruppen von Männern, die sich auf die Brust schlugen, und dabei sangen, ohne von Pauken begleitet zu werden. Sie trugen lange, oft schwarze Hemden und hatten traurige Gesichter. In einigen Augen glänzten sogar Tränen. Mir kamen diese Gefühle ehrlich vor. Dieses Ritual war nicht wie das vom Vortag auf Effekte bedacht. Alles wirkte viel authentischer. Die Kettenzeremonie war eben doch ein dramatisch wirkendes, inszeniertes Schauspiel für Zuschauer, von denen es bei den Sängern allerdings kaum welche gab. Ihr Gesang endete mit einem gemeinsamen, kräftig ausgestoßenen »Hussein«.

Der Park, in dem wir anschließend spazieren gingen – es war jetzt weit nach Mitternacht – war voller Menschen. Wir glaubten, unseren Augen nicht zu trauen, als wir jungen Iranerinnen ausweichen mussten, die auf Inlineskates ihre Runden drehten. Andere spielten in Gruppen Volleyball und Badminton. Rundherum war es stockdunkel, nur die

Laternen spendeten diffuses Licht. Wir waren verblüfft.

»Axel, was ist hier los?«, sagte ich. »Ich war mir eigentlich sicher, dass iranische Frauen in der Öffentlichkeit keinen Sport treiben dürfen.«

»Muss an Khatami liegen», antwortete der. »Unter seiner Regierung scheint sich einiges geändert zu haben.«

Jemand rief uns lachend zu: »Das ist Teheran. Die einen schlagen sich aus religiöser Überzeugung, während sich die anderen im Park amüsieren.«

Tatsächlich war uns aufgefallen, dass in der Hauptstadt viel lockerer mit religiösen Dingen umgegangen wurde. Unter dem Tschador der Frauen lugten so viele Locken hervor, dass Khomeini sicherlich einen Anfall bekommen hätte. Normalerweise muss das dunkle Tuch Gesicht und Haare verdecken und dabei bis zu den Knöcheln reichen. Mit kritischen politischen Ansichten hielt man sich ebenfalls nicht zurück.

Viele Iraner, mit denen wir ins Gespräch kamen, wünschten sich, dass Khatami wieder gewählt wird. Die Wahlen standen kurz bevor. An Staatsgründer und Ayatollah Khomeini ließen dagegen die wenigsten ein gutes Haar. Die Menschen warfen ihm vor, dass seine Ansichten und sein Handeln überzogen waren. Und der Personenkult um Khomeini war ihnen ein Gräuel. Plätze, Straße und Flughäfen, alles Mögliche ist nach ihm benannt worden.

»Peter, stimmt es eigentlich, dass Deutschland mich nicht zurückschicken würde, wenn ich mich zum Christentum bekenne?«, fragte Babak und grinste. Auf einen Blick sah man ihm an, dass er sich nicht mit dem iranischen Regime identifizierte. Er trug die Haare so kurz, dass es fast zur Glatze reichte, hatte ein Piercing in der Nase und aß schmatzend sein Pizzastück mit der linken, der unreinen Hand.

»Tut mir leid, Babak, aber damit überzeugst du unsere Bürokraten nicht«, antwortete ich.

»Aber wenn ich übergetreten bin, dann bringen sie mich um im Iran, wenn ich wieder hierher abgeschoben werde.«

Das warf natürlich ein anderes Licht auf die Sache. Bei Verfolgungen dieser Art im Heimatland ...

»Ich denke, dann kannst du bleiben«, korrigierte ich schmunzelnd meine erste Einschätzung.

»Das wäre dann ungefähr genauso sicher, als wenn du eine deutsche Frau heiraten würdest«, ergänzte Axel.

»Hast du eine für mich?«, fragte Babak lachend. »Ich kann dir im Tausch meine kleine Schwester anbieten. Soll ich dir mal ihre Vorzüge aufzählen?«

Ein pikantes Thema hatten wir da angesprochen. Es war abendfüllend, die Stimmung wurde mit fortschreitender Stunde immer ausgelassener und wir amüsierten uns prächtig. Unter anderem darüber, dass das Heiraten einer verschleierten iranischen Frau vieles mit dem sprichwörtlichen Kauf einer Katze im Sack gemeinsam hat.

Schon zu Marco Polos Zeiten war die Gegend südlich von Teheran sandig und trocken. Der Venezianer berichtet in seinen Erzählungen, dass Brunnen und Süßwasser äußerst selten waren, dass es kaum etwas Grünes gab, das Pferde fressen konnten. Und dass die riesigen Entfernungen nur mit sehr genügsamen Tieren bewältigt werden konnten.

Wie Polo waren auch wir überwältigt von den riesigen Wüstenregionen, von den unwirtlichen Bedingungen, unter denen die Menschen, vor allem die Bauern hier lebten. Den Stadtbewohnern ging es deutlich besser als den Menschen auf dem Land.

So auch denen in Isfahan, einer Stadt, in der unzählige beeindruckende Bauwerke aus den verschiedensten Jahrhunderten vereint sind. Eine der schönsten, vielleicht die schönste Stadt im Iran überhaupt. Sie liegt am Rande der Wüste, ein endloses Meer aus Dächern, das genauso sandfarben ist wie die Landschaft, die sie umgibt. Die Gebäude sind niedrig und die Gassen in der Altstadt krumm und verwinkelt. Es ist schwer, sich zurechtzufinden. Anhaltspunkte für die Orientierung bilden nur eine Handvoll wunderschöner, alter Moscheen, deren hohe Minarette das Häusermeer wie Leuchttürme überragen. Eine der schönsten ist die Imammoschee im Stadtinnern, deren runde Kuppel mit glänzenden blauen Kacheln verziert ist. Ein Fluss, der nur selten viel Wasser führt, windet sich durch die Stadt.

Große Brücken, von denen jede anders konstruiert ist, führen darüber hinweg. In ihrem Schatten befinden sich endlos viele, gemütliche Teestuben. Isfahan ist berühmt dafür. Die Stadt wirkt angenehm, auch wegen der vielen grünen Bäume, die man sonst in Wüstenstädten selten findet.

Lebendig wird Isfahan durch die vielen jungen Menschen, die hier studieren und die an uns ihr Englisch ausprobieren wollten. Dabei gingen die kurzen Gespräche über Standardfloskeln meist nicht hinaus.

»Where are you coming from?«, wurden wir oft gefragt.

Sogar Mädchen trauten sich, uns anzulächeln – trotz unseres mittlerweile barbarischen Äußeren. Die Haare hatten wir nicht mehr geschnitten, seit wir losgefahren waren, und zum gründlichen Waschen kommt man als Radreisender bekanntlich auch nur, wenn man eine Nacht im Hotel verbringt. Die brauchten wir jedoch nicht mehr, seit wir dünn besiedelte Gebiete mit ausreichend Schlafgelegenheiten durchfuhren, und nun sahen wir entsprechend aus.

Trotzdem hatte ich das Gefühl, dass uns die Mädchen gefallen wollten. Das ging so weit, dass uns aus Gruppen von Mädchen, deren Haare und Stirn unter Tschador oder Kopftuch verborgen waren, laut zugerufen wurde, oftmals mit einer solchen Verzückung in der Stimme, dass das Gelächter der Begleiterinnen auf den Fuß folgte: »Oh, my boyfriend is coming!«

Natürlich versuchte die Betreffende, dabei unentdeckt zu bleiben und versteckte sich hinter den Kleidern ihrer Freundinnen. Weitaus züchtiger ging es zu, wenn sich die Mädchen in männlicher Begleitung befanden. Dann war oft nur ein viel sagender, schmachtender Blick aus den Augenwinkeln möglich. Einen kleinen Schritt weiter durften sie gehen, wenn ihre Mütter sie in die Stadt begleiteten. Manche drängten und schubsten ihre Töchter mit den Worten: »Nun geh schon hin und sprich sie an, du hast doch Englisch gelernt. Zeig, dass du dich unterhalten kannst.«

Die meisten dieser Gespräche waren banal und albern. Unter den Augen der Mutter fühlten sich die Mädchen der Lächerlichkeit preisgegeben. Sie waren froh, wenn sie diese peinliche Situation hinter sich gebracht hatten. Wir dagegen genossen den kurzen Zeitraum, in dem wir die ›andere Seite‹ der iranischen Männerwelt kennen lernten.

Der Khomeiniplatz in Isfahans Zentrum ist riesengroß. Grünflächen und Springbrunnen überall. Auf den Rasenflächen saßen Familien beim Picknick. Im Basar, der unter hohen Bogengängen den Platz umspannte, war an diesem Tag nur wenig los. Die meisten Geschäfte hatten geschlossen. Viele der Inhaber und Beschäftigten waren selbst mit ihren Freunden und Verwandten im Park unterwegs und genossen das milde Wetter.

Gegen Abend tauchten Lampen den Platz in ein warmes, angenehmes Licht. Beim Fotografieren richtete ich die Kamera eher unbewusst auf wartende Frauen, woraufhin mich sofort einer der allgegenwärtigen Revolutionswächter anhielt. Er trug Zivil. Nur sein misstrauischer Blick und sein selbstbewusstes, befehlsgewohntes Auftreten deuteten auf seine Funktion.

»Fotografieren sie die Frauen?«, fragte er.

»Nein«, entrüstete ich mich. »Ich interessiere mich für die prächtigen Mosaike an der Moschee dahinter.«

Das schien ihn zu beruhigen. Zufrieden reichte er mir einige Hefte mit Informationen über den Platz und die Moscheen im Stadtinneren.

»Wollen Sie auch in der Moschee Bilder machen? Das können Sie gern tun.«

Prima. Natürlich wollten wir das.

»Können Sie das organisieren?«, fragte Axel.

Der Wächter begleitete uns mit hinein. Er war noch relativ jung und schien trotzdem schon einigen Einfluss zu haben. Wir mussten uns nicht weiter anmelden und durften sogar unsere Rucksäcke mitnehmen. Anderen Besuchern war das nicht gestattet.

Aus einem riesigen Zelt, das im hell erleuchteten Innenhof aufgestellt war, drang eine laute Männerstimme. Dort saßen Männer und Frauen getrennt auf Teppichen am Boden. Natürlich ohne Schuhe, wie es sich in einer Moschee gehört.

Ganz vorn vor den Massen, am entfernten Kopfende des Zeltes, saß ein Mullah mit weißem Turban und erzählte die Geschichte von Hussein, dem Enkel des Propheten Mohammed. Mit seiner eindringlichen Stimme erzählte er leidenschaftlich und überzeugend, was sich damals zugetragen hatte. Obwohl wir nichts verstanden, konnten wir die Dramatik der Geschehnisse am wechselnden Klang seiner Stimme gut nachvollziehen. Die Zuhörer hingen, die Augen weit geöffnet und nach vorn gebeugt, an seinen Lippen. Im großen Raum, den die Stoffe bildeten, herrschte ansonsten völlige Stille. Zum Ende hin wurde die Stimme des Erzählers immer lauter, die Armeen gingen zum grausamen Gemetzel über, und schließlich töteten sie Hussein.

Wir machten einige Bilder von den Menschen, die hier saßen. Keiner von ihnen nahm Anstoß daran. Bis unser Begleiter uns freundlich und bestimmt bat, die Moschee zu verlassen.

Diese Höflichkeit beeindruckte uns immer wieder. Dabei hatten wir noch nicht einmal Strümpfe an, nur unsere Sandalen, die uns heute schon einige missbilligende Blicke eingetragen hatten. Sandalen gelten, ähnlich wie kurze Hemden, als unanständig.

Draußen liefen wir dem nächsten Sittenwächter in die Arme. Obwohl auch der in Zivil war und auch sonst recht unauffällig wirkte, erkannten wir ihn sofort als solchen. Woran lag das nur? Waren wir besonders sensibilisiert dafür, weil wir in der DDR aufgewachsen waren, oder registrierten wir unbewusst den feinen Unterschied zwischen reiner Neugier und solcher, die gleich mit einer gehörigen Portion Skepsis gespickt war?

Er versuchte, uns in ein Gespräch zu verwickeln. Wo kommt ihr her? Was macht ihr im Iran? Gefällt es euch? Wie ist die Meinung der deutschen Regierung über den Iran? Wollt ihr ein zweites Mal herkommen? Die üblichen Fragen also, die uns auch jeder ganz normale Iraner hätte stellen können. Dann begann der patriotische Teil: »Der Islam ist eine überaus tolerante Religion. Der Westen sieht ihn nur falsch. Die Iraner mögen Khomeini. Der war weder extrem noch abgehoben. Im Gegenteil – er war sogar sehr volksnah und hat in einem winzig kleinen, bescheidenen Haus in Teheran gelebt. Zusammen und neben all den anderen Menschen. Das müsst ihr euch unbedingt ansehen, wenn ihr wieder nach Teheran kommt.«

So weit so gut. Die nächsten zwanzig Minuten erzählte er vom Iran, dem Islam und der Politik im Lande. Ohne uns zu Wort kommen zu lassen. Vieles hörte sich durchaus interessant an. Trotzdem regte sich bei mir Widerspruch. Zu stark fühlte ich mich an die sozialistische Agitation erinnert. An irgendeiner Stelle in seinem Monolog zitierte er auch Mohammed, der gesagt haben soll, dass der, der nichts zu sagen habe, auch nichts sagen soll, genau wie der, der nicht gefragt sei. Ich musste lächeln. Wir hatten ihn bis jetzt noch nichts gefragt.

»Das Reich der Mullahs ist wie das Reich der Propheten«, sagte er zum Abschied. Dieser Spruch stand auch auf dem riesigen Khomeiniplakat neben der Imammoschee. Hohle, polemische Phrasen.

Wir fuhren zum Märtyrerfriedhof. Hier liegen die Männer begraben, die im Krieg gegen den Irak gefallen sind. Ich fühlte mich unwohl und musste schlucken. Vielleicht lag es an den Grabsteinen, an denen die Fotos der Toten hingen. Den Gesichtern konnte man nicht entgehen. Tausende alte Männer, junge Männer, Studenten, Kinder sind in diesem Krieg ums Leben gekommen – und ihren Angehörigen ist es bis heute nicht erlaubt, um sie zu trauern, weil sie als Märtyrer im Heiligen

Krieg auf direktem Wege in den Himmel, ins Paradies gekommen sind. Verwandte müssen ihre Trauer mit gesenkten Blicken und dem intensiven Pflegen der Gräber kaschieren. Verfluchte Propaganda!

Mein Blick wanderte über die endlosen Reihen von Gräbern. Ein deprimierender Anblick. Die Bilder an den Grabsteinen waren aus einer Zeit vor dem Krieg. Freundlich lächelnde Menschen, schüchtern blickende, selbstbewusste. Eines der Bilder, die immer direkt über der Grabstelle in einen Rahmen gefasst hingen, zeigte einen jungen Mann, der mit stolz geschwellter Brust auf einem neuen Motorrad saß. Aber auch weißbärtige Rentner oder kleine Schulkinder hat man hier beerdigt. Unwillkürlich musste ich an Stalin denken. Er soll gesagt haben, dass der Tod eines Mannes eine Tragödie sein kann, der Tod von Tausenden aber nur eine Statistik ist. Hier stimmte das nicht ganz. Durch die anklagenden Bilder auf diesem schrecklichen Friedhof verwandelte sich die anonyme Masse in tausende Einzelne. Der junge Mann auf dem Motorrad – seine Augen glänzten vor Lebensfreude. Alles umsonst. Er musste für die Ziele machtgieriger Politiker sterben.

Zwei Mädchen, die uns offenbar beobachtet hatten, sprachen uns an.

»Wieso schaut ihr euch die Bilder auf den Grabsteinen an? Gefallen sie euch etwa?«

»Nein, sie haben uns beschäftigt. Es ist so, als könne man ihnen nicht entkommen, als wenn sie einen mit ihren Blicken verfolgen. Ich spüre die Mahnung in diesen Bildern. Verstehst du, was ich meine?«

»Ich hasse Khomeini«, sagte die andere aufgebracht, ohne auf meine Frage einzugehen. So eine wütende Reaktion hatte ich nicht erwartet.

»Ich hasse ihn abgrundtief!«

»Wofür?«

Die beiden Mädchen, schätzungsweise zwanzig Jahre alt, hatten vorher lange an einem Grab gestanden. Sicher hatten sie jemanden verloren.

»Khomeini hatte die Möglichkeit, den Krieg zu beenden. Doch er hat es nicht getan!«

Ihre Augen füllten sich mit Tränen. Schnell wandte sie sich ab, nahm ihre Freundin beim Arm und ging davon.

»Ganz schön mutig«, sagte ich zu Axel. »Fremde Männer ansprechen und auf den Staatsgründer schimpfen.«

»Die selben Friedhöfe gibt es garantiert auch im Irak«, sagte Axel stirnrunzelnd. »Das ist doch reine Propaganda. An den beiden Mädels siehst du, wohin das führt. Nach ein paar Jahren bleibt nichts mehr übrig von Patriotismus und Märtyrertum.«

»Selbst wenn sie einmal aus Propagandagründen errichtet wurden, nach einigen Jahren bleibt nur noch der Hass auf die Kriegstreiber beider Seiten. Und der Vorsatz, darauf zu achten, dass so etwas nie wieder passiert. Na ja, jedenfalls im besten Fall.«

Ein Taxi brachte uns zurück ins Hotel. Der Fahrer lehnte das Geld ab, das Axel ihm nach vorn reichte. Wir mussten ihn regelrecht überreden, es anzunehmen. Ein krasser Gegensatz zum letzten Fahrer, der uns übers Ohr gehauen hatte. Beides ist uns im Iran schon mehrfach passiert.

»Natürlich hatte Khomeini die Möglichkeit, den Krieg zu beenden«, sagte Amir, ein Teppichhändler, den wir in einem Teehaus unter einer der vielen schönen Brücken in Isfahan trafen. Er sprach sehr gut Englisch und nahm kein Blatt vor den Mund.

»Schon nach ungefähr einem Jahr waren die angreifenden Iraker bis an ihre frühere Grenze zurückgeschlagen worden. Da versuchte Saddam Hussein das erste Mal, Frieden auszuhandeln. Khomeini aber lehnte ab. Auch als die iranische Armee schon ein ganzes Stück in den Irak eingedrungen war, lehnte er Gespräche ab. Deswegen dauerte der Krieg ganze acht Jahre.«

Der viel besser ausgerüstete Irak erhielt damals vom Westen wie vom Osten Unterstützung. Giftgas wurde eingesetzt. Deutsche Firmen sorgten für entsprechende Technik. Der Iran hatte nur seine Menschen dagegen zu setzen, die zum großen Teil noch von der Euphorie aus der Revolution gegen den Schah zehrten. Dennoch wurden die Soldaten bald knapp. Junge Rekruten gab es kaum noch, so dass beide Seiten schließlich Kinder- und Rentnerarmeen einsetzten.

»Den Kindern hat man die andere Seite gezeigt und gesagt, dort sei das Paradies«, erklärte der Händler. »Dann sind sie begeistert über das Minenfeld gelaufen. Vorher hat man ihnen einen Plastikschlüssel um den Hals gehängt, damit sie nach ihrem Tod sofort das Tor zum Paradies aufschließen können. Aber dieser verfluchte Fanatismus existiert immer noch. Sicher habt ihr schon mal von diesen Schwertgeißlern gehört, die sich mit ihren eigenen Schwertern die Schädel aufschlagen.«

»Gehört habe ich schon davon«, antwortete ich. »Allerdings dachte ich, dass es diese Tradition längst nicht mehr gibt. Ist das nicht verboten

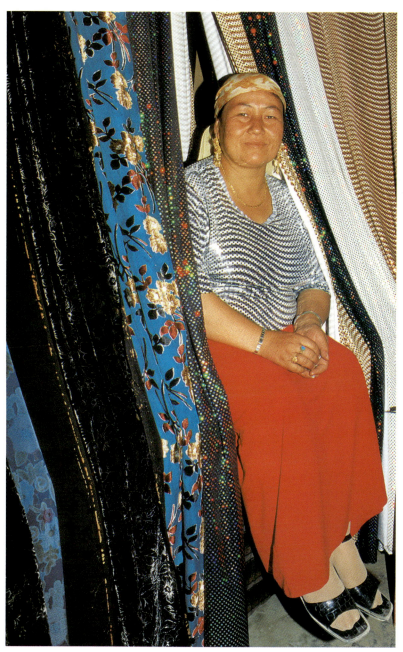
Seidenverkäuferin in Hotan/China

»Wir wollen nach China«

Ararat/Osttürkei

Haus einer kurdischen Großfamilie/Türkei

An der Grenze zum Iran

Karneval in Venedig

Wildes Treiben am Rosenmontag

»Der Alte« – ein Heiliger des Daoismus/China

Palästinensermutter/Syrien

Schafhirt im Iran

Kurdisches Paar wartet auf den Bus/Türkei

Flüchtlingslager im Libanon

Geselliges Wasserpfeifenrauchen/Syrien

Obststand in der Wüste Jordaniens

Axels Geburtstag in Damaskus/Syrien

Tadschikische Grenze

Usbeke

Kontrolle in Usbekistan

Muezzin in Buchara

Unterwegs zum Nachtgebet/Iran

Feier bei Freunden in Teheran

Minarette im Iran

Ein sehr gemütlicher Abend/Iran

Auf den Dächern einer Moschee/Usbekistan

Im Gespräch mit einem Imam/Iran

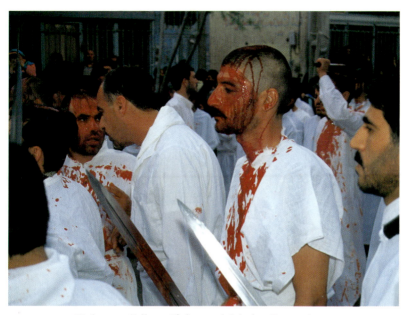

Verbotene Selbstgeißelung schiitischer Extremisten

Beschauliche Männerrunde/Iran

Morgentoilette in Usbekistan

Brotstand an einer kirgisischen Straße

worden?«

»Das schon, aber trotzdem wird es gemacht. Wollt ihr euch das morgen mal anschauen? Ich begleite euch, wenn ihr wollt«, sagte Amir.

Klar wollten wir. Dieses Ritual, hatte ich gelesen, gab es nicht nur im Iran. Auch im Libanon wird es noch praktiziert.

Hier im Iran dürfen angeblich nur vor dem Krieg ins Land gekommene Iraker solche Schwertzeremonien durchführen. Ihnen soll die Schwertgeißelung vor zwei Jahren wieder gestattet worden sein. Nicht aber den Iranern. Doch wer will die Teilnehmer schon unterscheiden? Selbst im Irak sind die blutigen Rituale verboten. Aber auch hier hielt sich die Polizei erstaunlich zurück, vielleicht, um ein Eskalieren der Situation zu vermeiden. Man kann nur ahnen, was durch hohen Blutverlust in ihrer Wahrnehmung geschwächte Männer in Ekstase mit den Schwertern alles anrichten können. Noch vor hundert Jahren führten solche Schwertgeißelungen oft zu regelrechten Straßenkämpfen mit vielen Toten. Jeder einzelne Teilnehmer nahm dabei die Position von Hussein ein und betrachtete alle anderen als die angreifenden Sunniten. Wer dabei ums Leben kam, durfte sich glücklich schätzen: Er galt als Märtyrer und wie die Kindersoldaten mit ihren Plastikschlüsseln kam er direkt ins Paradies.

Zwar hatte Amir uns vorgewarnt, doch so richtig konnte ich es erst glauben, als uns die ersten weiß Gekleideten begegneten. Ihre Umhänge trieften nur so vom Blut und alle, aber auch alle, pressten sich verschmierte Tücher gegen die Stirn. Die Straße dahinter war voller Menschen. Viele Zuschauer, aber auch viel, viel mehr Teilnehmer, als ich geglaubt hatte. Blut, das Gesichter hinunterrann, auf weiße Gewänder tropfte und auf den Teer der Straße floss. Ich hatte höchstens zwanzig Männer erwartet, aber hier geißelten sich hunderte! Männer mit langen blutbesudelten Schwertern und klaffenden Wunden am Kopf, mehrere Zentimeter breit. Und immer wieder schlugen sie sich die Schwerter auf Kopf und Stirn, bis die Kopfhaut aufriss. Nicht stark, nicht so, dass der Schädel gespalten wurde, dafür aber kontinuierlich und ohne Pause. Bei allem Verständnis und bei aller Toleranz für religiöse Bräuche – dieser Anblick ließ uns für einen Moment erstarren.

»Das kann nicht sein, die säbeln sich die Haut vom Kopf«, stammelte ich. »Die müssen verrückt sein!«

»Das ist ja unglaublich. So krass hätte ich mir das nicht vorgestellt!«, sagte Axel.

Der Anblick dieser fanatisch wirkenden Männer, die die Straße überschwemmten und die Emotionen, die dieses Bild auslöste, verdrängten für einen langen Moment alle rationalen Empfindungen. Die Geißler müssen emotional mindestens ebenso aufgewühlt gewesen sein wie wir; mit dem Unterschied, dass sie uns gar nicht bemerkten. Glücklicherweise. Ich hatte kein Interesse an einer direkten Begegnung mit einem von ihnen. Ihre Augen starrten völlig apathisch nach vorn. Mit irrem, nach innen gerichteten Blick.

»Leute«, sagte Amir, »ich will euch nur sagen, ihr müsst unbedingt vorsichtig sein. Die mögen das bestimmt nicht, wenn ihr euch zu sehr reinhängt. Bleibt am Straßenrand.«

Ihm war es ganz offensichtlich nicht recht, dass wir darauf bestanden, noch näher heranzugehen. Wir winkten ab.

»Ja ja«, beschwichtigte ich Amir. »Wir sind vorsichtig.«

Hundert Geißler liefen direkt vor uns. Das Blut spritzte und ich fotografierte. Einmal wechselte ich kurz zur Digitalkamera – für alle Fälle. Ich ging noch dichter heran. Auch einige einheimische Zuschauer machten Fotos, genau wie ich. Das beruhigte mich irgendwie. Einer von ihnen stand mit einer Videokamera mitten im Umzug. Als ich das sah, gab es für mich kein Halten mehr.

»Peter, spinnst du?«, rief Axel und versuchte, mich am Hemdsärmel zu packen und zurückzuziehen.

Ich riss mich los und rannte in den Umzug hinein, dorthin, wo ich den Mann mit der Kamera gesehen hatte. Näher heran, je näher, umso besser. Der Rausch der Bilder hatte mich erfasst. Blutüberströmte Gesichter, scharfe Schwerter und überall einst weiße, nun aber blutrote Gewänder.

Bamm. Ich spürte einen Schlag. Für einen Moment hatte ich nach unten gesehen und war plötzlich mit dem Rücken gegen einen Lastwagen am Straßenrand gestoßen worden. Als ich aufsah, starrte mich ein blutverschmierter Kerl an und drückte mit dem linken Arm gegen mein Schlüsselbein. In der rechten hielt er sein verdammtes Schwert. Wo war Axel?

Der Mann, der nicht einmal besonders groß war, hielt mir seine triefende Klinge an den Bauch und zischte: »Film, camera!«

Beim Reden spuckte er. Er wollte den Film und die Kamera, soviel war klar. Er wiederholte sich, jetzt allerdings viel lauter. Dabei schaute er mich wütend aus seinen schmierigen, schwarzen Augen an, über die das Blut tropfte. Ein unglaubliches Bild, dachte ich kurz. Aber das hier war wirklich. Zwei andere mit Schwertern kamen dazu. Dies hier war ein denkbar ungünstiger Moment, den Starken herauszukehren oder die Gestalten fortzustoßen. Ich war allein. Axel hatte mich offenbar aus den Augen verloren. Mist. Dennoch musste ich zusehen, die Situation wieder unter Kontrolle zu bekommen.

»No, not the camera«, schrie ich. »Never!«

Trotz seines fanatischen Gesichtsausdrucks sah ich, dass mein Gegenüber kurz stutzte. Darauf war er nicht gefasst. Er überlegte einen Moment und drückte mich dabei noch fester gegen den Lastwagen. Vielleicht würde ich handeln können, auf Zeit spielen, ihm klarmachen, dass das Gedränge viel zu groß sei und wir an einen ruhigeren Ort gehen müssten. Aber er ließ mich nicht frei, und die Schwertspitze drückte sich immer noch in meinen Bauch. Er wiederholte seine Forderung, nun aber in abgeschwächter Form.

»Film, now!«

»Nein«, lärmte ich auf Deutsch in der Hoffnung, damit Eindruck zu schinden. »Du kriegst meinen Film nicht, verdammt. Meine Kamera kannst du dir auch abschminken. Vergiss es. Ich werde dir nichts geben. Die Kamera und der Film gehören mir, hast du verstanden?!«

Hatte er nicht. Er nahm weder die Klinge noch seine Hand von mir. Sein Gesichtsausdruck war kein bisschen freundlicher geworden, und Axel noch immer nirgends zu sehen. Wer weiß, ob er mir überhaupt hätte helfen können?!

»Can I help you?«

Ein gewöhnlich gekleideter Mann stand plötzlich neben uns.

»This guy wants my film, but I won't get it out of the camera. I need a quiet place.«

Der Mann – ich war sicher, dass er ein Polizist in Zivil war – zog mich in eine Seitengasse. Der Geißler ging neben mir und hielt noch immer sein Schwert vor meinen Bauch. Er bestand auf den Film. Nun begann auch der Polizist, auf mich einzureden. Der Kerl rückte mir wieder etwas stärker auf den Leib. Amir und Axel waren noch immer nicht zu sehen. Wegrennen? Ich hätte den Geißler wegstoßen und fortrennen können. Ja, wahrscheinlich hätte ich das geschafft. Doch in diesem Gewirr von Gassen und vor allem Sackgassen, in dem ich mich nicht auskannte, hätten sie mich früher oder später wiedergekriegt. Den Film austauschen? Zwei Augenpaare starrten mich an. Das eine unsicher, das andere wütend.

Unauffällig bekam ich einen leeren Film in die Hand. Jetzt ging es nur noch darum, ihn mit dem anderen auszutauschen. Doch ich hatte den vollen noch gar nicht richtig aus dem Fotoapparat heraus, als ihn mir der Geißler schon entriss. Noch einmal bedachte er mich mit einem kurzen, bösen Blick, dann verschwand er in der Masse und ich konnte aufatmen.

Es ist wohl doch ein Unterschied, ob man einstudierte Zaubertricks auf einer Bühne oder mit einem Schwert am Bauch durchführt. So tröstete ich mich über den Verlust der Bilder. Mein Gesicht, meine Klamotten und die Kamera waren besudelt mit frischem Blut. Ich konnte froh sein, dass es nicht meines war. Und wie aus dem Nichts tauchten nun auch Amir und Axel auf. Ich biss mir auf die Zunge. Vielleicht hatte Axel ja ein paar gute Fotos geschossen.

Der Polizist – wenn er einer war –, der mich aus der Menge gezerrt hatte, gab sich nun ausgesprochen höflich.

»Das hier sind Iraker, wissen Sie?!«

Wir nickten.

»Eigentlich ist das illegal, wissen Sie?!«

Selbstverständlich. Jetzt fehlte nur noch, dass Iraner so etwas in ihrem Land eigentlich gar nicht gerne sehen.

»Iraner möchten mit so etwas nicht in Verbindung gebracht werden, wissen Sie?!«

»Yes, we know.«

Danke für die kleine Einführung in die Landeskunde! Keiner von uns sagte etwas, als wir fortgingen. Wir schwiegen vor uns hin. Als wir schon einen halben Kilometer entfernt waren, näherte sich von hinten ein Auto, Bremsen quietschten. Es war der Polizist, der neben uns hielt.

»Iraner, verstehen Sie, würden so etwas nie machen«, sagte er und lächelte.

Natürlich. Wir sollten kein falsches Bild vom Iran bekommen und schon gar nicht weitergeben. Wollten wir ja auch nicht, nur eben das zeigen, was wir wirklich erlebt hatten. Wir waren froh, von diesem blutigen Ritual weggekommen zu sein.

»Ich hab gesehen, wie einer von denen in Ohnmacht gefallen ist«, sagte Axel jetzt. »Der war vorher schon blass wie 'ne Leiche.«

Axel hatte während der Zeremonie weiter weg gestanden und das

Ganze aus der Ferne beobachtet.

»Ein kleiner Junge war auch dabei, der hatte aber kein Messer.«

»Den hab ich auch gesehen.«

»Ja, das kommt vor«, sagte Amir. »Im letzten Jahr soll hier einer sein Kind mit dem Schwert schwer verletzt haben. Seitdem haben die Anführer Angst, erkannt und verhaftet zu werden.«

Noch in der Stadt sahen wir immer wieder diese blutverschmierten Männer, die im Auto oder auf Motorrädern nach Hause fuhren. Manche hielten sich einen Lappen auf die Kopfwunde. Einige wirkten unheimlich stolz, ihr Märtyrertum endlich der Öffentlichkeit präsentieren zu können. Das war anders, als sie sich geißelten. Da hatten sie ernst gewirkt, konzentriert und waren in der Masse regelrecht untergegangen. Doch jetzt schien ihnen die Zeit gekommen, sich für ihr ›Heldentum‹ bewundern zu lassen.

»Das sind doch nur Idioten, die so etwas machen«, sagte Amir. »Die wollen doch nur zeigen: ›Schaut her, ich war dabei, ich bin ein richtiger Mann!‹. Das ist nicht nur meine Meinung. So denken viele darüber. Selbst die meisten der Zuschauer.«

»Und die Kettengeißler, was sind das für Leute?«

»Auch das sind häufig ungebildete Menschen aus einfachen Verhältnissen, aber keine Extremisten. Die leben einfach nur ihren Glauben aus.«

Wir standen im Schatten einer Mauer und unterhielten uns, als plötzlich von der gegenüber liegenden Straßenseite zwei Polizisten auf uns zukamen. Amirs Gesicht wurde aschfahl. Wovor hatte er Angst? Hatte er etwas Verbotenes getan?

Freundlich, aber bestimmt forderte einer unseren Freund auf, mit in ein kleines Wachhäuschen in der Nähe zu kommen. Beim Gehen gab uns Amir mit Handzeichen zu verstehen, dass wir weiter auf Samon warten sollten, einen Freund, mit dem er sich hier verabredet hatte.

Der zweite Polizist blieb direkt bei uns stehen und stellte Fragen. Ob Amir uns beklauen wollte. Ob Amir uns einen Teppich aufschwatzen wollte. In welchem Hotel wir wohnten. Ob wir eine geführte Tour durch den Iran machten. Und, natürlich, ob es uns im Iran bisher gefallen habe. Für ihn waren das brennende Fragen, kein Zweifel. Aber wir brannten nicht darauf, mit ihm einen Schwatz zu halten und gaben uns einsilbig.

»Dann seien Sie vorsichtig und nehmen Sie sich vor Dieben in Acht«, sagte er, schon halb von uns abgewandt. »Manche von denen geben sich auch als Polizisten oder als Teppichhändler aus. Und: Gute Reise.«

Wir standen wie angewurzelt.

»Verflucht, was ist mit Amir?« Axel knirschte ungeduldig mit den Zähnen.

Schließlich hielt ein Taxi neben uns.

»Hi. Ich bin Samon. Ihr habt doch auf mich gewartet, oder?«

Hastig erzählte ihm Axel, was vorgefallen war. Sofort kramte Samon sein Handy aus der Hosentasche. Nach fünf Minuten hatte er es noch immer am Ohr. Dann legte er auf.

»Mist. Mich sucht die Polizei auch. Aber ich hab Beziehungen ... Ich schau mal, was ich machen kann. Wartet hier so lange.«

Schnell ging er davon.

»Scheiße. Das hat doch hoffentlich nichts mit uns zu tun«, sagte ich und setzte mich auf einen Stein.

»Oder mit heute morgen«, sagte Axel.

»Ob Iraker, Iraner, Polizei oder wer auch immer – heute früh waren wir unerwünscht. Das steht fest.«

»Wenn auch nicht aus religiösen Gründen«, murmelte Axel.

Bald folgten wir Amir ins Wachhäuschen. Ich blieb draußen, um Wache zu schieben und hörte, wie Axel sich drinnen mächtig aufregte. Minuten später wurde er hinausgeschickt.

»Es ist irgendwie alles sehr konfus«, erzählte Axel. »Amir soll ein Dieb sein, der erst letzte Woche einen Touristen bestohlen hat. Und uns wollte er angeblich auch bestehlen. Sagen zumindest die Polizisten.«

»Verstehe ich nicht«, sagte ich. »Das ergibt keinen Sinn. Er hat heute Morgen bei dem Umzug die ganze Zeit meinen Rucksack getragen und dazu das Geld, das wir ihm angeboten haben, weil er uns durch die Stadt geführt hat ... «

» ... das wollte er auch nicht haben«, ergänzte Axel. »Er war sogar sauer, dass wir ihm so etwas anbieten. ›Von Freunden nehme ich nichts‹, hat er gesagt.«

Amir verdiente ganze dreiundfünfzig US-Dollar im Monat, aber Geld würde er trotzdem von uns nie nehmen.

»Jedenfalls fiel immer wieder dieser Satz, er wolle uns einen Teppich andrehen. Ich habe dann gefragt, was daran so schlimm sein soll. Angeblich würde er den doppelten Preis verlangen und das sei verboten. Dann hat er mir zugerufen, ›Die denken, ich will euch einen Teppich verkaufen‹, und dafür hat er einen Schlag direkt auf den Mund gekriegt. Schon als ich in das Wachhäuschen reinkam, haben sie ihn geschlagen. Während sie ihm vorwarfen, er würde uns beklauen, lief er vor Wut und Angst rot an.«

»Verstehst du das? Er hatte jede Möglichkeit, uns zu beklauen und hat es nicht getan. Was soll also die Behauptung, er sei ein Dieb?«

»Keine Ahnung. Sie haben ihn dann jedenfalls weggebracht, in Handschellen!«

Dass die Polizei hier ab und an rigoros durchgreift, hatte ich schon einmal beobachtet. Eine Motorradstreife hatte ein Auto angehalten und den Fahrer wegen irgendetwas zur Rede gestellt, während die Frau im Auto sitzen blieb. Der Mann stand vor seinem Wagen und redete auf die Beamten ein. Plötzlich bekam er einen derart derben Schlag ins Gesicht, dass er das Gleichgewicht verlor, während ihn die Polizisten gleichzeitig rückwärts auf die Kühlerhaube seines Autos stießen. Er begann nun erneut, auf die Polizisten einzureden, wirkte aber viel ruhiger und unterwürfiger. Auch das unverbindliche Lächeln war aus seinem Gesicht verschwunden. Die Beamten hatten ihn nun ganz offensichtlich unter Kontrolle. Die beiden waren genauso wenig gewöhnliche Polizisten wie die zwei, die Amir mitgenommen hatten. Sie gehörten zu einer schnellen Einsatztruppe, die innerhalb von zwei Minuten an jedem Ort ist, an dem man sie haben will. Das zumindest hatte uns Samon erzählt.

»Egal, von wo du anrufst.«

Wie die Sache mit dem Pärchen im Auto ausging, konnten wir nicht beobachten. Einer der Beamten hielt ein Sprechfunkgerät in der Hand und schickte böse Blicke zu uns hinüber. Als er den zweiten Polizisten auf uns aufmerksam machte, gingen wir lieber davon, um nicht auch Ärger zu bekommen.

Was mit Amir und Samon war, wussten wir allerdings immer noch nicht. Wir hofften, dass es nichts mit uns zu tun hatte und dass Samons Beziehungen gut genug waren, ihnen größeren Ärger zu ersparen.

Gegen fünf, hatte Samon gesagt, wollte er seinen Teppichladen wieder öffnen. Bis dahin sahen wir uns die Bilder in der Digitalkamera an, die ich sicherheitshalber gemacht hatte. Jetzt war ich froh darüber. Das zweite Bild zeigte in ganzer Größe eben jenen Glatzkopf im Profil, der mich am liebsten massakriert hätte. Weder mein Tagebuch noch diese beeindruckenden Aufnahmen durften wegkommen. Irgendwo hatten wir gelesen, dass die Polizei auch schon mal in Abwesenheit von Touristen deren Zimmer durchsucht. Vielleicht war unsere Sorge übertrieben. Dennoch verkrochen wir uns erst einmal im Hotel. Samon wusste, wo wir wohnten. Er konnte sich melden. Auf der Straße wollten wir lieber nicht mehr herumlaufen. Was, wenn es wirklich um uns ging? Bei den wenigen Touristen, die es zurzeit in Isfahan gab, würde es ein Leichtes sein, uns zu finden. Egal, wie lange und wo wir uns versteckten. Auch, wenn Axel beim Gespräch mit dem Polizisten sicherheitshalber den Namen eines anderen Hotels genannt hatte.

Dennoch standen wir Punkt fünf Uhr im Laden vor Samon und Amir. Wir fielen uns um den Hals.

»Was war los?«, wollte ich wissen.

»Naja, ich denke, ich bin wohl zu oft und zu öffentlich mit euch herumgelaufen«, sagte Amir. »Und das mögen die hier nicht. Kontakte zu Fremden sind denen immer suspekt. Aber dann hat Samon seine Kontakte spielen lassen, und schon drehte sich der Spieß um. Ein Vorgesetzter rief die beiden Polizisten zu sich«, grinste er, »und sein Geschrei hab ich noch bei mir im Zimmer gehört. Dann kamen die beiden wieder an, waren auf einmal ganz klein, haben sich entschuldigt und mir zum Abschied ein Taxi organisiert.«

»Aber was genau wollten die eigentlich?«, war ich mir immer noch nicht sicher.

Amir zuckte mit den Schultern.

»Die Polizei bemüht sich ja wirklich um die Ausländer hier«, mutmaßte jetzt Axel. »Vielleicht war allein schon die Vermutung, dass Amir uns hätte beklauen können, Anlass für die Aktion. Wer weiß das schon? Die Wahrheit sagen die uns sowieso nicht.«

»Sie haben mich auch nach heute Morgen gefragt«, sagte Amir. »Ob wir bei der Zeremonie waren.«

Uns wurde mulmig.

»Ich habe natürlich ›Nein‹ gesagt.«

Wir hatten Glück, weil wir die Blutflecken gleich von unseren Sachen entfernt hatten. Sonst wäre diese Lüge nicht möglich gewesen. Aber warum sorgten sich die Polizisten so sehr darum? Uns blieb nur die Erklärung, dass der Staat wegen dieser Rituale möglicherweise tatsächlich auf seine Art ›besorgt‹ ist.

Am nächsten Morgen, kurz bevor wir die Stadt verlassen wollten, sprachen uns zwei junge, hübsche Mädchen an. Sie waren Studentinnen und wollten wissen, woher wir kommen und was wir jetzt vorhätten.

»Wir können euch doch ein Stückchen begleiten und dann setzen wir uns irgendwohin und trinken einen Tee.«

Sie machten wirklich einen netten Eindruck und gerne hätte ich zugestimmt. Doch unser Bedarf an Ärger war in Isfahan mehr als gedeckt. Wir hatten absolut keine Lust, noch einmal die Aufmerksamkeit der Gesetzes- und Religionshüter zu erregen. Allein die Begleitung der beiden war schon ein mittleres Spektakel. Jeder, aber auch jeder drehte sich verwundert um und sah uns verständnislos hinterher. Fanden wir hier denn gar keine Ruhe mehr? Wieder begann ich, mich maßlos über die strengen Vorschriften zu ärgern, die verboten, dass wir uns in der Öffentlichkeit mit zwei Mädels unterhielten. Wer konnte denn nur so lebensfremde Gesetze erlassen?

»Nein«, wiegelte Axel ab, »wir haben keine Zeit.«

Ich verstand uns selbst nicht mehr: Wir, ausgerechnet wir, lehnten die Begleitung von zwei hübschen Mädchen ab. Was war nur aus uns geworden? Wie hatten wir uns angepasst!

Trotz meines Bedürfnisses nach einer polizeifreien Zeit war ich doch froh, als sich die beiden nicht so schnell abwimmeln ließen. Bald fielen mir jedoch die Leute von der anderen Straßenseite auf, die zu uns zeigten, und von etwas weiter entfernt sahen schon zwei Polizisten her. Den letzten Ärger in frischer Erinnerung wurde Axel richtig grob: »Lasst uns jetzt alleine! Wir haben absolut keine Zeit, uns mit euch zu unterhalten!«

Sie sahen uns nun niedergeschlagen, aber verständnisvoll an.

»Denkt bitte nicht schlecht von uns«, sagte die eine, »es ist nur ... «

Abrupt wandte sie sich zum Gehen, drehte sich noch einmal kurz um, reichte Axel eine Blume und rannte mit ihrer Freundin davon. Wir schauten traurig hinterher.

»Mögt ihr das Risiko beim Reisen?«

»Scheiße«, sagte ich zu Axel. »Jetzt geht Ärger los.«

Wir drehten uns langsam um. Es war nur ein Student – wir atmeten auf. Schnell redete er auf uns ein und erklärte, dass solche Kontakte mit jungen Mädchen für uns und für sie sehr unangenehm enden können.

»Wenn euch die Polizei erwischt, seid ihr dran. Da spielt es dann keine Rolle mehr, was ihr wolltet und was nicht.«

Auf dem Weg zurück nach Teheran sah ich riesige Khomeini-Poster. Auf den ersten Blick schaute er gütig drein. Doch dann erkannte ich die Eiseskälte in seinen Augen, die Herzlosigkeit und Machtgier. Auch die Gemälde von heldenhaft posierenden Soldaten ließen mich kalt. Einer trug ein kleines Kind auf dem Arm. Beide schauten milde in die tief stehende Sonne und der Soldat hatte ein abgeschossenes Bein. Ein Held? Ein Märtyrer? Oder nur ein mit falschem Ruhm bezahltes Opfer blinder Fanatiker?

Ich musste an einen jungen Studenten aus Isfahan denken. Er war sehr sprachbegabt, hatte versucht, uns in sieben Minuten zum Islam zu bekehren und schenkte uns zum Abschied ein selbst geschriebenes Gedicht.

> Leute sagen, Fenster haben keine Gefühle.
> Aber wenn die Scheiben beschlagen sind,
> und ich mit dem Finger schreibe ›Ich liebe Dich!‹,
> beginnen die Fenster zu weinen.

von Mohamad Reza Ghazali

»Das gefällt mir«, hatte ich Axel erklärt. »Weißt du, das ist genau das, was ich fühle, wann immer ich im Iran mit jungen Menschen zusammenkomme.«
»Wie meinst du das?«
»Ich kann das nicht genau erklären, aber es ist Beklemmung, Traurigkeit, Sehnsucht zugleich.«

Eine dicke Dunstglocke im Rücken ließen wir Teheran hinter uns. Wir radelten sehr schnell, aber der Smogschleier schien uns zu begleiten. Die Sicht wurde immer schlechter, Dinge, die nur wenige hundert Meter entfernt waren, verloren sich in einem diffusen Graubraun. Die Luft war sehr trocken und heiß. Nach ungefähr dreißig Kilometern fühlten wir uns völlig ausgetrocknet. Zwei letzte Cola, die wir noch dabei hatten, bauten uns schnell noch einmal auf.

Der Wind schob uns kräftig durch die Wüste, die mal topfeben, mal etwas hügelig war, aber immer absolut tot. Nur in wenigen Senken hielten sich spärlich Gräser und kleine verkrüppelte Bäumchen, die das salzige Wasser vertragen konnten. Ein paar hundert Meter von uns entfernt reflektierte einer der vielen Salzseen die Sonne. Ich bemerkte, dass die Dunstglocke immer noch hinter uns war. Das konnte eigentlich nicht sein. Anstatt mit der Entfernung von Teheran allmählich abzunehmen, wurde sie immer größer und dichter. Viel zu spät entdeckten wir den Grund dafür. Das, was wir für eine stinkende Smogglocke gehalten hatten, war ein ausgewachsener Staubsturm, der direkt auf uns zu raste.

»Nichts wie weg hier!«, rief Axel.

»Ja, aber wohin?«, schrie ich zurück.

Wir gaben Gas, radelten schneller und schneller. Eine scharfe Linie bildete die Grenze zum Sturm. Davor war die Sicht schlecht, dahinter extrem schlecht. Egal wie schnell wir radelten, der Sturm kam immer näher. Bald hatte er uns eingeholt und wir konnten von Glück sagen, dass er von hinten kam. Wir erhöhten unser Tempo noch mehr. Wenn wir genauso schnell waren wie der Wind, ließ er sich aushalten. Mit bis zu sechzig Stundenkilometern schossen wir dahin und blieben so in relativer Windstille. Der Sturm hatte in seinen Spitzen sicher bis zu achtzig Stundenkilometer. Manchmal fegte er über losen, lockeren Sand. Aber wenn er den aufgabelte, sank die Sicht auf unter dreißig Meter!

Und wir fuhren verdammt schnell. Bei dieser Geschwindigkeit waren geringe Sichtweiten gar nicht gut. Langsamer werden durften wir aber auch nicht. Sonst fühlten wir uns wie in einem Sandstrahlgebläse.

So jagten wir durch die Wüste. Streckenweise, ohne etwas zu sehen. Erst nach Stunden ließ der Sturm allmählich nach. Doch die Sonne kam selbst danach nicht wieder zum Vorschein. Die Gegend wirkte trist, farblos. Es schien, als wollten sich die Berge, die am Rand der Wüste aufragten, einen Wettstreit liefern mit der Einöde der Wüste. Nackt, staubig und kahl, wie sie waren, wirkten sie genauso tot und lebensfeindlich. Und dort lag Semnan.

Wir hatten uns vorgenommen, in dieser kleinen Stadt einen Rasttag einzulegen. Hier konnten wir vor ausgebreiteten Landkarten entspannt die weiteren Einzelheiten der Route absprechen. Noch immer wussten wir nicht, ob wir durch Afghanistan fahren würden. Wenn ja, für wie lange und wo entlang? Die letzten Nachrichten waren alles andere als ermutigend. Auch die Iraner, die wir fragten, erzählten uns wahre Horrorgeschichten über ihr Nachbarland. Doch wir vereinbarten, uns erst in allerletzter Minute zu entscheiden, ob wir über das von den Taliban beherrschte Afghanistan fahren oder nicht. Die Lage war instabil. Die politischen Verhältnisse konnten sich innerhalb weniger Tage radikal ändern.

Also kehrten unsere Gedanken wieder zurück zum Iran und den Wüstenstrecken, die nun vor uns lagen. Siedlungen, Dörfer oder Städte gab es nur noch wenige, und wenn, dann lagen sie in größerer Entfernung voneinander. Wasser- und Essensvorräte mussten wir nun wieder reichlicher mitnehmen.

»Warum nehmt ihr nicht die Straße am Kaspischen Meer entlang?«, wurden wir häufig gefragt. »Dort ist das Klima viel angenehmer und außerdem kommt ihr durch richtigen Urwald!«

Schon wieder schwärmten Iraner in unserer Gegenwart von ihrem Urwald. Ich begriff, dass sie darauf besonders stolz waren, weil er in diesem sonst so trockenen und kargen Land auf die Leute wie ein Paradies wirken muss. Doch wir waren hier, um die typische Seite des Landes kennen zu lernen. Und das bedeutete, dass wir eine Reiseroute durch die Wüste wählten. Auch wenn es dort auf den ersten Blick nicht besonders schön war, sondern staubig, grau und abschreckend. Die Sicht blieb schlecht, das Licht fahl und der Himmel zerschnitten von endlos vielen Stromleitungen, die entlang der Straße aufgereiht waren.

Abends, als die Sonne gerade hinter den Hügeln verschwand, erreichten wir Sharud. Ein älterer Autofahrer sah uns mit großen Augen im Vorbeifahren an, hielt wenig vor uns und stieg aus.

»Hallo! Sucht ihr einen Schlafplatz?«, fragte er freundlich.

»Ja, wir sind gerade erst hier in der Stadt angekommen«, antwortete Axel.

»Ist kein Problem. Wenn ihr nicht in so einem teuren Hotel schlafen wollt, könnt ihr mit zu mir kommen.«

»Danke, gern!«

Wir freuten uns immer über solche Angebote. Schließlich lernten wir dadurch Land und Leute besonders gut kennen.

»Ich wohne nicht weit entfernt von hier. Fahrt einfach hinter mir her.«

Er führte uns zu seinem Haus. Es war kein gelbes Lehmhaus mit gewölbtem Dach, dicken, Hitze abhaltenden Wänden und kleinen Fenstern, wie sie eigentlich für diese Region des Iran so typisch waren. Es war ein modernes, gemauertes Haus, das in dieser Bauweise in den USA hätte stehen können. Noch überraschter war ich, als wir das Innere betraten: ein runder, hoher Esstisch mit Stühlen, ein Sofa und sogar eine Art Wohnküche – alles im Iran reichlich ungewöhnlich. Erst auf den zweiten Blick bemerkte ich das Fehlen von Teppichen.

»Ich sehe schon, ihr wundert euch«, sagte unser Gastgeber zu mir. »Ich habe in Oklahoma studiert.«

»Und dann sind Sie hierher zurück gekommen?«

Er bot uns die Couch an und setzte sich auf einen Stuhl.

»Ja, ich mochte mein Land und wollte hier arbeiten, aber vorher noch meinen Doktortitel in den USA machen. Die Revolution kam mir gewissermaßen in die Quere. Viele meiner Freunde und Kollegen sind geflüchtet. Die Folge war ein entsprechender Mangel an Akademikern. Also bat man mich, meinen Titel auf später zu verschieben und stattdessen an der Universität in Mashad einzuspringen.«

»Und was machen Sie dann hier in Sharud?«

»Ich galt als Sympathisant des Schahs, weil der mir das Studium ermöglicht hat. Also hat man mich, nachdem ich dummerweise aus den USA zurückgekehrt war, in eine hässliche Stadt am Golf verbannt. Nach einem Schlaganfall vor ein paar Jahren haben sich dann die Ärzte am dortigen Krankenhaus für mich eingesetzt und erreicht, dass ich nach Sharud umziehen konnte. Hier ist das Klima bedeutend gesünder.«

Er lehnte sich langsam zurück. Wenn er so mit uns redete, wirkte es, als spräche er zu seinen Studenten.

»Mein Bruder, der hat es klüger angestellt. Der ist nach dem Studium gleich drüben geblieben und hat geheiratet.«

Er schien den Iran wirklich gemocht zu haben. Den alten Iran, den der Schah-Ära. Was das Land in seiner heutigen Form betraf, wirkte er frustriert, resigniert. Seine Fotoalben sprachen Bände: Männer und Jungen in Schlips und Schlaghosen. Die lachenden Mädchen trugen moderne Kleidung, freche Frisuren und waren geschminkt. Auf einem der Bilder turnten Frauen in transparenten Hosen am Strand herum. Unvorstellbar, dass dort dasselbe Land zu sehen ist, wo Frauen jetzt einen dunklen Tschador tragen müssen!

»Vor sieben Jahren wollte ich noch fliehen – über Indien in die USA –, aber das ist nicht ganz so gelaufen, wie ich es mir vorgestellt hatte«, er nahm einen Schluck aus einer der drei Teeschalen, die er auf den Tisch gestellt hatte. Er hatte sich umgezogen und lief jetzt in kurzen Shorts durchs Zimmer; wohl auch so eine Art leiser, provokativer Widerstand gegen die gesetzlich verordneten Moralvorstellungen.

»As a matter of fact, meine Großmutter war Deutsche«, erzählte er. »Und Khomeini hasste Israel. Wegen der vermeintlich gemeinsamen antijüdischen Einstellung fühlte er sich immer ein wenig mit Deutschland verbunden.«

Die Deutschen – sie kamen ständig in irgendeinem Zusammenhang vor. Unter dem ersten Schah waren hunderte Ingenieure aus Deutschland in den Iran geholt worden, um im ganzen Land Häuser zu bauen. Auch das wusste unser Gastgeber.

»Die haben viel mit Beton gebaut, mit gutem Beton. Auf der Hauptkreuzung in Mashhad haben sie auf einer Säule ein Schahdenkmal errichtet. Nach der Revolution sollte es natürlich gesprengt werden. Doch die Säule war erdbebensicher. Der Sprengmeister zündete – und die umliegenden Häuser wurden stark beschädigt. Das Denkmal blieb ganz. Schließlich haben sie es samt dem Fundament ausgegraben«, grinste er.

In Sharud hatten die deutschen Ingenieure einen Bahnhof errichtet.

»As a matter of fact, das ist immer noch ein gutes Gebäude, ein sehr gutes Gebäude, gute Substanz. Der deutsche Ingenieur hatte immer weiße Handschuhe in seiner Jackentasche. Wenn der gewaschene Sand herbeitransportiert wurde, fuhr er mit dem Handschuh über der Hand hindurch, und wenn der Handschuh dabei schmutzig wurde, schickte er den Sand noch einmal zum Waschen. Wegen dieser Gründlichkeit stehen diese Gebäude noch immer.«

Mir gefielen solche Geschichten, vor allem, wenn sie jemand so überzeugend erzählte. Jeden dritten Satz begann er mit: »As a matter of fact ... « Außerdem hatte ich noch nie jemanden ein Gebäude ›gut‹ nennen hören.

Beim Frühstück klärte er uns weiter auf. Ein aktuelles Gesetz im Iran verbietet es, ohne schriftliche Genehmigung ein Haus zu durchsuchen. Daher die freimütig eingerichteten Zimmer. Schlechte Zeiten für die Revolutionswächter also. Die alten Gesetze schienen langsam aufzuweichen. Gab es früher noch für jede Spielkarte einen Peitschenhieb, gibt es sie jetzt auf Basaren wieder zu kaufen. Sie sind zwar immer noch verboten, doch wird der Besitz heute nicht mehr bestraft. Diese ›Inkonsequenz‹ in Gesetzesfragen wäre unter Khomeini unvorstellbar gewesen.

Kurz bevor wir gingen, verabschiedeten sich die Frau und der Sohn unseres Gastgebers. Sie reichten uns die Hände. Wieder eine westliche Geste, und doch nur eine Trotzgeste. Der Hausherr war Muslim, liebte noch immer das Land und die Iraner – wenngleich er sie als ›zu unkritisch der Religion gegenüber‹ kritisierte. Aber er hasste die Regierung, die ihn ›verraten‹ hatte.

Die Auslegung von religiösen Vorschriften variierte im Laufe der Zeit immer wieder. Als Marco Polo durch das Land zog, sollen sich die Iraner in mancher Hinsicht mit dem Koran wesentlich besser arrangiert haben; sie tranken Wein und aßen Trauben, selbst Musik und Spiel waren längst nicht so verpönt wie heute. Doch genauso finden sich Gemeinsamkeiten. Wie damals ist eine Reise durch den Iran noch immer kein ungefährliches Unterfangen. Man kann sich schnell Ärger einhandeln, wenn man gewisse Regeln nicht beachtet. Marco Polo beschrieb die Völker, denen er im Iran begegnete, als aggressiv und fremdenfeindlich, als Menschen, die ihrer Tradition und ihrem Glauben sehr verhaftet sind. Letzteres ist heute, zumindest in ländlichen Gegenden, noch immer so. Mit Fremdenfeindlichkeit hatten wir dagegen keine Probleme. Im Gegenteil: Fremden wurde viel nachgesehen.

Wir waren zum Beispiel meist in kurzen Hemden unterwegs. Iraner, die dasselbe machten, wurden dagegen als Provokateure angesehen. Natürlich zogen wir bei Moscheebesuchen oder ähnlichem etwas Langärmliges über, doch auch im normalen Alltag, besonders auf dem Land, schienen kurze Ärmel schon die Grenze des Erträglichen zu sein; etwas, das sich nur Ausländer erlauben durften.

Willkommen waren wir allerdings überall. Die Menschen hatten keine Probleme mit uns, keine Vorbehalte. In den Gesprächen wurden oft politische Themen und die gesellschaftliche Situation der Menschen angesprochen, so dass wir mitbekamen, dass sich die meisten Leute ein Land nach westlichem Vorbild wünschten. Zumindest eine Staatsform mit Meinungsfreiheit, die den Menschen wieder mehr Spielraum lässt.

Die Toleranz gegenüber Ausländern hatte jedoch ihre Grenzen. Auf ›Araber‹ und auf deren fremde Sprache wurde zum Beispiel geschimpft, was nach dem Irakkrieg allerdings kein Wunder ist. Ablehnung spüren auch die Flüchtlinge aus den unmittelbaren Nachbarländern. Selbst das ist noch nachvollziehbar. Der Iran beherbergt schließlich weltweit die meisten Flüchtlinge, verglichen mit der Einwohnerzahl.

Aber völlig unverständlich empfand ich den Hass auf Israel. Selbst gebildete Leute wetterten gegen die Israelis.

»Die Amerikaner sind eigentlich ganz nett«, hieß es dann, »aber die Juden kontrollieren und regieren sie. Die Juden sind schuld an unserem schlechten Verhältnis zu den USA. Außerdem unterdrücken sie die Palästinenser.«

»Was meint ihr«, fragte ich dann jedes Mal, »glaubt ihr, dass der ganz normale Israeli, der früh zur Arbeit geht, jede Woche den Sabbat feiert und zusieht, dass seine Kinder eine gute Schulbildung bekommen, glaubt ihr, dass dieser Jude sich nach etwas anderem als Frieden sehnt? Glaubt ihr wirklich, dass er ganz nebenbei darauf aus ist, Palästinenser zu erschießen und ihre Häuser in die Luft zu sprengen?«

Stets erntete ich darauf irritiertes Schweigen. Wie es schien, hatte noch niemand darüber nachgedacht, dass auch Israelis friedliebende Menschen mit ganz normalen Bedürfnissen sein können. Ständig wurden sie nur als mordlüstern beschrieben, als ungerechte, herrschsüchtige Unmenschen, die weltweit ihre Intrigen spinnen.

Tatsächlich hatten wir im iranischen Fernsehen Bilder gesehen, die uns schockierten. Von heroischen, Steine schleudernden Palästinensern und der blutrünstigen israelischen Armee. Eine Frau schmiss Steine nach diesen Soldaten. Die Fernsehbilder hatten die Macher mit Musik unterlegt. Steineschleudern in Zeitlupe. Dazu der Untertitel ›Palästina den Palästinensern‹. Ein Zeichner mit Turban karikierte einen böse grinsenden israelischen Soldaten, der auf einen kleinen Jungen anlegte, welcher mit erhobenen Händen vor einer Moschee stand.

Ich fragte mich: ›Haben denn die Mullahs hier nach dem Irakkrieg immer noch nicht begriffen, dass es im Krieg kein Gut und kein Böse gibt? Gerecht und ungerecht vielleicht, aber gut nie!‹.

In den letzten Tagen im Iran erschütterte uns eine Nachrichtensendung: Die südlibanesische Hisbollah hatte Stellungen in Israel überfallen. Die Antwort der Israelis: Der Angriff mit Jagdfliegern auf eine Radarstation im Libanon. Die wurde komplett zerstört – fünfunddreißig Kilometer östlich von Beirut. Im Libanongebirge! Genau dort, wo wir beinahe erschossen worden waren. Beim Fortfahren hatte ich seinerzeit Radaranlagen hinterm Berg gesehen. Damals dachten wir beide, die Milizen hätten sich nicht unter Kontrolle gehabt. Wir waren davon ausgegangen, dass sie überreagierten. Jetzt mussten wir unsere Einschätzung ändern, denn sie fühlten sich offensichtlich berechtigt unsicher.

Nun hatte sie dieser nicht enden wollende, grausame Krieg dennoch erreicht.

KAPITEL FÜNF

EIN GELDBAD

»Was soll das alles noch?! Wir können nicht nach Afghanistan, die Tadschiken geben uns keine Visa und nun haben sich auch noch unsere Pässe auf irgendeinem Amt in Luft aufgelöst. Wir sitzen in der Falle, so sieht's aus!«

Axel atmete schwer. Er weiß, dass er mich in solchen Momenten einfach reden lassen muss. Irgendwann ist die Wut vorbei. Aber jetzt noch nicht: »Und zu allem Überfluss haben wir nur noch vier Tage Zeit, das alles zu organisieren. Dann laufen nämlich unsere Iranvisa ab. Und dass wir noch eine Verlängerung bekommen, glaubst du doch selber nicht. Im Ernst, Axel: Wenn nicht ganz schnell eine Lösung in Sicht ist, beende ich das Ganze.«

Ich merkte, wie meine Stimme allmählich leiser wurde. Von Afghanistan her wehten Dunstwolken über die große Salzwüste, die Dascht e Kavir. Wir lagen mit den Oberkörpern im Schatten unserer Räder. Es war einfach nichts anderes da. Kein Schatten spendender Baum, keine wind- oder sonnengeschützte Stelle, nichts Vernünftiges zum Hinsetzen. Einfach gar nichts. Ich musste an den Ort denken, den wir gerade durchquert hatten. Ein Ort, der auf Kilometerschildern lange angekündigt war. Dann kamen wir zu einem Ortseingangsschild und nach drei Kilometern zu einem Ortsausgangsschild. Ansonsten existierte der Ort nicht. Kein Haus, nichts. Nicht einmal Ruinen oder sonst etwas Markantes, das sich von der toten, in der Sonne gleißenden Wüste abhob, nur eine endlose, mit roten, kleinen Steinen übersäte Wüste, die in der Sonne zu glühen schienen.

»Hätte ich dir das bloß nicht erzählt«, fluchte Axel. »Wir können jetzt sowieso nichts ändern. Erst mal müssen wir nach Mashhad. Dort kümmere ich mich drum.«

Er hatte Recht, aber ich war trotzdem frustriert. Wieso war diese Tour so schwer? Andauernd gab es irgendwelchen Ärger mit der Bürokratie. Die anderen Erlebnisse, die Schießerei im Libanon, das Messer vorm Bauch, alles hatten wir unbeschadet überstanden. Und wozu? Nur damit wir nun, nachdem wir all das hinter uns hatten, wegen irgendwelcher formalen Hindernisse aufgeben mussten? Ich fand, dass ich zu Recht sauer war. Selbst wenn der Sturm von vorn kam und die Straße bergauf ging, wir nichts zu trinken oder essen hatten und die Leute unfreundlich wurden, für alles fühlten wir uns gewappnet. Der Ärger mit den Visa aber blieb. Aber auch mit Visa mussten wir uns um die Korruption der Polizei und des Militärs sorgen, oder darum, dass das Ferganatal im Grenzgebiet zwischen Usbekistan und Kirgistan demnächst wieder zum Sperrgebiet erklärt werden könnte.

Selbst Axel musste zugeben, dass die Lage verzwickt war. Den historischen Weg Marco Polos versperrten uns die Taliban. Als Alternative blieb nur die nördliche Seidenstraße über Turkmenistan, durch Buchara und Samarkand. Die turkmenische Botschaft in Berlin hatte uns nach Dutzenden Ablehnungen endlich ein Transitvisum für fünf Tage zugesichert, welches wir in einem Konsulat in Mashhad abholen sollten. Allerdings war der Zeitraum nicht zu vereinbaren mit den in Aussicht gestellten Visa für Usbekistan, die auch nur dann gültig wurden, wenn wir ein Folgevisum – also eines für Kirgistan – vorweisen konnten. Die Pässe mit den Kirgistan-Visa hatte nun aber das Auswärtige Amt verschlampt.

Irgend etwas musste geschehen. Und zwar schnell. Schweigend und mit Frust im Bauch legten wir die letzten Kilometer nach Mashhad zurück. Dort legte sich Axel ins Zeug.

Die folgenden Tage in der Zwei-Millionen-Metropole im äußersten Nordosten Irans hatten nichts, aber auch gar nichts von Radfahrerromantik. Sie waren ausgefüllt mit stundenlangen Telefonaten, Schlange stehen vor Visabehörden, Kontakte knüpfen, Bitten und Betteln. Zu einem Höhepunkt wurde das turkmenische Konsulat. Dort waren die Antragsteller auf der Straße dem soeben einsetzenden Regen ausgeliefert und mussten versuchen, mit einem Beamten zu kommunizieren, der wiederum hinter einer Stahltür saß, in die nur ein winziges Fensterchen in Hüfthöhe eingelassen war. Selbstverständlich sprach der kein Englisch, war mürrisch und ließ uns deutlich spüren, dass wir ihm ausgesprochen unwillkommen waren. Erst ein deutscher Konsularbeamter, der für uns extra aus Teheran mit dem Flugzeug angereist kam und uns auf – sagen wir – nicht ganz ›übliche‹ Weise ausgestellte Drittpässe mitbrachte, schaffte im Chaos ein wenig Ordnung und rettete zumindest in unseren Augen das Ansehen seines Berufsstandes. Dank seiner Hilfe entwirrte sich ganz allmählich der Knoten. Zwar hatten wir ein paar graue Haare mehr, aber endlich auch die heiß ersehnten Transitvisa für Turkmenistan,

Usbekistan und Kirgistan. Der Landweg nach China war wieder offen!

Falls es zu Marco Polos Zeiten ähnlich bürokratisch zuging, verstand ich jetzt, weshalb die Polos mehrere Jahre brauchten, um ans Ziel zu kommen. Ich erinnerte mich, dass Reisepässe oder zumindest tönerne Äquivalente, auf denen Gesicht und Aussehen des Eigners genau beschrieben waren, in China schon eine mehrere tausend Jahre alte Geschichte besitzen. Ihr praktischer Nutzen war indes schon immer zweifelhaft. Regionale Fürsten kümmerten sich in der Regel wenig um Gültigkeit oder nicht. Ich musste grinsen, als ich an Axel dachte, der auf unserer Weltreise mit einem Pass nach China eingereist war, in dem vorher die deutsche Botschaft jede Seite mit einem großen Stempel verziert hatte: UNGÜLTIG! Aber welcher chinesische Grenzer kann schon Deutsch?

Am liebsten wären wir sofort losgefahren. Wegen der Visa für Turkmenistan mussten wir jedoch einige Tage warten. Dadurch hatten wir Zeit für die Menschen in Mashhad und die Grabstätte mit dem Schrein des Imam Resa, einem religiösen Führer aus dem neunten Jahrhundert. Resa ist der einzige Imam, der im Iran beerdigt liegt, und deswegen gilt Mashhad als eines der wichtigsten religiösen Zentren.

Das weitläufige Gelände genau in der Stadtmitte gilt bei schiitischen Muslimen als ausgesprochen heilig. Zehntausende Pilger zieht das Grabmal jährlich an. Bibliotheken, Messen, Koranschulen, Moscheen und noch vieles andere sind in diesem Komplex untergebracht. Kuppeln und Minarette sind rundweg vergoldet, Säle mit Spiegelscherben und Außenwände mit bemalten, glasierten Kacheln versehen. Das Areal ist gigantisch groß, kaum fassbar für einen Menschen, gewaltig, einmalig. Ich war tief beeindruckt. Doch obwohl ich den Komplex als einmalig und unbedingt sehenswert empfand – wirklich begeistern konnte er mich nicht. Zu viel Gold, vor allem wenn es durch Spiegel regelrecht vervielfältigt wird, wirkt auf mich kalt, protzig und abweisend. Hierher aber passte es.

Wir verließen Mashhad. In einer Gaststätte, unter dem obligatorischen Khomeini-Bild, nahmen wir gedanklich Abschied vom Iran. Der fiel uns schwerer als anfangs gedacht. Das Land hatte sich als ausgesprochen schönes, interessantes und gastfreundliches Reiseland erwiesen. Die Mullahs, die verschiedene, besonders strenge religiöse Vorschriften inzwischen wieder lockerten, waren weitaus lebensnaher als die afghanischen, die nichts Wichtigeres zu tun hatten, als festzulegen, dass Gockel und Hühner getrennt gehalten werden und die Genitalien von männlichen Eseln mit einer Schürze bedeckt sein müssen. Alles nur, damit Frauen nicht auf unzüchtige Gedanken kommen.

»Ist dir aufgefallen, bei welchem Thema wir hier in unseren Gesprächen früher oder später immer gelandet sind?«, fragte ich Axel.
»Klar: Politik. Das ist wahrscheinlich eines der politischsten Länder der Welt. Selbst einfache Leute politisieren, was das Zeug hält.«
»Und sparen nicht mit Kritik an ihrer Regierung.«
»Eigentlich wollten alle, die wir gesprochen haben, eine Demokratie nach dem westlichen Vorbild. Das ist zwar auch nicht gerade das Allheilmittel, dürfte aber allemal besser sein, als der so genannte ›Gottesstaat‹, der das gesamte öffentliche und private Leben reglementiert.«
»Aber etwas stört mich an den Menschen doch«, unterbrach Axel meine Gedanken.
»Was meinst du?«
»Den Umgang mit Frauen, diese Unterdrückung.«
»Moment!«, damit war ich nicht einverstanden. »Wenn du von Unterdrückung sprichst, dann kannst du nicht die ganz normalen Leute meinen. Im Gegenteil, ich finde, dass Frauen ein sehr hohes Ansehen genießen, auch wenn sie in ihren Freiheiten von der Regierung beschnitten sind. Aber das kannst du schwerlich den einfachen Leuten anlasten.«
»Du hast ja Recht«, antwortete Axel. »So meinte ich das auch nicht. Mich stört dieser zwanghafte Ausschluss. Kein Mann kann mit Frauen in der Öffentlichkeit normal umgehen. Die wissen ja gar nicht, wie das geht!«
»Aber auch das ist staatlich verordnet, oder zumindest eine Folge der bestehenden Gesetze ...«
»Sicher. Aber gut finden muss ich das deswegen noch lange nicht.«
Ich musste an Mashhad denken. Dort hatten wir uns mit ein paar jungen Iranern angefreundet, die uns die Stadt zeigten. Bei allem, was wir unternahmen, gab es nur Männer. Selbst auf Partys blieben die Mädchen ausgesperrt. Meine Sache war das nicht. Als Axel unseren iranischen Freunden sagte, wie befremdend das auf uns wirkte, waren sie ganz wild darauf, uns in der Uni oder im Restaurant Mädchen vorzustellen.
»Mit denen könnt ihr euch dann nachher unterhalten«, erklärten sie mit breitem anzüglichen Grinsen. Sie hatten nichts verstanden.

Aber konnten sie das überhaupt begreifen? Die Welt von der ich sprach, das was ich meinte, kannten sie nicht. Der Tschador, der für mich zum Symbol dieser verklemmten Doppelmoral geworden war, war für sie etwas absolut Normales, Alltägliches. Etwas, worüber keiner nachdachte. Plötzlich hasste ich ihn und Axel ging es nicht anders. Wir wollten raus aus diesem Land. Schnell. Wohl wissend, dass es nicht unser letzter Besuch gewesen sein würde.

Da der Weg über Afghanistan von marodierenden Milizen versperrt war, ließen wir uns unsere inzwischen recht stattlichen, von den Taliban übrigens vorgeschriebenen Vollbärte abnehmen und radelten zur turkmenischen Grenze. Von der Dasht e Kavir in die Karakum, vom Salz in den ›schwarzen Sand‹.

Entgegen sämtlichen Befürchtungen machten die Turkmenen bei der Einreise keinen Ärger. Selbst die iranischen Grenzer, die uns die Ausreisestempel gaben, lächelten nur mitleidig.

»Was? Ihr wollt bei den Turkmenen mit neuen Pässen einreisen? Seid ihr wirklich sicher, dass ihr das wollt? Na ja, es ist ja noch früh am Tag. Dann könntet ihr das vielleicht sogar noch heute schaffen.«

Wir hatten die turkmenischen Visa in die neuen, noch unbenutzten Pässe stempeln lassen, in denen sich auch alle weiteren Visa angesammelt hatten. Doch die Sorge war unbegründet.

Eine Überraschung hatten die Turkmenen dennoch für uns.

»Stoi, halt! Ihr müsst desinfiziert werden.«

Ein Grenzer hielt uns an. Umständlich holte er eine transportable Pumpe hervor und begann, missmutig mein Vorderrad mit einer ölig riechenden Flüssigkeit einzusprühen. Dann verlangte er etwas Geld, winkte uns aber gleichgültig weiter, als er merkte, dass wir es nicht so schnell herausgeben würden. Wir konnten passieren.

Gleich hinter der Grenze erstreckte sich eine endlose, ebene Wüste. Eine kahle, sandige, fahlgelbe Platte, in der Ortschaften genauso selten vorkamen wie Trinkwasser. Dennoch ist diese Wüste nicht tot. Überall wachsen verstreut die genügsamen, robusten, graugrünen Sausalbbüsche, deren Wurzeln selbst den wandernden Sanddünen noch ein wenig Halt geben.

Bevor wir in die Wüste aufbrechen konnten, mussten wir uns in der winzigen, verkommenen Grenzstadt Sagrat auf die nächste Strecke vorbereiten, Essen und Wasser besorgen und uns vor allem nach den

Straßenverhältnissen erkundigen. Auf unserer Karte war keine Straße eingezeichnet und wir hatten deswegen ein ungutes Gefühl.

Typisch russische Billighäuser aus unverputztem Mauerwerk säumten die breiten, in der Mittagssonne glühenden Straßen. Nur die wenigsten waren mit Betonplatten befestigt, deren Stöße sich mit der Zeit in tiefe Absätze verwandelt hatten. Obwohl nirgends Schatten spendende Bäume wuchsen und die Sonne langsam in den Zenit wanderte, waren die Straßen belebt. Ich war erstaunt, wie viele Frauen in der Stadt unterwegs waren. Weit mehr als Männer. Große, schlanke Frauen mit hübschen Gesichtern, offenem Blick, hohen Wangenknochen und dunklen, runden Augen. Ihre bunt bestickten Kleider brachten etwas Farbe in das sonst so blasse Wüstengelb, das die Stadt fest im Griff hielt.

In einem kleinen Laden bekamen wir Früchte und leckeres, dampfendes Fladenbrot aus Sauerteig. Wir wollten uns gerade vor einem Nachbarhaus in den Schatten setzen, als wir von einer dicken Babuschka hereingewinkt wurden. Wir sollten uns drinnen an den Tisch setzen und dort essen. Das Fladenbrot mit Salz, Gurken, Zwiebeln und Tomaten schmeckte gut wie lange nicht mehr. Inzwischen alberte die Frau mit uns herum und rief ihre zwanzigjährige Tochter hinzu.

»Nehmt sie doch mit. Sie ist eine gute Frau«, bat sie uns. »Sie ist hübsch, kann eure Sachen waschen, nur mit dem Kochen tut sie sich etwas schwer.«

»Aber kann sie auch Fahrrad fahren?«, fragte Axel. »Jeden Tag so um die hundertdreißig Kilometer?«

»Erst einmal müsst ihr sie natürlich etwas anfüttern. Ihr seht ja selbst, an ihr ist nichts dran. Na gut, fast nichts.«

Solche Gespräche gaben natürlich Stoff für alberne Witze, Lachen und Flirten. Dila, ein wirklich hübsches Mädchen mit Kopftuch und eng geschnittenem Kleid spielte das Spiel mit. Mal tat sie verschämt, dann lachte sie aus vollem Herzen, stets aber hielt sie etwas Abstand zu uns. Und wir genossen nach einer langen Zeit wieder den Umgang mit einer jungen Frau.

Die Straße nach Mary war winzig und kaum befahren. Sie führte durch eine ebene, an vielen Stellen salzverkrustete Wüste. Überraschend schnell trockneten uns Sonne und Wind aus. Nach Stunden kam der erste Lastwagen und hielt an, nachdem Axel mit der linken Hand seine leere Wasserflasche in die Luft gehalten hatte.

»Können wir vielleicht noch ein kleines bisschen Wasser bekommen? Wir haben uns verschätzt.«

»Klar doch. So viel Wasser, wie ihr wollt. Nur mit dem Wodka sieht es gerade schlecht aus.«

Die Temperatur war auf neununddreißig Grad geklettert. In dieser Hitze wären wir sicher schon nach einem Schluck Alkohol einfach umgefallen.

Wir hatten uns innerlich auf monotones, abwechslungsloses Radeln eingestellt, doch plötzlich wurde die Wüste vor uns grün! Nicht etwa vor Bäumen oder Sträuchern. Nein, richtig saftig grünes Gras und sogar Schilf wuchs aus dem sonst so trockenen Boden! Wir waren verblüfft und konnten uns nicht erklären, warum. Wo kam das Wasser her? Die Erklärung floss kurz darauf vorbei: Ein breiter Kanal, in dem das Wasser mit hoher Strömung dahinflutete.

»Das gehört eigentlich in den Aralsee.« Axel sprach aus, was ich dachte. »Der See trocknet aus und wird zu einer Wüste, die hier bewässert wird.«

Eine ökologische Tragödie, die wohl sowjetischem Größenwahn geschuldet ist. Ich ärgerte mich darüber. An vielen Stellen lagen beiderseits des Kanals große, flache Wasserlachen, mit Schilf bewachsen.

»Und in Aralsk werden ständig internationale Konferenzen abgehalten, wo darüber diskutiert wird, wie der See noch zu retten ist. Das ist doch idiotisch. Die sollen einfach damit aufhören, die Wüste zu bewässern!«

»Irgendwo habe ich gelesen, dass die Teilnehmer bei solchen Konferenzen Fisch aus den Kanälen essen, die das Wasser vom Aralsee ableiten.«

Am Ufer stand eine kleine, armselige Bretterhütte, in der ein paar Arbeiter hausten. Sie winkten uns zum Tee heran. Ein kleinerer Mann holte einen uralten, löchrigen Teppich aus dem Haus und legte ihn davor in den Schatten. Ein anderer besorgte ein paar Kissen, schon wurde das Plätzchen gemütlich. Tee und Honig vom Bienenstock nebenan machten die kleine Runde komplett.

Ich hatte einige Probleme damit, mein Russisch aus den hinteren Hirnwindungen wieder hervorzukramen. Der Unterschied zum Iran, wo wir genau genommen kein Wort Farsi sprechen konnten, war trotzdem gewaltig. Jetzt ergab sich sogar eine Art Unterhaltung.

Die Arbeiter hatten den Kanal und einige entfernt liegende Baumwollfelder in Schuss zu halten. Sie trugen die charakteristischen russischen Trainings- und Uniformhosen und relativ warme Hemden, trotz der Hitze. Zwei sahen aus wie Russen, die anderen hatten den mittelasiatischen Einschlag der hiesigen Turkvölker. Aber alle fühlten sich als Turkmenen und hielten auf ›Turkmenbashi‹, den Präsidenten des Landes, große Stücke.

Saparmurad A. Nijasow, wie der mit bürgerlichem Namen heißt, wurde 1990 zum Vorsitzenden des Obersten Sowjets von Turkmenistan gewählt. Nach der Unabhängigkeit änderte die Kommunistische Partei, die er anführte, ihren Namen in ›Demokratische Partei Turkmenistans‹, Oppositionelle Parteien erfuhren zu dieser Zeit starke Einschränkungen. Bei der letzten Präsidentschaftswahl, die mittlerweile sieben Jahre zurück lag, stimmten offiziell 99,9 Prozent der Wähler für ihn. Nach ›Turkmenbashi‹ wurden Städte, Straßen, Plätze, Banken und sogar ein Meteorit benannt. Die vielen Statuen in den Ortschaften sind nicht zu übersehen. ›Turkmenbashi‹ ist der ›erste offizielle turkmenische Held‹, und so prangt von jedem öffentlichen Gebäude sein von einem feisten Kinn verunziertes Gesicht. Dieses Doppelkinn ziert außerdem jede einzelne Geldnote in Turkmenistan. Platz für ›Nullen‹ schien es auf den Scheinen ausreichend zu geben: Wir hatten eine Deutsche Mark gegen zehntausend Manat getauscht.

Einen solchen Personenkult wie in diesem Land hatte ich bisher noch nirgendwo auf der Welt erlebt. Aber in Turkmenistan schien er Früchte zu tragen. Fast alle Turkmenen, die wir darauf ansprachen, sprachen von großem Respekt für ›Turkmenbashi‹. Er habe das Land schließlich zu dem gemacht, was es ist! Und das will was heißen.

Was das ist, nämlich eines der ärmsten Länder Zentralasiens, interessiert offenbar niemanden. Auch der Blick hinter die Kulissen des Helden offenbart nicht nur Heldenhaftes. Die Pressefreiheit hatte ›Turkmenbashi‹ kurzerhand aus der Verfassung gestrichen. Oppositionelle, so wurde erzählt, befanden sich nach guter alter sowjetischer Tradition entweder in der Irrenanstalt oder hatten sich in letzter Minute ins Ausland geflüchtet. Wenn sie Glück hatten. Denn in Turkmenistan werden, bezogen auf die Bevölkerungszahl, weltweit die meisten Menschen hingerichtet; im Jahr fast fünfzehn Leute auf eine Million Einwohner.

Doch das interessierte die Kanalarbeiter, die mit uns Tee tranken, bestimmt nicht. Ihnen ging es um praktische Dinge.

Einer mit dichten, dunklen Brauen, dessen warmes Lächeln seine kalten, stechend blauen Augen Lügen straft, sagte: »Wegen Wasser braucht ihr euch von hier an keine Sorgen mehr zu machen. Spätestens alle fünfzig Kilometer kommt ihr an einen Kanal.«
»Und gibt es an den Kanälen auch Dörfer, leben da Leute?«
»Das nicht unbedingt. Es gibt zwar überall solche Hütten wie hier, doch die Arbeiter ziehen immer wieder weiter. Genauso, wie wir das auch machen.«

Die nächsten fünfzig Kilometer in der nun ›grünen Wüste‹ blieben klimatisch angenehm. Deutlich spürte ich die höhere Luftfeuchtigkeit. Es tat mir allerdings weh, wenn ich das saftige Schilf einerseits und nur wenige Meter entfernt die versengten Böden mit den weißen Salzkrusten sah. Doch es gab noch mehr, das mich befremdete. Ständig hörte ich lautes Vogelgezwitscher und Kuckucksrufe, die ich viel eher mit einem europäischen Frühlingswald in Verbindung gebracht hätte als mit einer Wüste. Krönung dieses unwirklichen Szenarios war ein zum Imbiss umfunktionierter alter Bauwagen an einer kleinen Kreuzung.
»Riechst du das?«, rümpfte Axel die Nase.
Wir bremsten.
»Das kann doch nicht sein«, dachte ich laut, als mir beißender Fischgeruch in die Nase fuhr.
»Dort oben drüber steht es geschrieben«, rief Axel, »gegrillte Fischstückchen. Ich fass' es nicht. Fisch in der Wüste! Dann stimmt das mit den Fischen auf der Aralkonferenz also doch?!«
Ich konnte der Versuchung nicht widerstehen und genoss den Fisch aller Vernunft zum Trotz. Jetzt, wo er einmal gebraten vor mir lag, konnte ich ihn auch essen.

Kurz hinter Mary, der Stadt mit der angeblich weltweit niedrigsten Luftfeuchte und einigen vergoldeten, nachts angestrahlten Turkmenbashi-Statuen, überquerten wir den gewaltigen Karakumkanal, der fast tausendfünfhundert Kilometer lang vom Amudarja ans Kaspische Meer führt. Enorme Wassermengen schossen dahin. Dagegen nahm sich der Amudarja selbst, den wir später, kurz vor der usbekischen Grenze, überqueren sollten, wie ein Rinnsal aus. Das Flussbett war schätzungsweise fünfhundert Meter breit, der eigentliche, Wasser führende Fluss nur noch etwa fünfzig. Dabei war er so flach, dass kein Boot, geschweige denn so große Schiffe hätten fahren können, wie sie auf den Kanälen unterwegs waren. Die Pontonbrücke, die über den Amudarja führte, lag auf Grund.

Die Wüste wurde zunehmend trockener. In dem Maße, wie die Sausalbbüsche spärlicher wurden, warf sich der Sand immer häufiger zu Dünen auf. Einzelne waren völlig gras- und buschlos. Plötzlich hörten wir am Straßenrand ein leises Fauchen. Im ersten Augenblick dachte ich an eine Schlange. Doch dann entdeckte ich eine tellergroße Schildkröte, die sich gerade anschickte, über die Straße zu kriechen. Axel las sie auf, um sie auf die andere Seite zu bringen. Dabei hakte die Schildkröte so mit ihren Krallen nach ihm, dass er sie erschrocken fallen ließ.

»Blödes Vieh! Ich wollte dir doch nur helfen«, fluchte er.

Einige Dünen später begegneten wir einem Kamel. Doch war es nicht, wie ich anfangs vermutete, verwildert. Ein alter Strick, den es um den Hals trug und der jeden Moment abzufallen drohte, deutete auf gelegentliche Pflege. Tatsächlich erreichten wir wenig später einen Ort, den wir erst sehr spät wahrgenommen hatten. Er wurde so ganz allmählich von Sanddünen erdrückt. Die meisten Häuser waren verlassen. Bäume oder Gras gab es keines. Nur ab und zu die widerstandsfähigen Sausalbbüsche, die angeblich selbst mit salzigem Wasser noch ganz gut gedeihen.

Der ganze Ort strahlte Endzeitstimmung aus. Ein heulender Wind strich über die verrosteten, geknickten Antennen auf den Dächern und verteilte den Sand zielgenau dorthin, wo er am meisten störte. Ein Laster wühlte sich auf der Dorfstraße mühsam frei und zwei Kamele blökten dazu wie Schafe. Ein Hund mit einer Handteller großen, faulenden Wunde lag vor einer eingefallenen Hütte, die noch immer als Restaurant diente und leckte sich den angewehten Sand aus dem Fleisch. Eine alte Frau mit dunkler, lederner Haut und acht sichtbaren Goldzähnen wohnte darin. Sie gab uns Mantis, gefüllte Teigtaschen, mit Brot – das einzige Essen, das hier zu bekommen war.

Wenig später passierten wir einen Wüstennationalpark, dem es auch nicht besser ging als der Ortschaft. Heute diente er offenbar als Weideland für Kamele. Auf zwei verrosteten Schildern kündeten kyrillische Buchstaben vom Anfang und Ende des 1928 gegründeten Nationalparks, der die Sowjetunion nur um wenige Jahre überlebt hat. In einem einsamen, verlassenen Haus am Straßenrand, das früher mal eine hübsche Gaststätte gewesen sein muss, entdeckte Axel ein vergilbtes Gästebuch mit Verewigungen: »Nach fünf Stunden Karakum und schönen Beobachtungen der Tierwelt waren wir froh, hier nicht nur die Mittagshitze zu überstehen, sondern auch sehr gut und sehr reichlich essen zu können. Das Restaurant hat uns sehr gut gefallen. Es hat eine sehr gute Lage für Ornithologen (...). Sicherlich werden bald ganze Karawanen von Naturfreunden hierher ziehen. Wir sind sicher. Sie werden alle so zufrieden sein wie wir! Gruppe NATUR-Studienreisen Northeim, 27.03.1989.«

Eine Touristengruppe aus der DDR begann am 17.07.89 ihren Eintrag: »Gleich einem Märchen aus Tausendundeiner Nacht erlebten wir die ›Kaffee‹-Oase in der Wüste Karakum.«

Drei Monate später aßen hier Ostberliner: »Die Bewirtung in dem gastlichen Haus war für uns alle eine echte Überraschung. Die Tafel war sehr festlich gedeckt, die Speisen haben ausgezeichnet geschmeckt und die Bedienung war schnell und freundlich. 27.10.89. Es danken alle Teilnehmer der Reisegruppe 8/5503 aus der DDR/Berlin«

Endlich näherten wir uns dem Ende der Wüste. Vor uns tauchten Schornsteine auf, die riesige, weiße Qualmwolken ausstießen. Andere Anzeichen dafür, dass die Industrieanlagen noch in Betrieb waren, bemerkte ich nicht. Nirgends eine Regung. Lag es daran, dass Sonntag war? Alles wirkte kaputt und verlassen. Am Eingangsbereich gab es einige kleine Zierteiche. Im Wasser schwammen statt Fischen aufgequollene Zigarettenstummel. Es roch nach altem, ausgelaufenen Öl. Betonierte Radwege, die in die nahe Stadt führten, waren alle zwei Meter gebrochen. Aus den Ritzen wucherte Unkraut. Etliche monströse Bushaltestellen wurden offenbar schon seit Ewigkeiten nicht mehr benutzt. Hier hielt niemand mehr an.

Die sozialistische Planwirtschaft brauchte solche Bushaltestellen. Wenn auch nur dafür, dass ihre Wände den nötigen Platz gaben für Gemälde, auf denen heldenhaft in die Zukunft schauende Bauarbeiter mit Helm und Notizblock siegesbewusst vor sich hinlächeln.

Chardzhev, die letzte große Stadt vor der usbekischen Grenze, hieß nach einem Namenswechsel Turkmenabad. Ich hatte das Gefühl, dass dies noch nicht der letzte Name sein würde. Unwillkürlich musste ich an eine Karte von Turkmenistan denken, die ich in Mary in einer Gaststätte gesehen hatte. Mindestens zwanzig Städte darauf hatten neue Namen bekommen. Sie waren mit Schreibmaschine geschrieben, ausgeschnitten und über die alten Namen geklebt worden. Das Volk ist eben pragmatisch geworden im Umgang mit der Vergangenheit. Man weiß schließlich nie, was die Zukunft bringt. Die offizielle Schrift in Turkmenistan soll allein im zwanzigsten Jahrhundert viermal gewechselt haben: von Arabisch zu Latein, dann zu Kyrillisch und nun wieder zurück zum Latein.

Usbekistan empfing uns mit einem Problem ganz anderer Art. In der Bank der riesigen Grenzanlage wollten die Angestellten nur Dollar, keine Mark. Ratlos fragte Axel einen Grenzoffizier:
»Wissen Sie, wo man hier Geld wechseln kann?«
»In der Bank. Schwarz tauschen ist in Usbekistan verboten«, erhielt er als Antwort.
»Aber die Bank nimmt doch keine D-Mark«, entgegnete Axel.
»Dann wechselt ihr eben bei mir«, überraschte uns der Grenzer.
»Und zu welchem Kurs?«
»Zum offiziellen Schwarzmarktkurs von neunhundert Sum für einen Dollar. Macht viertausend Sum für hundert Mark«.
Axel reichte dem Offizier einen Hundertmarkschein und nahm seinerseits zwanzig Zweihundert-Sum-Scheine entgegen. Wir bedankten uns und fuhren weiter in die Wüste Kysylkum, den ›roten Sand‹. Allmählich begann ich an Verschiedenem zu zweifeln. Die Kysylkum ist ebenso wenig rot wie die Karakum – ›schwarzer Sand‹ – schwarz ist. Wir hatten gerade sechs Kilometer hinter uns gebracht, als mir klar wurde, dass der Offizier Axel übers Ohr gehauen hatte. Wenn ein Dollar Neunhundert Sum wert war, entsprachen viertausend Sum etwa zehn Mark. Und nicht hundert, wie wir getauscht hatten! Wir sind zwar nicht geizig, aber neunzig Mark einfach so in den Wind schreiben? Niemals! Axel trampte zurück zur Grenzstation, ich setzte mich zum Tagebuch schreiben an einen Kanal neben der Straße.

Nach einer halben Stunde kam Axel mit einem nun viel dickeren Bündel Geld zurück. Ein paar dicke Babuschkas, die an der Grenze einige Marktstände betreiben, hatten ihm dabei geholfen. Er musste nur die Sachlage etwas verschärft darstellen und dann hinzufügen, dass uns so was in Turkmenistan nicht ein einziges Mal passiert sei. Daraufhin zeterten die Mütterchen los und hätten den Grenzer beinahe gelyncht. Aber Axel blieb Diplomat genug, um ihm den Ausweg, er habe sich ›verrechnet‹, nicht zu verstellen. So blieb der Offizier unversehrt, und wir bekamen unser Geld zurück. Ich musste grinsen. Nicht den geringsten Zweifel hatte ich gehabt, dass Axel mit dem eingebüßten Geld zurückkommen würde.

»Als du jetzt zurückgefahren bist, hab ich mal drüber nachgedacht, warum wir übers Ohr gehauen wurden. So ein blöder Fehler passiert uns doch sonst nicht. Vor allem nicht, wenn wir schon ein ungutes Gefühl haben.«

»Und? Woran soll das nun gelegen haben?«, Axel schaute mich verwirrt an.

»Ganz einfach: Wir denken viel zu langsam.«

Der Blick, den ich nun erntete, hatte schon etwas Mitleidiges an sich.

»Ich meine das im Ernst. Achte mal auf dich selbst. Wenn du ausgedörrt und erschöpft durch die Hitze der Wüste radelst, dann konzentriere dich mal darauf, wie schnell sich deine Gedanken so formen. Das geht sehr viel langsamer als unter normalen Umständen.«

»Darüber muss ich erst mal nachdenken«, Axel wiegte den Kopf und feixte.

Buchara, die Stadt, auf die ich mich schon lange gefreut hatte, lag nicht mehr weit entfernt. Die weltberühmte Altstadt ist immer noch ausgesprochen sehenswert: Ehrwürdige Moscheen, alles überragende Minarette, elegante Medressen, wunderschöne Mosaike. Leute auf der Straße, Händler, sonnengetrocknete Lehmgebäude – Bilder, die ich von Fotos her schon kannte. Wir kletterten auf das Kalon-Minarett, das mit siebenundvierzig Metern das höchste Zentralasiens sein soll. Die Aussicht von oben war im Mittelalter das letzte, was eine Ehebrecherin genießen durfte, bevor sie in einen Sack gesteckt und hinuntergeworfen wurde. Das Minarett ist aus gebrannten Ziegeln errichtet, hat aber verschiedene, wie Ringe anmutende Verzierungen, die es eben nicht einfach wie einen farblosen Turm aussehen lassen, sondern ihm eine elegante Mischung aus Funktionalität und Schönheit geben.

Trotz solcher einmaligen Gebäude waren meine ersten Eindrücke von Buchara gespalten. Wunderschön, einmalig, geschmackvoll restauriert – was ich wirklich nicht oft sage – und doch fehlte Leben, jedenfalls das Leben einer normalen Stadt. Buchara erinnerte mich an ein übergroßes Museum mit vielen Verkaufsständen. Anders ausgedrückt: Eine Stadt, der erst Besucher eine Berechtigung geben.

In den Straßen standen hauptsächlich Verkäufer, die den Heerscharen von Touristen ihren Kram andrehen wollten. Sämtliche Gassen und erst recht jedes besondere Gebäude war von Besuchern in Beschlag genommen. Einheimische Touristen schlenderten zwar weit mehr über die Straßen als Ausländer, jedoch wirkten die Ausländer, besonders solche in kurzen Shorts oder die in den bekannten Reisegruppen auftretenden Japaner eben besonders auffällig.

Hier in Buchara hatten wir auch den ersten großen Ärger mit der Polizei. Genau diese Art Ärger, von der wir schon so viel gehört hatten: Wir machten einen Rundgang durch die Neustadt, die fast nie von Touristen besucht wurde, jedenfalls nicht zu so später Stunde. Es war kurz vor elf. Irgendwo stand ein Polizeiauto. Als wir vorbeiliefen, sprachen uns die Polizisten an.

»Ihre Pässe.«

Wir hatten kein ›bitte‹ gehört und ließen sie stehen. So, als ob wir sie nicht gehört hätten und wie wir es schon tausendmal gemacht hatten. Doch diesmal sollte es nicht so reibungslos ablaufen wie sonst. Die Polizisten sprangen in ihr Auto, fuhren los und hielten einige hundert Meter vor uns erneut. Wütend schrieen sie uns an. Wir hatten gehört, dass usbekische Polizisten Touristen nicht so einfach kontrollieren dürfen. Diese Anordnung soll wohl die grassierende Korruption etwas eindämmen. Allerdings hielten sich Polizisten nie daran. Mit dem Gefühl, im Recht zu sein, schrieen wir zurück. Hier in der Dunkelheit würden wir sowieso nichts herausgeben oder zeigen.

Mit fürchterlich wütenden Mienen begleiteten sie uns bis unter eine Straßenlaterne. Wieder Geschrei und Geschubse. Nein, unsere Pässe würden wir erst zeigen, wenn wir ihre gesehen hätten! Noch sehr viel wütender zeigte uns einer seinen Pass. Er hatte die Nummer 07896. Den handgeschriebenen Namen konnte ich nicht so schnell lesen. Nun erst gab Axel seinen Pass raus. Wieder Geschrei. Meinen Pass wollten sie natürlich auch haben. Doch ich machte ihnen klar, dass ich meinen Pass unter keinen Umständen hergebe, solange Axel seinen noch nicht zurück hat. Die Wut der Beamten, die freilich nur ein bisschen Bakschisch, also Schmiergeld wollten, steigerte sich ins Unermessliche.

»Sie dürften so spät nicht unterwegs sein!«, brüllte der dicke, schnauzbärtige Beamte mit sich überschlagender Stimme. »In welchem Hotel schlafen sie überhaupt?«

»Wollen sie uns zurück bringen? Das ist sehr nett, aber wir möchten uns doch lieber noch etwas die Beine vertreten.«

Provozieren konnten wir genauso gut.

»Raus aus Usbekistan«, japste der Kleinere der beiden. »Morgen schmeißen wir euch aus dem Land! Und du«, er zeigte auf Axel, »steigst jetzt in den Wagen. Dort bekommst du deinen Pass zurück.«

Ganz so blöd waren wir nicht, einfach in ein Auto einzusteigen oder den zweien den Namen unseres Hotels zu nennen. Nach weiteren zehn Minuten und hitzigen Diskussionen hielt Axel seinen Pass wieder in zittrigen Händen.

»Sie gehen jetzt sofort zurück ins Hotel«, donnerte der Dicke, dem inzwischen Schweißperlen auf die Stirn getreten waren. Der sich überschlagenden Stimme nach schien er einem Herzinfarkt nahe zu sein.

»Einen wunderschönen guten Abend noch!«, verabschiedeten wir uns. Natürlich gingen wir in die entgegengesetzte Richtung.

Trotzdem hatte der Vorfall unsere Laune gedämpft. Also dehnten wir unseren Rundgang nicht allzu sehr aus, sondern setzten uns in einen kleinen Biergarten, der voll lärmender junger Leute war.

»Scheißbullen hier«, platzte es aus mir heraus, »die wollten doch nur Geld von uns!«

»Und hundertprozentig kriegen die keins«, wetterte Axel, der so grimmig blickte, als hätte er sich mit den Fäusten freigeboxt. »Nicht solche Arschlöcher wie die.«

Ich wurde allmählich nachdenklich.

»Allein hätte es jeder von uns sehr schwer gehabt, sich gegen die beiden zu behaupten. Das klappt nur, weil wir uns aufeinander verlassen können.«

»Aber warum erwischt es von tausend Touristen, die hier in Buchara herumlaufen, ausgerechnet uns?«, überlegte nun auch Axel.

Der Grund lag für mich auf der Hand: »Ist doch klar. Das liegt daran, dass wir eben nicht nur die ausgetretenen Pfade gehen. Normale Touristen bleiben abends in der Altstadt oder im Hotel. Was sollen sie auch sonst tun?«

»Ja, aber das ist nur ein Teil der Wahrheit«, warf Axel ein. »Ich denke, dass wir irgendwie unbewusst solche Situationen provozieren. Regelmäßig quatscht uns doch irgendein Polizist an. Das passiert uns, weil genau das eben Usbekistan auch ausmacht. Und nicht nur hier. Auf diese Weise lernen wir die Länder eben auch von ihrer weniger schönen, aber deswegen nicht weniger interessanten Seite kennen. Die Seite, die für

Einheimische viel mehr zur Realität gehört als eine nette Moschee oder ein schönes Minarett.«

Axel ließ den Kopf sinken. Er war zu müde, das Thema noch ausgiebig zu diskutieren.

»Wenn die gewusst hätten, wie du heute Vormittag vom Geldtauschen zurückkamst, hätten die uns nie so schnell ziehen lassen.«

Axel grinste.

»Du meinst die sechshundert Mark, die ich umgetauscht habe«, stellte er fest.

Weil wir schon an der Grenze erlebt hatten, welche Probleme beim Umtausch von Mark auf uns zukommen konnten, hatten wir beschlossen, das ganze Geld gleich auf einmal für Usbekistan zu tauschen. Axel war erst nach Stunden mit einer großen, undurchsichtigen Plastiktüte voller gebündelter Scheine zurückgekommen. Noch nie hatte ich solche Stöße Geld gesehen.

»Was? Das sind wirklich nur sechshundert Mark?« hatte ich völlig entgeistert gefragt.

»Gut eine Viertelmillion Sum in zweihunderter Scheinen«, antwortete Axel.

»Kleiner hatten sie's wohl nicht«, bohrte ich weiter.

»Es soll auch fünfhunderter Scheine geben, aber die sind sehr selten.«

Grob überschlagen entsprachen zweihundert Sum etwa fünfzig Pfennigen.

»Und warum warst du so lange weg?«

»Weil keine Bank so viel usbekisches Geld vorrätig hat. Die scheinen alle ziemlich pleite zu sein. Das musste erst mühsam in mehreren Banken zusammengekratzt werden«, erwiderte Axel lächelnd. »Größere Summen werden grundsätzlich in Dollar bezahlt.«

Beim Anblick der vielen Scheine war mir eine Idee gekommen.

»Wollen wir mal Dagobert Duck spielen und im Geld baden?«

Eigentlich hatte ich für mich längst entschieden, dass ich es tun würde. Die Frage war rhetorisch. Aus dem Spaß wurde harte Arbeit. Wir brauchten über eine Stunde, die Scheine wieder zu bündeln, nachdem wir sie im Hotelzimmer um uns geworfen hatten. Aber was macht man nicht alles, um die Comicfiguren der Jugend zum Leben zu erwecken?!

Als wir Buchara verlassen hatten und uns auf dem Weiterweg nach Samarkand befanden, mussten wir uns noch einige Male über aufdringliche Polizisten ärgern. Straßensperren, von denen wir einmal sieben auf hundert Kilometern zählten, gehören offenbar zu den wichtigsten Einnahmequellen der Staatsdiener. Wenn ich heute an einen usbekischen Polizisten denke, sehe ich vor mir nur ein aufgeblasenes Gesicht mit Trillerpfeife drin. Mit dem Reden taten sie sich ziemlich schwer, weil sie dazu die Trillerpfeife aus dem Mund nehmen mussten. Schafften sie es dennoch, reichte es höchstens zu einem »Stop!« oder »Passport!«.

Aber das mussten wir nicht auf uns beziehen. Wir fuhren jedenfalls immer an den Sperren vorbei. ›Polizisten stehen lassen‹ wurde in dieser Zeit zu unserem Lieblingssport. Das geht freilich nur mit Psychologie. Gewöhnlich schauten wir beim Näherkommen immer den am unentschlossensten wirkenden Polizisten an und warteten bis zu dem Augenblick, an dem er seinen Mund aufmachte, um etwas zu sagen. Dann redeten wir ihn freundlich auf Deutsch an und erklärten ihm, dass wir aus Deutschland kommen und gemütlich nach Samarkand radeln. Dabei fuhren wir natürlich weiter. Diese kurzen Monologe gaben uns in der Regel die nötige Zeit, an ihm und meist auch an allen anderen vorbeizuradeln. Einmal vorbei ging uns das Gepfeife hinter uns nichts mehr an.

Neben der ständigen Polizeipräsenz fiel mir aber noch etwas anderes unangenehm auf: Usbekische Männer schienen hemmungslos zu saufen. Machten sie das in Buchara eher im Verborgenen, reihten sich hier in den Dörfern die Saufkneipen aneinander. Es waren meist Männer zwischen dreißig und fünfzig Jahren, die dem Wodka zusprachen. Schon am frühen Nachmittag, besonders extrem an Sonntagen, begegneten wir an jeder Straßenecke Betrunkenen, die uns zum Mitsaufen einluden. Trotz des starken Windes roch ich die Ausdünstungen der Besoffenen oft noch auf der Straße.

Angetrunkene Männer versuchten uns in ein Gespräch zu verwickeln. Sie waren als Soldaten irgendwann einmal in Stendal oder Magdeburg stationiert. Ihr Deutsch beschränkte sich auf einzelne Brocken wie ›Hitler kaputt‹, ›Auf Wiedersehen‹ oder ›Hände hoch‹. Einer hatte sich ›DDR‹ auf seinen Oberarm tätowieren lassen.

Sobald wir irgendwo hielten, bedrängten uns die grölenden Typen und wollten unsere Hände schütteln. Hatte ich schon früher das Handgeben nie wirklich gemocht, fing ich nun an, es regelrecht zu verabscheuen. Schwabbelige, fettige Hände, von Menschen, die schon am frühen Nachmittag nach Alkohol stanken. Einfach ekelhaft. ›Nie wieder einem die Hand geben!‹ schwor ich mir insgeheim.

Ich fand sowieso erstaunlich, dass Händeschütteln im asiatischen Usbekistan so populär war. Weder in China noch in Indien ist das üblich. Im Gegenteil, es wird dort als ausgesprochen unangenehm empfunden. Selbst im Iran war es unüblich und wurde höchstens von sehr westlich eingestellten Leuten akzeptiert.

Das, abgesehen von einem einwöchigen Durchfall, war dann aber auch schon so ziemlich alles an negativen Erfahrungen.

Samarkand, eine mehrheitlich von Tadschiken bewohnte Stadt an der usbekischen Seidenstraße, fiel für uns zunächst einer Art Übersättigung zum Opfer. Ja, wir sahen den Registan, jene drei wunderschönen Medressen aus der Blütezeit der Stadt, die jetzt zum Wahrzeichen Samarkands geworden sind. Sie sind wirklich großartig und jemand, der so etwas noch nie gesehen hat, wird stark beeindruckt sein. Aber wir hatten nun schon zuviel davon aufnehmen müssen. Das fesselnde Erlebnis der Erstmaligkeit oder der völligen Einzigartigkeit fehlte. Nicht mal die berühmten, von der tief stehenden Sonne angestrahlten Tiger über dem Eingangsportal konnten mich so richtig begeistern. Beim zweiten Blick aber musste ich mir eingestehen, wie außergewöhnlich schön Samarkand ist. Die ganze Stadt strahlte einen ruhigen, wunderbaren Charme aus. Grün, gemütlich, weder sehr modern noch zu rückständig. Die verwinkelte Altstadt, in der die berühmten Medressen und das Grabmal des Guri Amir stehen, ging harmonisch in eine Neustadt über, deren Wohnblocks sich dezent hinter den vielen Bäumen versteckten. Beide Stadtbereiche verschmolzen zu einem Konglomerat. Sie gehörten zusammen, bildeten eine architektonische Einheit.

Probleme hatten Samarkands Bewohner selbstverständlich auch. Viele Kinder wuchsen bei den Großeltern auf, weil die Eltern das Land verlassen hatten. Vorwiegend in Richtung Südkorea oder Israel. Vor allem die geistige Elite versuchte, das Land zu verlassen, mehr Geld zu verdienen und freier zu leben. Das Durchschnittseinkommen im öffentlichen Dienst, so erzählte man uns, liegt bei umgerechnet etwa fünfzehn Dollar pro Monat. Polizisten bekamen, genau wie Lehrer, Ingenieure oder Ärzte, etwa das Doppelte. Alles andere als viel. Kein Wunder, dass sich jeder nach zusätzlichen Einkommensquellen umsah.

In diesem Licht betrachtet taten uns die korrupten Polizisten aus Buchara und an den Straßensperren fast ein wenig Leid...

Hinter Samarkand wurde die Wüste wieder bewässert und war voller grüner Felder. Am Straßenrand, unter ein paar Bäumen fand sich eine Ansammlung von Tschaichanas, Teestuben. Draußen konnte man an Tischen sitzen, die Fahrer der vorbeifahrenden Busse legten hier eine Pause ein. Hier hielten auch wir an und probierten die Mantis: Gebackene Teigtaschen gefüllt mit Sauerkraut und Gehacktem. Aber sie waren für meinen Geschmack zu fettig. Das flüssige, heiße Fett blieb beim Backen in den Teigtaschen und konnte nicht ablaufen.

Nach ein paar steilen Anstiegen auf die Passhöhe erstreckte sich vor uns eine weite, flache Ebene. Eine Ebene wie auf der anderen Seite der Berge auch. Dennoch spürte ich, dass sich vieles geändert hatte. Noch bevor mir Einzelheiten bewusst wurden, stellte ich fest, dass wir mit den Bergen eine kulturelle Grenze überschritten hatten.

Die weit abseits der Straße gelegenen Dörfer waren im klassischen Kolchosstil errichtet. Einheitliche Häuser, in Reihe ausgerichtet, riesige Ställe für Massenviehhaltung. Die Felder waren größer und wiesen nicht mehr die einzelnen Parzellen auf, die ich bisher gewohnt war. Häuser am Straßenrand, vor denen alte Mütterchen Öl oder Honig verkauften, waren komplett verschwunden. Die ›Tschaichanas‹ hießen nun ›Tschochona‹. Mir wurde klar, dass wir jetzt das mehrheitlich von Tadschiken bewohnte Usbekistan verlassen hatten und ins eigentliche Usbekistan hinein kamen. Dazu passte, dass die paar Frauen, die ich jetzt sah, nicht mehr die bunten, tadschikischen Trachten trugen, sondern Kleider mit wesentlich dezenteren Farben.

Die monotone Landschaft tat ihr Übriges. Bewässertes Farmland, massenhaft Kanäle oder Wasserrinnen aus Beton, die unzählige Lecks hatten und einen Meter über dem Boden entlangführten. Stromleitungen verunzierten die windige Ebene, die sich von Samarkand bis zur Hauptstadt Taschkent zieht. Bäume, die den Wind hätten aufhalten können, gab es kaum.

Wir kämpften etwas über hundert Kilometer gegen einen ausgewachsenen Sturm an. Entweder er kam schräg oder direkt von vorn. Es war zum Verzweifeln. Ich fuhr vor, während Axel im Windschatten blieb. Viel mehr als der Körper ermüdet in solchen Situationen der Kopf. Kein

Gedanke, der zu Ende geführt wird. Oft einfach Leere. Selbst der Geist wird träge. Das ist nicht die Trance, wie sie Marathonläufer kennen, oder wie sie sich beim Paddeln auf dem Amazonas eingestellt hatte. Es ist allumfassende Lethargie. Obwohl das Radfahren anstrengend war, fing ich oft an zu gähnen, war unendlich müde. Automatisch, ohne zu denken, fuhr ich einen bestimmten Stil. Ständig mit demselben Kraftaufwand. Mal brachten mich Böen fast zum Stehen, mal beschleunigte ich wieder. Nur wenn sich die Stärke des Windes für eine längere Zeit änderte, schaltete ich in einen anderen Gang. Axel, den in meinem Windschatten die Böen nicht störten, konnte die unvermittelten Geschwindigkeitswechsel oft nicht nachvollziehen. Da er die ›Wenig-Wind-Variante‹ des Radelns, also eine konstante Geschwindigkeit fuhr, kam es mitunter dazu, dass er mich am liebsten überholt hätte, um selbst zu führen. Nur kommt er psychisch nicht so gut mit Gegenwind klar. Er kämpft zu sehr dagegen an. Das ist der falsche Weg. Wind kann man nicht besiegen. Man muss ihn hinnehmen wie lästige Fliegen.

Im Morgenlicht sahen wir auf Äckern Leute beim Hacken. Winzige, bunte Punkte auf endlosen Feldern. Axel machte ein paar Bilder von kleinen Mädchen bei der Feldarbeit. Ich war bei den Rädern, als ein Mann mich ansprach.
»Woher kommt ihr? Wie lange seid ihr schon unterwegs? Wo soll es noch hingehen?«
Ich antwortete ihm. Dann schaute er mich erneut fragend an.
»Ist Usbekistan schön?«
»Ja,« sagte ich, »es gefällt mir sehr.«
»Nein«, stellte er entschieden fest, »wenn Kinder hacken müssen und nicht in der Schule lernen können, dann ist es nicht schön.«
»Usbekistan hat Probleme, vielleicht sehr große Probleme, aber ich mag dieses Land«, beharrte ich.
Ich konnte ihm kaum erklären, wie sehr ich es genoss, wenn wir gemeinsam mit anderen Leuten am Tisch saßen und jemand anfing, Fladenbrote in kleine Stücke zu reißen und jedem ein Stück hinzulegen. Selbst, wenn nicht alles gegessen wurde. Allein diese Geste hatte für mich etwas ungemein Soziales, baute ein Gefühl der Zusammengehörigkeit, eine Herzlichkeit auf, die mich jedes Mal aufs Neue berührte. Auch die Geste des ›Hand-aufs-Herz-Legens‹, die uns nun schon lange begleitete, hat etwas ähnlich Angenehmes. Oft wird sie als Dankesgeste ge-

braucht, bedeutet aber nur, dass etwas herzlich gemeint war. ›Herzlich willkommen‹ zum Beispiel, oder ›Es kommt von Herzen‹.

Oft beobachtete ich bei Männern, wie sie sich mit beiden Handflächen gegenseitig von oben nach unten über die Gesichter fahren. Das erinnerte mich an eine rituelle Waschung und wurde oft zur Begrüßung gemacht. Vor allen Dingen unter älteren Männern. Noch eine Eigenart hier in Zentralasien war, dass der Tee aus der zuerst eingeschenkten Teeschale zweimal zurück in die Kanne geschüttet wird, ehe allen eingegossen wurde. Das aber nur zu Beginn des Teetrinkens. Ich weiß bis heute nicht, was dahinter steckt. Vielleicht ein Ritual, um zu zeigen, dass der Tee nicht vergiftet ist?

Sehr angenehm empfand ich, dass hier die linke Hand wieder für alles verwendet werden durfte. Das ist oft ganz praktisch. Ich hatte mich nie so recht an die arabische Variante der Toiletten gewöhnen können, die daraus besteht, dass anstatt des Toilettenpapiers nur die linke Hand und Wasser verwendet wird. Ich verstand zwar, dass deswegen die linke Hand als unrein gilt, zog es aber trotzdem vor, zwei reine Hände und Toilettenpapier mein Eigen zu nennen.

Als äußerst abstoßend empfand ich dagegen das leider allgegenwärtige Spucken.

»Wie geht's dir, Bruder?« fragte mich ein junger Mann und spuckte sofort nach seiner Begrüßung genau vor meine Füße. So etwas würde man bei uns als ausgesprochen unanständig empfinden. Richtig lästig war jedoch, dass man sich unter keinen Umständen die Nase in der Öffentlichkeit putzen durfte. Das gilt hier wiederum als in allerhöchstem Maße unanständig. Die Alternative, das Ganze die Nase hinaufzuziehen, kam für mich nicht in Frage. Also die Nase besser heimlich putzen. Als wahres Ekelpaket gilt, wer ein benutztes Stofftaschentuch wieder einsteckt. Und das möglichst am Esstisch. Ich glaube, damit kriegt man jeden Mittelasiaten dazu, sich zu übergeben.

Noch eine Geste sollte man hier unbedingt kennen. Wenn sich jemand mit seinen Fingern gegen den Hals schnippt, dann ist das eine Aufforderung zum Trinken. Damit sind natürlich ausschließlich harte Sachen gemeint, also Wodka. Und weil die Gläser jedes Mal sofort leer gemacht werden müssen und augenblicklich wieder nachgeschenkt wird, ist der Ausgang meist vorher klar ...

Wer nicht absolut trinkfest ist, sollte solche Einladungen besser gleich konsequent ablehnen. Entgegen anfänglicher Befürchtungen hatten wir damit keine Probleme. Wir nutzten immer die Entschuldigung, dass wir Sportler seien. Was irgendwie auch stimmt. So wurde dann auch akzeptiert, dass wir nicht rauchten.

Zwischen uns und dem für seine Fruchtbarkeit berühmten Ferganabecken lag nur noch ein kleines Gebirge, dessen Pass nicht viel höher als tausend Meter war. Kaum dass wir das überraschend reich wirkende Angren hinter uns gelassen hatten, eine Stadt, die sehr viel angenehmer auf mich wirkte als andere Industriestädte, die wir vorher durchquert hatten, wandte sich die Straße straff bergauf. An ihr wurde emsig gebaut. Über den gesamten Pass, bis hinunter ins Ferganabecken, war sie auf achtzig Kilometer Länge eine einzige Baustelle. Gut hundert schwere Baumaschinen waren hier im Einsatz. Aber das Ganze war von der Organisation her so unglaublich chaotisch, dass ich Axel eine Wette vorschlug: »Zwei zu eins, dass diese Straße nie fertig wird.«

Axel winkte belustigt ab.

Ich dagegen hätte sofort mein ganzes Geld verwettet. Dauerbaustellen sind ja nicht unbedingt etwas Neues. Aber das hier übertraf alles. Die einzige logische Erklärung schien zu sein, dass der Chef der Baufirma sich einen Dauerauftrag gesichert hatte. Planlos wurde alter, aber auch neuer Asphalt aufgerissen, Asphalt ohne entsprechenden Unterbau aufgetragen; und zwar so, dass im neuen genauso große Löcher klafften wie vorher im alten. Mitunter waren zwanzig Meter säuberlich geflickt, dann wurde anderswo mit riesigen Maschinen die Straße verbreitert. Nein, diese Straße wird nie fertig!

Der Pass, über den sie führte, ist die einzige Verbindung von Usbekistan ins ebenfalls usbekische Ferganatal. Zwar gibt es noch eine große Straße, die wie die Bahn dem Lauf des Syr Darja folgt, doch hat Stalin diese logische Verbindung dadurch unterbrochen, dass er die ganze Region dort Tadschikistan zugeschlagen hat. Dabei gehört die Region um Khojand – dem ehemaligen Leninabad – kulturell, ethnisch und geographisch eindeutig zu Usbekistan. Aber das sind Kleinigkeiten, die Stalin ohnehin nie interessiert haben...

Im Ferganatal liegen die usbekischen Baumwoll- und Seidenzentren. Auch Erdöl wird gefördert. Vor allem ist das Tal aber für seinen fundamentalistischen Islam bekannt, der darin ausufert, dass aus Afghanistan eingewanderte Kämpfer dort einen Gottesstaat errichten wollen. Angeblich gingen die Bombenanschläge in Taschkent zwei Jahre vor unserer Reise auf ihr Konto. Deshalb werden ›fundamentalistische Umtriebe‹ von der usbekischen Polizei hart verfolgt. Moscheen sind teilweise schon seit Jahren geschlossen, weil sie vom Staat auf diese ›Umtriebe‹ hin überprüft werden. So etwas kann ewig dauern.

Das Ferganabecken ist flach und die vielen umschließenden, schneebedeckten Bergzüge von Pamir und Tienshan nicht einmal zu erahnen. Regen fällt selten, aber das ganze Tal lässt sich einfach bewässern. Und das wird es auch. Zusätzlich begünstigt durch den guten Boden und das angeblich beste Klima Zentralasiens wachsen und gedeihen die Pflanzen hier prächtig. Die vielen Schatten spendenden Bäume waren es, die mir die Gegend so sympathisch machten. Viele Straßen sind Alleen gleich mit Maulbeerbäumen gesäumt, die wie Weiden mit kurzen Stämmen aussehen. Jetzt, gegen Ende der Seidenraupenzeit, waren fast alle bis auf einen unförmigen Stumpf abgeholzt, trugen weder Äste noch Blätter. Zwanzig Gramm der winzigen Eier entwickeln sich zu einer Masse von Raupen, die täglich dreihundert Kilogramm frische Maulbeerblätter brauchen. Achtzig bis hundertzwanzig Kilogramm Seidenkokons entstehen daraus. Ich war erstaunt, dass trotz der Produktion niemand Kleidung aus Seide trug. Offensichtlich ist dieser kostbare Stoff, der so mühevoll hergestellt wird, ausschließlich für den Export bestimmt.

Noch wurde kräftig gehackt, und die Traktorhänger voller Äste fuhren Tag und Nacht. Recht bald musste aber auch diese Zeit vorbei sein. Dann konnten die Bäume wieder ausschlagen, ohne dass sie gleich wieder verstümmelt wurden.

Fasziniert schauten wir uns bei ein paar Bauern die Seidenraupenzucht an. Auf einem Gestell in einer schattigen Hütte tummelten sich dicht an dicht zehntausende Raupen auf einem Bett aus kahl gefressenen Zweigen. Sie wirkten träge, entwickelten jedoch eine unglaubliche Energie, wenn Zweige mit frischen Blättern darauf gelegt wurden.

Die Leute, die hier arbeiteten, erzählten, dass sie achtundzwanzig Tage lang von Sonnenaufgang bis Sonnenuntergang für die Raupen arbeiten. Tatsächlich beobachteten wir, dass die Männer noch weit nach Mitternacht Traktorfuhren voller Zweige und Äste brachten, die von den Frauen sofort in handliche Stücke zerhackt, und dann auf das Raupenbrett gelegt wurden.

»Wir müssen Seidenraupenkokons abliefern«, erzählte uns Andrew, ein junger Mann mit tief liegenden Augen, dessen Gesicht durch die fehlenden Schneidezähne entstellt war. Sein Lächeln hatte etwas Grimassenhaftes.

»Warum müsst ihr das?«, fragte ich nach.

»Das Land, das wir bearbeiten, gehört uns nicht selbst. Es wird uns vom Staat nur zur Verfügung gestellt. Aber auch nur, wenn wir jedes Jahr eine im Voraus festgelegte Menge an Seidenkokons abliefern.«

»Das klingt aber, als ob ihr dann für diese Arbeit nicht viel Geld bekommt.«

»Ich würde viel mehr Geld mit weniger Arbeit verdienen, wenn ich mich in dieser Zeit um meine anderen Pflanzen kümmern könnte. Aber wie gesagt, wir müssen Kokons abliefern.«

Schon nach drei Tagen im Ferganabecken hatten wir Andijon im äußersten Osten erreicht. Von hier war es nur noch ein Katzensprung bis ins kirgisische Osh. Wir setzten uns in ein Teehaus, das früher mal eine Moschee war. Es war immer noch sehr hübsch und von einem kleinen, gepflegten Park umgeben. Leider begannen früherer Glanz und Flair zu bröckeln. Stapelbare Plastikstühle passen nun mal nicht in eine alte, ehrwürdige Moschee. Selbst wenn sie jetzt als Teehaus genutzt wurde.

Obwohl wir uns hier in Andijon, einer sehr alten Stadt befanden, die als ausgesprochen traditionell galt, lohnte es sich wieder, den Frauen hinterherzuschauen. Zwar reichte der Mut nur bei wenigen, dann auch eher russisch als asiatisch aussehenden Mädchen, zu Miniröcken. Doch ab und zu konnten wir sogar kurze Hosen genießen, die für Männer undenkbar waren. Auf dem umliegenden Land, das den Traditionen noch viel verhafteter ist, waren solche Anblicke unvorstellbar. Die asiatisch aussehenden jungen Frauen waren dort viel zugeknöpfter angezogen. Sie trugen, wie schon in Buchara und Samarkand hochgeschlossene, über die Schulter reichende, bunte Kleider. Trotzdem sahen sie darin sehr hübsch und fraulich aus. Die langen, schwarzen Haare waren wegen der Hitze meist mit einem Tuch zu einem Knoten hochgebunden. Männer trugen die unvermeidlichen viereckigen, schwarzweißen Usbekenkappen und dazu Hemden, die sie trotz der Hitze bis zum Hals zugeknöpft hatten.

Kurz vor der kirgisischen Grenze brach mir eine Speiche. Ich hatte schon drei verknotete im Hinterrad.

»Soll ich so in die kirgisischen Berge fahren? Vergiss es!«

Axel wusste, dass er gegen mein Sicherheitsbedürfnis schlechte Karten hatte. Ich erklärte ihm, dass zudem meine Nabenschaltung Öl verlor und ich den Verdacht auf einen Platten hatte. Also suchten wir uns eine ruhige, saubere Ecke zum Bauen. Die fanden wir an einer kaum benutzten Tankstelle. Der Platten stellte sich als Fehlanzeige heraus. Öl trat nur deshalb aus, weil Axel irgendwann einmal zuviel nachgefüllt hatte. Ich brauchte nur ein wenig davon abzulassen.

Nur die Speichen machten mir Sorgen. Dummerweise rissen sie wie immer am Nippel, was bedeutete, dass für jede Reparatur eine größere Prozedur vonnöten war. Zwar blieb mir bei meiner Nabenschaltung das lästige Abbauen des Zahnkranzpackens erspart, doch dieser Vorteil wurde durch eine höhere Spreizung der Speichen und damit ihrem Bruch am Nippel erkauft. Außerdem war die verwendete Speichenlänge recht ungewöhnlich. Ich hatte nur noch einen kompletten Satz Speichen, und die waren genau fünf Millimeter zu lang. Was sollte ich tun? Improvisieren und die Speichen wieder verknoten? Ich entschied mich zum kompletten Umspeichen. Die Speichen notfalls dreifach zu kreuzen, war wegen der dafür zu dicken Nabe nicht möglich. Also speichte ich nun um, ohne zu wissen, ob ich beim Anziehen an das Gewindeende der Speichen kommen würde, sie damit also nicht mehr richtig würde spannen können. Doch nach zwei Stunden war ich fertig.

Während ich an meinem Fahrrad herumbastelte, versammelten sich wie immer viele Leute, um mir dabei zuzuschauen. Einer von ihnen, er arbeitete in der Tankstelle, lud uns mit zu sich nach Hause ein. Wir überlegten noch, doch dann sagte er etwas, das uns sofort überzeugte.

»Wenn ihr mitkommt, heize ich die Sauna an.«

»Super!«, rief Axel begeistert. »Das ist genau das, was ich schon lange vermisst habe!«

»Sag mal«, fragte ich ihn. »Schwitzt du beim Radfahren in der Sonne nicht schon genug?«

Aber ich wollte Axel damit nur ein wenig aufziehen. Auch ich freute mich über ein heißes Dampfbad. Schmutz und Schweiß der letzten Wochen hatten ihre Spuren auf der Haut hinterlassen.

Azam, so hieß der junge Mann, war hochgewachsen und dürr. Seine dunklen, leicht schielenden Augen machten einen wirren Blick und passten so gar nicht zu seinem bestimmten, selbstsicheren Auftreten. Das rechte Bein leicht hinter sich her ziehend, führte er uns in sein Anwesen. Ich war überrascht: Mehrere sehr schöne Häuser mit viel Holz und großen Fenstern, die zum Hof hinaus gingen, der gleichzeitig ein gepflegter

Garten war. Im Hof standen neben der Kochstelle auch mehrere Sitz- und Liegemöglichkeiten. Hier spielte sich das Leben ab.

Die versprochene heiße Sauna mit kaltem Pool tat unglaublich gut. Danach setzte uns Azam ein reichhaltiges, vegetarisches Mahl vor. Ein Festessen. Unser Gastgeber servierte leckeren Plow, ein Reisgericht, in dem sich diesmal jedoch kein Fleisch befand, gebrochene Brotfladen, Gurken, Tomaten und einen köstlichen Tomaten-Zwiebel-Kräutersalat mit viel Dill. Nach dem Essen wurde ein wenig getrunken. Für uns als Deutsche gab es eine Flasche kaltes Bier, dann wurden auch wir auf Wodka gesetzt.

»Was habt ihr für einen Eindruck von Usbekistan bekommen«, fragte uns Azam.

»Ich finde es super!«, brach es aus mir heraus. »Ein absolut schönes Land!«

»Was meinst du damit, meinst du Samarkand und Buchara? Das sind wirklich sehr schöne Städte.«

»Nein, mir ging es eigentlich um etwas anderes. Sicher sind diese Städte schön, doch am meisten haben es mir die Menschen angetan. Die sind einfach sehr zuvorkommend und unwahrscheinlich gastfreundlich.«

»Habt ihr wirklich keine schlechten Erlebnisse mit den Menschen hier gehabt?«

Ungläubig schaute mich Azam aus seinen dunklen Augen an.

»Na klar hat's manchmal Probleme mit der Polizei gegeben. Irgendwie wirken auch manche, besonders religiös aussehende Opis recht unfreundlich, aber davon abgesehen fand ich die Usbeken ausgesprochen angenehm.«

»Ja, die Polizei macht häufig Ärger. Und gerade hier im Fergana haben wir auch Probleme mit fundamentalistischen Moslems. Denen sieht man ihre Einstellung aber meist schon an der Kleidung an.«

»Das hab ich auch gedacht«, antwortete ich. »Aber dann ist mir was Komisches passiert. Vor mir lief so ein Opi mit langem, schweren Mantel und Turban auf dem Kopf. Obwohl ich mir sicher war, dass er das nicht mochte, fragte ich ihn, ob ich von ihm ein Foto machen könnte. Und weißt du wie er reagiert hat?«

Azam schüttelte den Kopf.

»Er war strikt dagegen. Aber damit ich mich nicht ärgere, kam er zu mir und hat mich einfach durchgekitzelt!«

Azam schüttelte sich vor Lachen.

»Und ich musste mein Rad festhalten und konnte mich weder wehren noch flüchten!«

KAPITEL SECHS

Umwege

»Sieh mal dort vor uns! Das muss die Grenze sein.«
»Sieht eher aus wie ein großer Markt«, antwortete Axel, als wir uns langsam näherten. »Schau dir doch die vielen Stände an. Das ist ein Markt.«
»Ja, du hast recht. Aber was sagt dein Kilometerzähler? Die Grenze müsste doch auch bald kommen.«
»Dem Kilometerstand nach könnte das schon die Grenze sein. Nein! Jawohl, das ist die Grenze! Dort links, hinter der Blumenfrau, das ist doch eine Grenzstation.«
Frauen in bunten Trachten boten Früchte und frisches Gemüse feil. Heerscharen von Menschen strömten in beide Richtungen, ohne auch nur im Geringsten kontrolliert zu werden. Aus Erfahrung wussten wir, wie lasch die Kontrollen an solchen ›Einkaufsgrenzen‹ sind. Ich wertete das als ein gutes Zeichen.
Nach langem Suchen fanden wir endlich einen Grenzer, der uns unsere Ausreise bestätigen sollte. Dennoch bekamen wir keinen usbekischen Stempel. Statt dessen trug der Beamte mit einem schlecht schreibenden Kugelschreiber umständlich einen Vermerk in unsere Pässe ein.
»Entschuldigung«, lachte Axel ihn an. »Wenn wir das vorher gewusst hätten, hätten wir sie nicht gestört. Diesen Vermerk hätten wir uns natürlich auch selbst in die Pässe eintragen können.«
»In eurem eigenen Interesse, macht das bitte nicht!«, antwortete er lächelnd.
»Und warum nicht? Das sieht doch sowieso keiner, wer das nun eingetragen hat.«
»Ihr täuscht euch. Wir kennen alle Handschriften von den Grenzern, die an Übergängen ohne Stempel arbeiten.«

Mitten im Marktgetümmel kam uns ein österreichisches Pärchen entgegen. Die beiden waren nur ein paar Stunden in Kirgistan gewesen, hörten aber nicht auf, über das Land zu schimpfen. Auf den Wucher, die Betrügereien und überhaupt. Glücklich kehrten sie wieder in das berechenbarere, weil bürokratische Usbekistan zurück.

Ich musste lächeln. Ohne dass ich genau hätte sagen können warum, aber in dem Augenblick, als sich die beiden in ihre Wut regelrecht hinein gesteigert hatten, wusste ich genau, dass ich Kirgistan wieder mögen würde. Schon auf unserer Weltumradlung Mitte der neunziger Jahre hatte ich das Land ins Herz geschlossen. Das Land, in dem Pamir und Tian Shan aneinander stoßen und von dem nur ein Achtel der Fläche unter tausendfünfhundert Metern Höhe liegt, das reich ist an großartiger Bergwelt und in dem stolze, anfangs verschlossene Menschen leben, die einen guten Weg gefunden haben, ihre Traditionen zu bewahren, ohne dass sie sich dabei den Einflüssen der restlichen Welt verschließen. Kirgistan gilt in Mittelasien als eine Oase der Demokratie. Präsident Askar Akajew hatte schon Anfang der neunziger Jahre marktwirtschaftliche Reformen eingeleitet, die allerdings bis heute nicht zu dem erhofften Wirtschaftswachstum geführt haben. So hängt das Land am Tropf von Weltbank und Internationalem Währungsfonds. Über eineinhalb Milliarden Dollar Auslandsschulden sind der Preis dafür, dass man sich hier für mittelasiatische Verhältnisse ausgesprochen sicher fühlen kann.

Erstaunt stellte ich fest, dass es auf kirgisischer Seite überhaupt keine Grenzkontrollen gab. Auch keinen Einreisestempel. Den, so sagte uns ein alter, gebückt gehender Mann, der geflochtene Knoblauchzöpfe verkaufte, müssten wir uns später im Land auf einer anderen Behörde organisieren. Es gab keine Zollpapiere, dafür aber eine Menge privater ›Geldtauschbüros‹, wie sich selbst die letzten Bretterbuden noch nannten – ein offensichtlich freies Land, in dem nicht, wie in den vielen vorher, Behörden alles reglementierten. Leider hat dieses freie Leben aber auch seine Nachteile. Das einen Kilometer entfernte Osh gilt als der wichtigste Umschlagplatz für Drogen und Waffen Mittelasiens. Die zentrale Lage zwischen vielen, im Innern zerrütteten Staaten, in denen Behörden an illegalen Geschäften mitverdienen, macht eine wirksame Bekämpfung praktisch unmöglich.

Doch noch etwas hatte sich seit der Grenze geändert. Die Leute wirkten selbstbewusster. Frauen trugen oft gewagtere Kleidung und die Männer trotz der Hitze auf ihren Köpfen hohe kirgisische Filzmützen. Nicht nur alte, auch jüngere Männer hatten sie sich aufgesetzt. Das erstaunte mich, da sich die ethnische Zusammensetzung in Osh kaum von der im restlichen Ferganabecken unterscheiden dürfte.

Die Abendkühle machte das Schlendern durch die Straßen der Stadt angenehm. Eine Disco hämmerte laute Rockmusik und bunte Schlaglichter auf die Straße. Schummrige Kellerbars mit Polstersesseln und Prostituierten, die ihr Alter vergeblich hinter Dämmerlicht und Schminke zu verbergen suchten, warteten vergeblich auf Kundschaft. Dafür florierte an den wenigen beleuchteten Stellen der Straßenstrich. Kurz dahinter gab es einige gemütliche Restaurants. Das Personal hatte Stühle und Tische nach draußen gestellt, die zu unserer Verblüffung fast alle besetzt waren. All das hatte es in Usbekistan nicht gegeben. Bei einem Bier sprachen wir noch einmal über das österreichische Pärchen und mussten schließlich lachen.

»Die scheinen reichlich Pech gehabt zu haben.«

Axel grinste vor sich hin.

»Du weißt ja, wie es ist«, antwortete ich ihm. »Wenn du einmal so richtig Pech hattest, bleibt es dir meist noch eine Weile treu.«

»Ich glaube aber nicht, dass es damit getan ist, einfach wieder zurück nach Usbekistan zu gehen.« Axel grinste immer noch.

»Aber das braucht uns nicht zu interessieren. Ich würde viel lieber wissen, welche Überraschungen beim Radeln auf uns warten. Ob die Kirgisen auch so viele Straßenkontrollen haben?«

Awdi, ein Student vom Nachbartisch, der unser Gespräch verfolgt hatte und seine Deutschkenntnisse testen wollte, setzte sich an unseren Tisch. Er erzählte, dass Kirgistan gerade das ›Jahr des Tourismus‹ begeht.

»Und was ist in diesem Jahr anders?«, fragte ich ihn.

»Alle touristischen Ziele und Anlagen in den Städten werden verschönert«, antwortete Awdi und fragte hoffnungsvoll, ob nun mehr deutsche Touristen kommen werden.

Ich konnte ihm leider nicht die von ihm erhoffte Antwort geben.

»Es reicht nicht, irgendwelche Grünanlagen zu verschönern«, versuchte ich zu erklären. »Da sind andere Dinge wichtig.«

»Und welche?« fragte er sichtlich enttäuscht.

»Touristisch zuverlässige Infrastruktur zum Beispiel, noch weniger Kriminalität in den Städten, Abbau von Bürokratie einschließlich der Straßenposten und natürlich sehr viel Werbung.«

Ich musste daran denken, dass das Auswärtige Amt in Deutschland nach wie vor von Reisen nach Osh abrät, weil es ganz in der Nähe vor zwei Jahren wieder einmal Kämpfe gegeben hatte.

Kurz nach dem Zusammenbruch der Sowjetunion waren die ethnisch bedingten Konflikte zwischen Kirgisen und Usbeken, die im Verborgenen schon lange schwelten, aufgeflammt und hatten über dreihundert Menschen auf beiden Seiten das Leben gekostet. Doch inzwischen machten die Einheimischen, was sie schon immer sehr erfolgreich getan hatten: Sie passten sich an. Auch in den am schlimmsten betroffenen Dörfern und Familien hatte sich nach zehn Jahren der Frust gelegt. Die Bewohner heiraten wieder untereinander wie eh und je.

Abends lud uns Awdi mit in sein Studentenwohnheim ein. Unablässig, auch dann, wenn niemand hinsah, lief der Fernseher. Die kirgisischen Sender hatten ihre Logos unten links auf dem Bildschirm. Weil die meisten Filme von Sendern aus anderen Ländern ›eingekauft‹ waren, kamen in der linken und rechten oberen Ecke noch deren Logos hinzu. Selbst eine englischsprachige Sendung der ›Deutschen Welle‹ wurde so ausgestrahlt. Mit den Copyrights nimmt man es hier immer noch nicht besonders genau.

Die Krönung aber war ein amerikanischer Film mit spanischem Untertitel und Logos am unteren und oberen Rand. Ein einzelner russischer Sprecher übersprach in diesem Film jeden Dialog, jede einzelne Stimme, egal ob Mann oder Frau. Das hatte ein ganz eigenes Flair. Eine absolut monotone, ruhige und vollkommen emotionslose Stimme textete die gesamte Handlung. In Filmen wie diesem hatten weibliche Schauspieler nur selten das Glück, eine Frau als Sprecherin zu bekommen, deren Stimme der Monotonie der Männer ebenbürtig war. So etwas muss man einfach mal gesehen haben. Selbst Melodramen verkamen dadurch in meinen Augen zu Komödien.

Awdi machte für uns alle eine Suppe, die fettigste, die ich bisher gegessen hatte. Das war nicht ganz nach meinem Sinn. Sie schmeckte zwar, förderte aber leider auch meinen Durchfall, der mich schon seit heute morgen peinigte. Aber da musste ich wohl durch. ›Durchfall ist keine Krankheit‹, redete ich mir in Gedanken gut zu. Leider sorgte grobes Toilettenpapier, von dem ich ab sofort mehr benötigte, schon bald für unsägliche Schmerzen. Es hobelte nicht nur die Hornhaut von meinem Hintern, sondern sorgte auch dafür, dass ganz im Sinne eines Witzes aus DDR-Zeiten ›auch der letzte Arsch rot wurde‹. Bei Durchfall blutrot. Eine unangenehme Nacht stand mir bevor.

Den nächsten Tag schlenderten wir wieder durch die Stadt. Auf dem Markt gab es praktisch alles zu kaufen. Schaschlikspieße, abgebrochene Schlüssel, Ramboposter, weiße, stapelbare Plastikstühle, chinesisches Bier – einfach alles. Irgendwo zwischen all dem Kram entdeckte ich einen alten, kirgisischen Holzsattel, geschnitzt und mit Leder bezogen. Ich verliebte mich augenblicklich in ihn und überlegte nun, wie ich das gute Stück nach Deutschland kriegen könnte. Das klingt schräg, ich weiß, aber ich hatte mich an der Idee festgebissen, das Teil zu Hause auf einen Barhocker zu zimmern.

Es gibt einfach Dinge, die setzt man sich in den Kopf, obwohl man weiß, dass sie kompletter Unsinn sind, man findet dann einen Haufen Gegenargumente und tut es dann doch. Genauso ging es mir mit diesem Pferdesattel, den ich nun mühsam per Rad über die Berge schleppte. Axel gab sich nachsichtig. Allerdings konnte ich mich des Eindrucks nicht erwehren, dass sein Verständnis vor Ironie und versteckten Andeutungen nur so triefte. Nach dem Motto: ›Du hast ja nicht alle Tassen im Schrank‹. Als ich ihn fragte, ob er in Zukunft bei mir Whisky im Stehen trinken wolle, gab er Ruhe. Schließlich war ich immer noch derjenige, der den Sattel zu schleppen hatte.

Wir hatten uns nachmittags mit Awdi verabredet und waren gerade auf dem Weg dorthin, als mein Magen plötzlich wieder an seine Grenzen stieß. Wo gab es hier auf die Schnelle ein Klo? Im Theater! Im Sprint, mit zusammengepressten Knien stürzte ich zum Eingang. Aber ohne Karte war kein Reinkommen! Ich explodierte fast. Ich brauchte die Karte sofort. Die Dame vom Schalter erklärte umständlich, dass der Eintrittspreis sich inzwischen halbiert hätte, weil die Vorstellung bereits seit längerem lief. Das interessierte mich herzlich wenig. Am liebsten hätte ich sie jetzt erwürgt, weil sie nicht daran dachte, mir das Ticket zu geben. Stattdessen begann sie, die Vorzüge der Veranstaltung zu betonen. Sie genoss meine Pein, da war ich sicher.

Endlich hielt ich die erlösende Karte in der Hand, schoss wie ein Blitz durch den Eingang aufs Klo und brüllte Axel noch schnell zu: »Wenn ich in fünf Minuten nicht zurück bin, dann bringe mir Papier! Bitte!«

Schon verschwand ich im dreckigsten, verkommensten Klo, das ich auf dieser Tour bisher gesehen hatte. Doch darüber wollte ich ausnahmsweise hinwegsehen. Ich war schließlich nicht als Hygieneinspektor hier. Trotzdem war ich ›erleichtert‹, dass Axel nicht die vollen fünf Minuten abwartete, bis er mir Papier brachte. Ich war gerettet.

Am nächsten Tag verließen wir Osh.
»Wo geht's nun lang?«
Ich war voller Elan. Die Sonne war noch nicht richtig aufgegangen und in der Morgenkühle fiel das Radfahren leicht. Axel breitete umständlich eine Karte auf meiner hinteren Gepäcktasche aus und zeigte mit dem Finger darauf.
»Hier sind wir jetzt. Entweder wir fahren noch mal fünf Kilometer durch Usbekistan oder achtzig Kilometer Umweg über Leninskoye und Özgön.«
»Kommen wir an der Grenze problemlos durch?«, fragte ich besorgt.
Axel hatte sich in Osh darüber informieren wollen. Mitunter geben Staaten bei solchen Grenzführungen, die natürlich in diesem Fall auch Stalin zuzuschreiben sind, eine Ausnahmeregelung an Passanten aus. Die brauchen sich dann für die paar Kilometer nicht erst den umfangreichen Formalitäten zu unterziehen.
»Keine Ahnung«, erwiderte Axel. »Weder in Osh noch im Reiseführer hab ich etwas darüber rausgekriegt.«
»Na ja, dann lass es uns eben versuchen«, entschied ich kurzerhand.
Wieder wimmelte es an der Grenzstation von Marktfrauen. Für Autos und Motorräder war der Übergang allerdings gesperrt. Ich vermutete, dass irgendwo auf der usbekischen Seite, wie schon an dem anderen Übergang, ein großer Markt sein musste. Hunderte Menschen strömten ins Nachbarland. Einige kirgisische Grenzer schauten zwar etwas verwundert, ließen uns dann aber anstandslos mit der Menge ziehen. Doch hundert Meter weiter, bei den Usbeken, ging plötzlich gar nichts mehr. Axel spulte sein ganzes Arsenal ab. Er versuchte es im Guten, mit Geschrei, mit Tricks, nicht einmal mit ›Eine Ausnahmeregelung, bitte, wir brauchen auch keine Quittung dafür‹ ließen die Grenzer uns durch.
»Dieser Übergang ist geschlossen«, beharrten die Grenzwächter.
»Geschlossen?«, rief Axel mit aufgerissenen, ungläubig blickenden Augen. »Diese Grenze soll geschlossen sein?! Hier rennen doch Tausende rüber!«
Der Offizier, der inzwischen eingetroffen war, antwortete mit stoischer Ruhe: »Diese Grenze ist nur für Kirgisen und Usbeken geöffnet.«
Mist. Dagegen ließ sich schwer etwas einwenden, auch wenn wir es noch lange nicht einsahen. Abgesehen davon hatten wir für Usbekistan sowieso keine gültigen Visa mehr. Resigniert kehrten wir um.

Es war immer noch früh am Morgen, und immer noch hasteten die Leute in Richtung Usbekistan. Wir kämpften uns rückwärts durch den entgegenkommenden Menschenstrom. Die Leute schoben und drängelten rücksichtslos durch die schmale Tür, die die eigentliche Grenze darstellte. So brutales Drängeln und Schieben wie an dieser Grenze hatte ich bis dahin nur in chinesischen Zügen erlebt.

Am schlimmsten führten sich kleine, dicke ›Matroschkas‹ auf, die nicht nur ihre gewaltige Masse einsetzen konnten, sondern diese noch durch den Inhalt unzähliger Taschen, Beutel und Säcke vergrößerten. In ihrem instinktiven Verhalten erinnerten sie mich an einen Haufen gackernder Hühner. Auch die stecken manchmal zu zehnt ihre Köpfe in ein kleines Hühnerloch und verkeilen sich mit ihren dicken Hinterteilen, bis nichts mehr geht.

»Wenn wir weiter so höflich sind, stehen wir heute Abend noch hier.«

Ich war genervt von soviel Egoismus und Ignoranz.

»Dann wollen wir mal ...«

Axel hatte meinen Anstoß wohl gebraucht, denn nun riss ihm der Geduldsfaden. Er tat das, was manche Reisende ›Sich der anderen Kultur anpassen‹ nennen, würzte das Ganze mit einem Schuss Aggressivität und hatten wir das dickste Knäuel hinter uns gelassen. Ich blieb dicht hinter Axel und versuchte, mit freundlichem Grinsen den angerichteten Schaden zu begrenzen.

Meine Fröhlichkeit kam von Herzen, denn es sah lustig aus, wenn Axel auf Leute einschrie, andere dabei festhielt und gleichzeitig die ›Matroschkas‹ samt ihren Gepäckbergen zur Seite drückte, nur um uns mit den Rädern durchzuboxen. Anders ging es nicht. Hühner haben kein Einsehen.

Doch was den Hühnern, oder besser ihren Hinterteilen gut tut, scheinen sie auch hier zu wissen. Jedenfalls verschwand Axels weiches (!) Klopapier im Gedränge. Ein wenig trug er auch selbst Schuld daran. Wie konnte er nur verlockende Kostbarkeiten wie diese offen und sorglos am Rad befestigen?! Außerdem, und das ärgerte mich besonders, hatte er mir in meiner größten Not verschwiegen, dass er noch eine Rolle von dem ›Guten‹ hatte.

Auf einer schlechten, holprigen Straße radelten wir Richtung Osten. Die Ausläufer der Alaiberge erstreckten sich bis hierher. Bewässerte

Felder wechselten sich mit Berghängen ab, die als Weiden genutzt wurden. Ein Esel, der sich mit seiner Eselfreundin gerade ein paar schöne Momente verschaffen wollte, erblickte uns, vergaß, was er vorhatte und stieg staunend wieder ab. War eben ein Esel.

Die Stadt Özgön kündigte sich mit einem Riesenrad an. Schon seit der Türkei schien jede Stadt, die etwas auf sich hielt, ein Riesenrad zu haben. Meist thronte es wie ein neuzeitlicher aber schon wieder veralteter Götze hoch oben auf einem Hügel. Und wie fast immer war es auch in Özgön außer Betrieb. Der Stahl des Gestänges rostete vor sich hin, die Eingangstüren waren abgeschlossen und die Plastikgondeln von der harten UV-Strahlung so ausgeblichen und porös, dass niemand, der nicht lebensmüde war, sich noch hätte hineinsetzen wollen.

Erst am Nachmittag wurde mir bewusst, dass wir den ganzen Tag lang von niemandem herangewunken oder zum Tee eingeladen worden waren. Auf der anderen Seite der Grenze, an der wir entlangradelten, in Usbekistan, war so etwas undenkbar. Die Kirgisen sind also nicht nur äußerlich anders. Ihre Gesichter wirkten mongolischer, wenngleich die Augen dafür eigentlich zu rund waren und nur außen in schmalen Schlitzen endeten. Sie zeigen viel weniger Gemütsbewegungen. Kein Wunder, dachte ich: China, das Land, in dem wir bisher die größte Emotionslosigkeit bei Menschen beobachtet hatten, lag nicht mehr weit entfernt.

Am Abend dieses anstrengenden Tages erreichten wir Jalal-Abad. Genau wie Osh liegt diese Stadt am Rand des Ferganabeckens. Statt vierzig Kilometer direkte Straßenverbindung zu radeln, hatten wir uns hundertzwanzig durch Berge kämpfen müssen. Unsere Stimmung war entsprechend miserabel.

Die steilen Berge blieben uns auch am nächsten Tag treu. Seit dem frühen Morgen mussten wir ständig bergan radeln. Teilweise so steil, dass wir absteigen und schieben mussten. Ein Pass in dreitausend Meter Höhe lag vor uns.

Am Horizont stand schon seit dem frühen Morgen eine riesige, dunkle Gewitterwand. Jetzt, wo wir schon auf fast zweitausend Meter Höhe waren, kam sie mit Donner und Blitzen bedrohlich nahe an uns heran. Ein Dorf war weit und breit nicht zu sehen. Das letzte lag schon etliche Kilometer hinter uns, und auch Unterstände waren nirgendwo zu entdecken.

Ich befürchtete Schneefälle weiter oben. Die Straße, auf der wir uns nach oben quälten, war für Verkehr gesperrt. Erst in einem Monat sollte der vor uns liegende Pass nach dem langen Winter wieder geöffnet werden. Doch Bauern hatten uns verraten, dass sie ihn trotz des Schnees schon seit einer Woche nutzten.

Mich beschlich eine böse Vorahnung.

»Hoffentlich wird der Weg nicht unpassierbar, wenn diese Wand hierher kommt.«

»Sind das alle Sorgen, die du hast?«, fragte Axel, der sich auch schon seit einer Weile vergeblich nach einem Unterstand umsah.

Das Gewitter kam jetzt direkt auf uns zu. Schnell traf ich eine Entscheidung.

»Axel, wir müssen zurück!«

Ich musste ihn nicht mehr überreden. Wir wendeten die Räder und schossen die mühsam erklommene Straße hinunter. Zu spät.

Schlagartig setzte ein gewaltiger Sturm ein. Eiskalter Regen blies uns fast waagerecht ins Gesicht. Ich versuchte, mir meine Jacke überzuziehen. Nur mit Mühe konnte ich sie festhalten, als der Wind sich darin verfing. Wir hatten immer noch kurze Hosen an und fuhren barfuß. Wichtiger war aber in diesem Moment, dass wir so schnell wie möglich irgendwo Schutz finden mussten.

Dann setzte Hagel ein. Ein brutaler Hagel. Riesige, vom Wind beschleunigte Eisklumpen donnerten auf uns und den Berghang herunter. Um wenigstens die gröbsten Schmerzen auf dem Kopf zu lindern, hielten wir die Hände drüber. Neben uns galoppierte ein Kirgise auf seinem Pferd. Er trug einen dieser typischen Filzhüte, deren Sinn mir schlagartig klar wurde. Aber ich konnte nicht begreifen, warum sein Pferd nicht scheute. Das Tier musste genau dieselben Schmerzen spüren wie wir.

Besonders auf den nackten Oberschenkeln, auf Fingerknöcheln und Zehennägeln, den Stellen, die dem Hagel schutzlos ausgeliefert waren, waren die Schmerzen kaum auszuhalten. Wir rasten bergab, so schnell wir konnten, viel zu schnell für die schlechte Sicht.

Bis wir an einer Bushaltestelle endlich ein schützendes Dach fanden, war eine halbe Ewigkeit vergangen. Und als wären wir nicht schon genug gestraft, erzählte uns ein Bauer, der hier ebenfalls Unterschlupf gefunden hatte, dass der Pass hinüber zur anderen Seite nun für lange Zeit unpassierbar sein würde. Der Gewittersturm hatte die Schneegrenze weit nach unten verschoben. Auf der Straße, sagte er, würde nun meterhoch Neuschnee liegen.

»Jetzt dort hinüber zu fahren, könnt ihr vergessen. Der Pass ist frühestens in zehn Tagen wieder frei.«

»Mist! Und wie kommen wir nun auf die andere Seite dieser Bergkette?«

»Also, vor zwei Jahren gab es von Jalal-Abad über Bischkek eine Flugverbindung. Ich weiß nicht, ob die noch besteht. Ansonsten gibt es nur noch die Straße über den Toktokul-Stausee, Bischkek und den Issykulsee. Das sind reichlich sechshundert Kilometer«, grinste der Bauer, dem in seiner dicken Filzjacke trotz des Sturmes warm geworden war. »Auf dieser Strecke gibt es zwar gleich drei dreitausend Meter hohe Pässe, doch sind die in der Regel schneefrei.«

»Und das alles nur, weil hier zehn Kilometer Straße unpassierbar sind?!«, tobte ich. »Das kann doch nicht wahr sein!«

Leider war es doch wahr. Frustriert warteten wir, bis das Gewitter vorübergezogen war. Die Berge säumte nun schon viel weiter unten ein weißer Schneegürtel. Wir rollten in rasanter Fahrt zurück nach Jalal-Abad, wo wir kurz nach Einbruch der Dunkelheit eintrafen.

Unser Tagesfazit war frustrierend: hundertzwölf Kilometer und eine Steigung von tausendfünfhundert Metern, mit einem Pferdesattel aus Holz auf dem Gepäckträger. Und nun waren wir am selben Ort wie die Nacht zuvor.

›Scheiße‹, schrieb ich in mein Tagebuch. Mit drei Ausrufezeichen.

Unser Weg führte nun genau in die entgegengesetzte, nämlich in westliche Richtung am Rande des Ferganabeckens entlang, das wie eine gewaltige Tiefebene links von uns lag. Erst abends bog die Straße direkt nach Norden in die Berge ab.

Bis dahin hatte uns die Sonne den ganzen Tag von links angestrahlt. Wir staunten nicht schlecht, als wir unsere linken Oberarme betrachteten. Da die Richtung unserer bisherigen Reise überwiegend nach Osten führte, waren wir auf der rechten Seite stark vorgebräunt, und zwar so stark, dass wir dort keinen Sonnenbrand mehr bekamen. Die linke Seite, die im Schatten lag, war wesentlich blasser. Und seit heute verbrannt.

Schon im Iran hatte ich einmal beide Handrücken nebeneinander gehalten, losgelacht und sie dann Axel gezeigt. Mein rechter Handrücken war viel dunkler.

Axel meinte: »Schau mal in den Spiegel. Dein Gesicht sieht genauso aus.«

Ganz stimmte das nicht. Nur auf der Stirn, ein Stück über den Brauen war der Unterschied deutlich zu erkennen. Und heute hatten unsere Arme wieder ein Stück zueinander gefunden. Spätestens in zwei Tagen würde sich die gerötete Haut auf unseren linken Armen in gebräunte verwandelt haben.

Die Nacht verbrachten wir an einem idyllischen Fleckchen direkt am Ufer eines Stausees. Verschandelt wurde die Aussicht durch ein Rudiment des frühen sowjetischen Größenwahns, möglichst bis ins letzte Dorf Stromleitungen zu errichten. Lenin selbst hatte den Ausspruch geprägt: »Elektrizität ist die Lokomotive der Revolution!«. Das Resultat waren gigantische Trassen, die immer über die höchsten Berge führten und sie so verunstalteten. Nur wurde ich das Gefühl nicht los, dass die Erbauer nicht die effiziente Stromversorgung im Sinn hatten, sondern sich selbst ein Denkmal setzten wollten. In diesem Landstrich mussten die Planer allerdings in fast jeder Beziehung gepfuscht haben. Eine dieser Hochspannungsleitungen war durchs Tal gelegt worden. Das war an sich auch nicht weiter dramatisch, bis sich jemand dazu entschloss, hier einen Stausee anzulegen. Die Leitungen und Masten hatte man jedoch nicht entfernt. Nun stand sich der technische Fortschritt selbst im Weg, und die Masten ragten wie stille Mahnmale aus dem See. Lenins Lokomotive war buchstäblich ins Wasser gefallen.

Am nächsten Morgen folgten wir ausgeruht der schmalen Straße, die sich durch ein enges, idyllisches Felstal wand. Ein ungezähmter Bach schoss hindurch, krumme Bäume bildeten einen schmalen, vom Tal eingequetschten Wald. Irgendwo dazwischen lag eine kleine freie Wiese mit zwei Dutzend Jurten und Zelten, die als Teestuben dienten. Ein angenehmes Fleckchen mit Vogelgezwitscher, an dem noch dazu der Bach für angenehme Kühle sorgte. Dann öffnete sich das Tal wieder. Wald und Felsen verschwanden und machten ausgedehnten Weideflächen Platz. Die Straße schlängelte sich aus dem Talgrund heraus und kletterte einen Hang hinauf. Auf den Bergen gegenüber hatte das Gewitter von vor zwei Tagen Schnee hinterlassen. Nach zwei weiteren Stunden auf den Fahrradsatteln erreichten wir einen kleinen, unspektakulären Pass. Unten, direkt vor uns, erstreckte sich der Toktokul-Stausee. Hinter ihm türmten sich weitere hohe Schneeberge auf.

»Über die müssen wir auch noch drüber. Das ist dann der erste Dreitausender.«

Axel hatte wirklich ein Gespür dafür, mir die Stimmung zu verderben.

Er wollte sofort weiter. Um ihn ein bisschen zu ärgern, kramte ich umständlich mein Fotostativ hervor und machte gemächlich ein Bild. In diesem Moment schoss ein Traktor mit Anhänger an uns vorbei und die Straße hinunter. Einer der Männer auf dem Hänger schien sich fürchterlich über uns aufzuregen, denn er drehte sich um, fuchtelte mit den Armen und rief irgendetwas.

»Was hat der denn?«, fragte mich Axel. »Der tut ja gerade so, als ob wir was Verbotenes machen.«

»Ich habe irgendwo gelesen, dass man von der Staumauer kein Bild machen darf«, sagte ich. »Aber die sieht man von hier aus gar nicht.«

»Das ist doch noch die ganz, ganz finstere Sowjetdenkweise«, beschloss Axel. »Die sehen in jedem Fremden einen potenziellen Spion.«

Schon die ganze Zeit waren uns die skeptischen Blicke aufgefallen, mit denen wir bedacht wurden. Freundlich waren die gewiss nicht. Ich dachte daran, wie schön Angeln, Segeln, Wandern oder Gleitschirm fliegen hier sein könnte. Selbst Ski fahren müsste im Winter sehr gut möglich sein.

»Wenn sich die Menschen Fremden gegenüber nicht aufgeschlossener verhalten, wird das mit dem Tourismus nie was. Auch nicht im Jahr des Tourismus.«

»Sieh dir doch den Issyk-kul-See an«, bestätigte Axel meine Überlegungen. »Der war zu Sowjetzeiten ein Tourismusmagnet. Jetzt fährt dort keiner mehr hin. Ausländer schon gar nicht.«

In der Tat sollten uns Kirgisen, mit denen wir nur kurz zu tun hatten, noch oft als maulfaul und unfreundlich auffallen. Sie grüßen nicht und reden nur ungern mit Fremden. Wenn sie neugierig waren, näherten sie sich bis auf zwanzig Meter, taten so, als betrachteten sie irgendetwas völlig Abwegiges ganz intensiv, und gingen grußlos davon, als hätten sie uns gar nicht registriert.

Hinter dem kleinen, unbedeutenden Städtchen Toktogul, das dem Stausee seinen Namen gibt, ging es straff bergauf auf den dreitausend Meter hohen Pass zu, den wir schon aus der Ferne gesehen hatten. Weil die weitere Versorgungslage unklar war, kaufte Axel im Basar vier kleine Fladenbrote und drei Flaschen Cola, von denen sich eine als echt und zwei als widerlich schmeckende Imitate herausstellen sollten.

Noch unterhalb des Passes weitete sich das schmale, bewaldete Tal und wurde zusehends baumlos. Felsen gab es kaum noch. Dafür entdeckte ich Jurten, echte Filzjurten in den Seitentälern. Ein kleiner, kerngesund aussehender Mann, der geschickt mit dem Lasso umging, fing eine Pferdestute nach der anderen ein. Seine junge Frau, die in einen bunten Mantel gehüllt war, melkte sie anschließend. Sie schaute auf und rief dann ihrem Mann etwas zu. Der winkte uns heran und bat uns in die Jurte.

Boden und Wände waren mit verzierten Teppichen bedeckt. Möbel gab es nur wenige. Nur eine große, bunt bemalte Truhe, einen Stapel Decken und einen kleinen Kanonenofen. Der Schornstein ragte aus einem in die Decke geschnittenen Loch seitlich hinaus. Oben, in der Mitte des Daches, diente ein großes Loch in der Filzdecke vor allem der Belüftung und dem Lichteinlass. Bei schlechtem Wetter wird diese Öffnung zugedeckt und der niedrige Tisch draußen vorm Zelt hinein geholt.

In der Jurte kümmerten sich die Frau und ihre Mutter um uns. Hier hielt sich der Mann im Hintergrund. Es dauerte lange, bis ich merkte, dass sich hinter seinem scheinbaren Desinteresse in Wirklichkeit eine freundliche Distanz verbarg. Ich ärgerte mich über mein bisheriges, offensichtlich zu schnell gefasstes Urteil.

»Habt ihr den beiden schon Tee angeboten?«, fragte ganz beiläufig unser Gastgeber die beiden Frauen bei einem flüchtigem Blick in die Jurte, um sich sofort wieder seinem Fernglas zuzuwenden, mit dem er das Geschehen in der Nachbarjurte, den Verkehr auf der Straße und seine große Schafherde überwachte. Diese Art der Gastfreundschaft erstaunte mich. Sie war nicht überschwänglich, eher eine absolute Selbstverständlichkeit. So, als ob die Regel der drei Tage Gastrecht, die jeder Reisende überall einfordern kann, hier noch immer galt, auch wenn es den Jurtenbewohnern im Moment vielleicht gar nicht recht war. Dieses ungeschriebene Gesetz war früher bei den Nomaden in Mittelasien überall verbreitet.

Die Mutter brachte uns heißes Wasser, mit dem wir unseren mitgebrachten löslichen Kaffee aufgießen konnten. Anschließend servierte ihre Tochter Tee, in Stücke gerissene Brotfladen und selbst gemachte, schwere Butter. Gegessen wurde wie üblich von einer Decke, die als ›Tisch‹ auf dem Fußboden ausgebreitet lag. Den Tee gab es in henkellosen Schalen, wie sie seit dem Iran üblich waren. Die Butter schmeckte fettig und leicht ranzig. Alles wirkte sehr einfach, und doch musste diese Art zu leben sehr gesund sein. Allein das Gesicht und die Rüstigkeit der alten Frau, die erwähnt hatte, dass sie fünfundsiebzig Jahre alt sei, es aber nicht genau wisse, sprachen Bände. Dabei lebte sie nur vier Monate im Jahr in den Bergen.

In dem Holzgitter, das die Wände der Jurte von innen stützte, hingen alle Kleider, die gerade nicht getragen wurden. Auch einige Blumensträuße steckten dort. Einfache Wiesenblumen, wie sie tausendfach um die Jurte herum wuchsen. Diese Blumenliebe, die ich seit den Wüstengebieten des Iran bemerkt hatte, die hier in Mittelasien aber besonders ausgeprägt ist, machte mir die Leute sehr sympathisch.

Es war noch früh am Tag und gern wären wir länger geblieben, aber der nächste Pass wartete schon auf uns. Unsere Karte war zu ungenau, als dass sie uns die genaue Entfernung hätte verraten können. Die Sorge, dass wir den Pass erst spät erreichen würden, trieb uns vorwärts. Wegen der für uns nun ungewohnt kühlen Temperaturen wollten wir so weit unten, in diesem Fall so weit entfernt wie möglich schlafen.

Doch unsere Sorge war unbegründet. Wir mussten nicht einmal bis ganz nach oben. Ein Tunnel, an dem noch gearbeitet wurde, sollte uns einige hundert Höhenmeter ersparen. Zwei Beamte wachten am Eingang darüber, dass niemand die Bauarbeiten störte. Ab elf Uhr abends würden sie den Tunnel öffnen, erklärten sie uns.

Ich hatte keine Lust, so lange hier oben zu warten und zu frieren. Schon tausend Höhenmeter weiter unten war es sehr frisch. Hier war die Luft schneidend kalt. Gegen Abend würden die Temperaturen noch fallen. Axel redete glücklicherweise von ganz allein auf die beiden Wachleute ein, bis sie sich breitschlagen ließen, uns schon um sieben Uhr, also vier Stunden vor den Autos, in den Tunnel zu lassen. Meinem Reisepartner reichte das nicht. Nach weiteren zwanzig Minuten intensiven Diskutierens durften wir in einem günstigen Augenblick mit unseren Rädern in der Röhre verschwinden. Es war zwölf Uhr mittags.

Eine rasante Talfahrt, dann lag das kirgisische Alataugebirge hinter und die Tiefebene mit der Hauptstadt Bischkek vor uns. Der Wind, der uns schon den ganzen Tag geärgert hatte, wurde zum Sturm und kam – wie sollte es auch anders sein – von vorn.

Bischkek, das in Sowjetzeiten Frunse hieß, wirkte auf den ersten Augenblick angenehm, auch wenn ich den Grund nicht sofort benennen konnte. Ich sah ein paar Leninstatuen, manche waren neu gestrichen. Die Straßen hießen Zentral, Lenin oder Frunse. Da hatte sich also seit der Unabhängigkeit nicht viel geändert. Selbst Kyrillisch war noch die offizielle Schrift. Ich war erstaunt, mit welcher Gelassenheit und Selbstverständlichkeit Bischkek mit seiner Vergangenheit umging. Verdrängung, wie sie in Turkmenistan an der Tagesordnung war, hatten wir hier nicht erlebt. Das wäre wohl auch schwierig, da noch immer fast die Hälfte der Einwohner Russen sind.

Obwohl die Stadt gerade einmal zwei Jahrhunderte alt war, also gewissermaßen am Reißbrett entstanden ist, wirkte sie nicht abstoßend. Im Gegenteil, sie war freundlich, bunter, sehr viel reicher und lebendiger als noch vor sechs Jahren. Das Angenehmste an ihr mag das unglaublich viele Grün sein. Ich habe nie wieder eine vergleichbar grüne Stadt gesehen, und ich bin mir nicht sicher, ob es überhaupt eine Straße oder einen Platz ohne Bäume gibt. Meistens stehen sie in mehreren Reihen, riesig groß und auswuchernd. Deshalb wirken Straßen, ja das ganze Stadtzentrum, wie ein riesiger grüner Park. Auf diese Weise treten die hässlichen russischen Plattenbauten, die ansonsten Bischkeks Stadtbild dominieren würden, unbemerkt in den Hintergrund.

Obwohl uns die Stadt gut gefiel, hielt sie doch eine unangenehme Überraschung für uns parat: Es schien unmöglich, unsere dringend benötigten Visa für China hier zu erhalten. Schon lange hatten wir uns darüber Sorgen gemacht. Unsere Reiseführer und die Erzählungen von anderen Reisenden machten uns auch nicht gerade viel Hoffnung. Obwohl Axel alle Register zog und mir beweisen wollte, dass er auch dieses Problem in den Griff bekommen würde: In diesem Fall war absolut nichts zu machen.

Ich war frustriert. Hörte denn der Ärger mit den Visa nie auf? Irgendwie schienen wir vom Pech verfolgt. Von Israel aus, im Iran und in allen mittelasiatischen Ländern – nie war die Tour einfach, ständig hatten wir Ärger mit den Einreisegenehmigungen. Und nun? Was sollten wir nun machen? Die Tour beenden? Mit China den wichtigsten Teil einfach weglassen?

Aber es gab eine Variante, der letzte Ausweg, auf den wir von Anfang der Reise an gebaut hatten. Klar, es war nicht die billigste Lösung, dafür aber die sicherste: Einfach für kurze Zeit nach Deutschland zu fliegen und von dort alles weitere zu organisieren. Diese Variante hatte außerdem den Vorteil, dass wir unsere Filme und Tagebücher sicher nach Hause bringen konnten, ohne das Risiko eingehen zu müssen, sie in China bei einer Durchsuchung einzubüßen.

Dennoch tat ich mich schwer mit dieser Entscheidung. War es dann anschließend noch die selbe Tour? Verlor sie nicht entscheidend an Charakter, an Einmaligkeit? Zumindest mir persönlich, dass wusste ich, würde viel fehlen. Trotzdem war diese Unterbrechung wohl nötig. Ich musste sie akzeptieren.

Nachdem klar war, wir würden zurück nach Deutschland fliegen, hatte Axel nur noch eines im Kopf. Die ganze Zeit hatte er sich schon darüber geärgert, dass ich mir einen Holzsattel gekauft und über die Berge geschleppt hatte. Nun wollte er sich seinen Jugendtraum erfüllen. Also fuhren wir mit einem Bus zurück auf den Pass zu der Jurte, in die wir eingeladen worden waren. Der Hausherr freute sich sichtlich. Keine Spur mehr von dieser Zurückhaltung, die beim ersten Besuch noch zwischen uns stand. Er schüttete eine Flasche Wodka in den Kumis, die gegorene Stutenmilch, und setzte sich zu uns.

Dann rückte Axel mit seinem Anliegen raus. »Kannst du mir irgendwie helfen? Ich möchte gerne eine alte Jurte mit nach Deutschland nehmen. Kennst du jemanden, der eine verkauft?«

»Ich.«

»Was?«

»Ich verkaufe eine Jurte. Ich habe mehrere und wollte schon lange zwei verkaufen.«

Er lehnte sich zurück, nahm einen kräftigen Schluck Kumis, schenkte allen nach und fuhr fort. »Eigentlich bin ich Ingenieur. Aber seit dem Zerfall der Sowjetunion sind die meisten großen Betriebe bankrott gegangen und wir Angestellten standen über Nacht plötzlich auf der Straße. Also habe ich mich auf meine Wurzeln besonnen und bin dahin zurückgekehrt, wo ich eigentlich hingehöre: in die Berge. Hier bin ich aufgewachsen, hier fühle ich mich wohl.«

Er erzählte von seinem Leben. Im Winter wohnt er mit seiner Familie weiter unten im Tal in einem Haus, in dem jetzt noch seine Eltern lebten. Sobald die Tiere in den Bergen genug Futter finden, werden sie hinaufgetrieben. Die Jurten werden aufgestellt, und mit dem guten Wetter beginnt auch die Zeit des Kumis, die Zeit, auf die er sich am meisten freut. Trotz allem führt er ein ärmliches Leben. Immer mangelt es an Geld, seine Schuldenliste im Lebensmittelladen im nächsten Ort ist entsprechend lang. Er erzählte noch mehr, doch der gestreckte Kumis sorgte dafür, dass seine Stimme immer undeutlicher und wir immer müder wurden.

Am nächsten Tag wachten wir mit dröhnenden Köpfen auf. Ich nutzte meine schlechte Laune, um Axel kräftig zu ärgern:
»Weißt du überhaupt, dass du gestern für viel Geld eine Jurte gekauft hast?! Mit Geld aus der Gemeinschaftskasse!«
Axel brummelte etwas Unverständliches.
»Ich bin noch nicht fertig«, sagte ich. »Das Ding wiegt vierhundertdreißig Kilo. Gestern Abend hatte dich das ja nicht weiter interessiert. Aber hast du eine Vorstellung, wie wir das nach Hause kriegen sollen?«
»Das lass mal meine Sorge sein«, Axel war nun wach. »Ich hab auch nicht rumgeschimpft, als du dir deinen Pferdesattel gekauft und ihn dann tausend Kilometer durch die Gegend und über etliche Pässe geschleift hast.«
Er hatte Recht, aber ich hätte das in dieser Situation natürlich nie zugegeben.
»Ich bin wirklich gespannt, wie du das Problem löst. So ein Sattel wie meiner geht notfalls noch als Handgepäck durch. Das kannst du mit deiner Jurte vergessen«, beendete ich das Gespräch.
Wieder zurück in Bischkek hatte Axel wie erwartet alle Hände voll zu tun. Nach viertägigen, zähen Verhandlungen mit der Fluggesellschaft, dem kirgisischen Kulturministerium und vielen anderen Stellen mehr schaffte er es, dass diese ihm die fast eine halbe Tonne schwere Jurte kostenlos nach Deutschland transportieren wollten.

Unsere Stippvisite in Deutschland hatte sich gelohnt. Mit einem Drei-Monats-Visum für die Volksrepublik China in der Tasche kehrten wir wieder zurück nach Bischkek. Nun konnten wir endgültig zur chinesischen Grenze radeln. Ich freute mich riesig, dass nun nur noch diese eine Grenze vor uns lag und wir uns bis nach Peking nie wieder um irgendwelche verfluchten Visa zu kümmern brauchten.
Glücklich radelten wir los.
»Axel, stell dir mal vor, wie einfach Reisen sein könnte, wenn dieser Ärger mit den Grenzen und Visa nicht wäre.«
»Ich weiß nicht«, antwortete er. »Irgendwie gehört das auch mit dazu, das ist sozusagen ein wichtiger Aspekt beim Reisen. Aber ehrlich gesagt habe ich gerade ein ganz anderes Problem. Ich suche schon seit

fast einer Stunde nach einem Schlafplatz. Der Jetlag steckt mir immer noch in den Knochen.«

Eigentlich war es nicht schwer, gute Schlafplätze zu finden. Nur sie unbemerkt aufzusuchen, wurde zuweilen zum Problem. Auch sehr spätabends arbeiteten immer noch Leute auf den Feldern.

Dass die meisten Kirgisen Spätaufsteher waren, wurde bei der Schlafplatzsuche mitunter sehr unangenehm. Bischkek zum Beispiel war praktisch bis früh neun Uhr wie ausgestorben. Dafür legte sich der Trubel erst in den frühen Morgenstunden.

Hier auf dem Land schien das nicht viel anders zu sein. Irgendwie konnten wir aber doch unbemerkt hinter einige Buschreihen und über zwei kleine Gräben huschen, gelangten auf eine frische gemähte Wiese und breiteten unser Lager aus. Dann entdeckte ich in schätzungsweise dreihundert Meter Entfernung zwei Feldarbeiter. Sie hatten uns offenbar noch nicht bemerkt, arbeiteten weiter, bis es stockdunkel war und verschwanden dann in eine andere Richtung. Ich atmete erleichtert auf.

Wir legten aus Sicherheitsgründen Wert darauf, dass wir entweder in der Nähe von Leuten schliefen, uns möglichst bei ihnen meldeten, um ihnen zu sagen, dass wir bei ihnen unser Lager aufschlugen. Wenn wir uns absolut sicher waren, dass uns niemand beim Aufsuchen des Schlafplatzes beobachtete, wählten wir abgelegene Ecken. Aber nur dann, wenn wir nicht damit rechnen mussten, überrascht zu werden. Wobei die erste Variante natürlich immer die sicherere ist. Ein Hund oder ein anderes Tier konnte uns nachts zum Beispiel wittern und Leute auf uns aufmerksam machen. Einmal entdeckt, wechselten wir konsequent den Schlafplatz, um Überfällen zu entgehen.

Diesmal jedoch schienen wir Glück zu haben. Trotzdem legte ich mir ein paar große Steine für alle Fälle bereit. Zwischen uns und der abends noch gut befahrenen Straße lagen vielleicht zwanzig Meter voller Büsche und Bäume. Wir waren nicht zu sehen, sahen selbst aber auch nichts.

Plötzlich hielt am Straßenrand genau auf unserer Höhe ein Auto. Eine Tür klappte. Alarmstimmung! Hatte uns doch jemand hierher kommen sehen? Schaute der jetzt nach, was wir hier machten? Oder war das ein Überfall? Ich gab Axel vorsichtig einen Stein. Gern hätte ich mich jetzt ein paar Meter hinter einen Busch verzogen, um ›aus dem Hinterhalt‹ einen Überblick über das Geschehen zu bekommen. Aber wenn ich nicht Gefahr laufen wollte, dem Autofahrer direkt in die Arme zu laufen, war da nur freies, im Mondlicht offen daliegendes Feld. Also nichts mit Abtauchen in die Dunkelheit. Regungslos und steif lagen wir da, lauschten und starrten in die finsteren Büsche. Doch nichts passierte. Die Tür klappte wieder und das Auto fuhr weg. Aufatmen. Nur eine Pinkelpause? Wenn ja, warum musste das Auto haargenau hier bei uns halten, wo doch die Straße auf fünf Kilometern absolut gleich aussah?

Aber so ist es nun einmal: Murphys Gesetz. Auf unserer Weltreise hatten wir solche Situationen häufig erlebt: Auf einer einsamen Straße, auf der nur alle paar Stunden ein Auto an uns vorbeikommt, begegnen sich ausgerechnet direkt neben uns zwei Fahrzeuge. Wir gerieten dann jedesmal in Bedrängnis. Das sind die unerklärlichen Phänomene, an die man sich als Radreisender gewöhnen muss.

Kurz bevor die Straße in einem Felstal verschwand, standen wieder zwei Jurten auf einer grünen Wiese. Ein malerisches Bild, dass leider durch tief hängende Stromleitungen ruiniert wurde. Wir gingen trotzdem hin. Zwei junge Frauen kamen uns entgegen. Unsere Überraschung war groß, als wir merkten, dass eine von ihnen sogar etwas Englisch sprach.

Venera studierte normaler Weise in Bischkek. Doch ihr Vater, der weit über siebzig Jahre alt war, bewältigte die Arbeit in den Bergen allein nicht mehr, seit im Jahr zuvor seine Frau gestorben war. Jetzt mussten die Kinder mithelfen. Neun Töchter und ein Sohn. Wir hatten jedoch bis jetzt nur zwei der Töchter getroffen. Venera war vierundzwanzig und unverheiratet, obwohl sie sicher schon vielen Männern den Kopf verdreht hat. Trotz ihrer hochgewachsenen Gestalt, den freundlichen Gesichtszügen, den klaren Augen und dem langen, schwarzen Haar, das sie zu einem Zopf gebunden hatte, wirkte sie schwermütig. Ihre ältere Schwester hatte ihre beiden Kinder bei sich, ihren Mann jedoch nicht. Der einzige Sohn des Alten war frisch geschieden und suchte sich angeblich gerade eine neue Frau. Damit war seine Abwesenheit einigermaßen erklärt. Der Vater sah für sein Alter noch unglaublich rüstig aus. Er rackerte ununterbrochen.

»Er mag es nicht, nicht zu arbeiten«, erklärte Verena.

»Schwatz nicht,« herrschte er sie kurz darauf an. »Kümmere dich lieber darum, dass zwei weitere Schlafplätze zurecht gemacht werden.«

Dann reparierte er weiter den Zaun eines kleinen Schafpferches. Schon lange hatten wir uns gewünscht, mehr von ›Jurtenalltag‹ mitzuerleben.

In der alten, an sehr vielen Stellen löchrigen Küchen- und Essjurte spielte sich um einen großen Ofen herum das Leben ab. Holz war rar. Es musste von weit her aus dem Tal geholt werden. Also wurden Kuhfladen gesammelt, getrocknet und dann verbrannt. Oben auf dem Ofen lag ein Blech. Hier wurden Wasserkannen zum Kochen gebracht und Brot gebacken. Das Ofenrohr führte zu einem kleinen Loch in der Decke hinaus, wie wir es schon in der anderen Jurte gesehen hatten. Der Filz war dort ein wenig versengt, aber nicht verbrannt. Das Holzgestänge, das die Jurte stützte, war an etlichen Stellen gebrochen. Kein Vergleich mit der Schlafjurte, die noch vollkommen in Schuss war und recht neu aussah.

Zum Anwesen gehörten außerdem ein kleines Zelt für Gerümpel, ein Hund, fünf Rinder mit drei Kälbern, etliche Schafe, Ziegen und Pferde. Die Pferde konnte ich nicht sehen, sie weideten irgendwo frei in den Bergen. Die Stuten hatten noch nicht geworfen. Also wurden die Pferde im Moment auch nicht weiter beachtet. Später würde man die Fohlen dann anbinden. Die Stuten entfernen sich gewöhnlich nicht weit von ihnen und lassen sich leicht mit dem Lasso fangen. Dann beginnt die Zeit des Kumis. Vier- bis fünfmal täglich werden die Stuten dafür gemolken.

Der Alte, das merkte ich immer wieder, war in dieses arbeits- und entbehrungsreiche Leben verliebt, das sie hier oben ein halbes Jahr lang führten. Venera dagegen passte es überhaupt nicht. Sie war fürs Melken zuständig.

»In Bischkek ist es schöner«, flüsterte sie uns zu. »Dort ist immer etwas los. Ich kann abends tanzen gehen oder Freunde besuchen.«

Sie wirkte nicht sehr glücklich.

»In einem Monat«, sagte sie, »werden hier wenigstens die Wiesen voller bunter Blumen sein. Dann ist es schön.«

Mir gefiel es schon jetzt. Nach einem einfachen, aber mit viel Liebe gemachten Essen, dessen Verzehr sich bis in die Finsternis hinzog, gingen wir schlafen. Axel und ich mochten unsere Räder nicht mit hineinnehmen. Also legten wir uns draußen hinter die Jurte.

Naryn ist eine eigenartige Stadt. Fast fünfzehn Kilometer schlängelt sie sich an dem gleichnamigen Fluss entlang und hat es vorgezogen, nur in die Länge zu expandieren. Der seitlich im Tal noch verfügbare Raum ist unbebaut. Russisch wirkende Wohnblocks flankieren die Hauptstraße. Zwischen Blocks und Talwände quetschen sich kleine, einstöckige Häuser.

Die fast baumlose Stadt wirkte trist. Auf der einen Seite gab es hier steppen-, fast wüstenartige steile Hügel, die erst in der Ferne in richtige Berge übergingen, auf der anderen steile, hohe Berge mit Bergwäldern, Felswänden und Schneegipfeln. Die Stadt schien von allem etwas abbekommen zu haben. Eine Mischung aus Stadt und Land, hin- und hergerissen zwischen russisch und traditionell, zwischen sowjetischer ›Passport‹-Mentalität und dem neuen, freien Kirgistan. Die Fähigkeit, irgendetwas zu genießen, schien dabei komplett verloren gegangen. Restaurants gab es keine, nur ein Café, in dem ich den dünnsten Kaffee meines Lebens trank. Damit stand er ganz im Gegensatz zu der dicken Wirtin, die weder zu bewegen war, mehr Kaffeepulver in die Tasse zu geben, noch das Wasser zu halbieren. Wir halfen uns, indem Axel nebenan eine Büchse Instantpulver besorgte, das dem Wasser wenigstens etwas Geschmack verlieh.

Das Café, das den Charme einer vor vier Wochen breit getretenen Kakerlake ausstrahlte, musste früher ein Lebensmittelladen gewesen sein. Es schien, als hätte jemand kurz vor dem Konkurs die geniale Idee gehabt, man müsse nur ein paar weiße, stapelbare Plastikstühle und Tische hineinstellen und schon habe man ein gemütliches Kneipchen. Ich glaube, diese weißen Stühle und Tische, die überall auf der Welt zu haben sind, werde ich wohl mein Leben lang hassen. Sie zerstören absolut jedes Ambiente. Zwischen abblätterndem Putz und rostenden Heizungsrohren, die durch Cola-Poster und Wimpelketten nur unzureichend verdeckt wurden, saß außer uns noch eine Runde von fünf Frauen an einem der weißen Tische. Die Jüngste mochte Ende zwanzig gewesen sein, die älteste vielleicht Mitte vierzig. Gemeinsam waren ihnen jede Menge Goldzähne, wie wir sie schon seit Turkmenistan bei so vielen Leuten gesehen hatten, O-Beine und diese typischen roten Gesichter, die von Wind, Kälte und Sonne gegerbt waren. Die Frauen feierten irgendetwas und waren entsprechend aufgetakelt. Auf ihrem Tisch standen mehrere Gläser Cola und eine Flasche Rotwein. Daneben ein flacher Blechkuchen, der hausgemacht aussah. Keine Blumen, keine Musik und keine Stimmung. Nicht einmal lautes Lachen. Das sollte also eine Feier sein. Sie passte nach Naryn und in dieses Café.

Je näher wir der Grenze kamen, um so mehr entsprach Kirgistan meinem Klischeebild: Endlose grüne Grassteppen, ab und zu ein schroffer, hoher Bergzug, dessen Gipfel schneebedeckt waren. Die ganze Landschaft lag über dreitausend Meter hoch und war extrem dünn besiedelt. In großen Abständen stand hier und da eine Jurte. An den Berghängen weideten riesengroße Schaf- und Pferdeherden. Eine wunderschöne Landschaft, die auf einzigartige Weise Ruhe und Frieden ausstrahlte.

In einem Seitental entdeckten wir eine alte Karawanserei. Der Steinbau wirkte mit seinem dunklen Gemäuer frustrierend kalt und abweisend. Trotzdem ging von ihm eine eigenartige Faszination aus, die auch mich in ihren Bann zog. Irgendwie passte dieses Gebäude hierher.

»Marco Polo muss auch hier gewesen sein,« meinte Axel. »Der Pass, über den er gegangen ist, liegt nur noch wenige Kilometer von hier entfernt.«

»Ja. Wenn er hier entlanggekommen ist, war er auch in dieser Karawanserei. Aber du weißt ja, sogar studierte Leute behaupten, dass Marco Polo nie in China war.«

»Es gibt auch einen Haufen Leute, die behaupten, dass Neil Armstrong nie auf dem Mond war und das Ganze nur ein groß angelegter Schwindel der NASA ist.«

»Aber musst du zugeben, dass solche Theorien erst mal interessant klingen. Ich halte sie trotzdem für Quatsch. Zum einen sind Polos Aufzeichnungen für die ungewöhnlichen Umstände erstaunlich präzise. Stell dir mal vor, du bist siebzehn Jahre alt, wirst plötzlich aus deiner gewohnten Umgebung herausgerissen und lernst relativ unvorbereitet mehr als die damals bekannte Welt kennen. Dass sich da nach über zwei Jahrzehnten auch mal Fehler in die Erinnerung einschleichen, ist doch verständlich. Mir geht das manchmal schon so, wenn ich an bestimmte Erlebnisse auf der Weltreise zurückdenke.«

»Klar,« bestätigte Axel. »Wirklich kritisch betrachtet könnte ich die Behauptung noch nachvollziehen, dass Marco Polo möglicherweise nicht im Dienst von Kublai Khan stand und dass er das nur erfunden hat. Unbestreitbar ist aber, dass die Polos Reichtümer mit nach Hause gebracht haben. Das heißt, sie müssen Handel getrieben haben, und das wiederum heißt, dass sie in über zwei Jahrzehnten große Geschäfte gemacht haben müssen, ohne dass andere Europäer sie irgendwo gesehen hätten. Diese Theoretiker haben vom Reisen vielleicht keine Ahnung. Sonst wüssten sie, dass man sich als Exot, und das waren die Polos auf jeden Fall, nicht irgendwo verstecken kann. Du weißt ja selber, wie wir immer von anderen Radfahrern hören, selbst wenn die noch tausend Kilometer entfernt sind. Genauso müssen andere Händler von den Polos gehört haben, wenn diese nicht wirklich in China waren. Zumindest hat damals niemand Marco Polos Berichte bestritten, außer natürlich diejenigen, die ihm nicht einmal glauben wollten, dass es überhaupt ein China gibt.«

Die Grenzkontrollen in unser letztes Land auf dieser Reise zogen sich über eine Länge von hundertsechzig Kilometern dahin. Gerade diese Grenze ist für die reine Willkür der Beamten berühmt. Auf kirgisischer Seite mussten wir die Pässe viermal, auf der anderen dreimal vorzeigen. Jeweils an verschiedenen Kontrollstellen. Jeder, der sie in die Hand bekam, gab sich fürchterlich wichtig und hätte uns sicher Ärger gemacht, wenn wir nicht professionelle Schlepper dabei gehabt hätten, die uns hinüber brachten. Schlepper, die jeden Grenzer kennen und vielleicht auch Geschäfte mit ihnen machen. Geschäfte, die Grenzbeamte dazu veranlassen, ihre Aufgaben, nun sagen wir mal, etwas oberflächlicher durchzuführen.

Ohne diese Schlepper mit ihren ›Beziehungen‹ hätte sich der Grenzübertritt auf jeden Fall schwieriger gestaltet, wenn nicht gar als unmöglich erwiesen. Denn in China sind Individualtouristen – ganz im Gegensatz zu ihrem Geld – noch immer nicht gerne gesehen. Weil Ausländer mit privaten Transportmitteln nicht über diese Grenze dürfen, hatten wir Räder und Gepäck in die Autos der Schlepper verfrachtet. So blieben sie bei der Zollkontrolle verabredungsgemäß unbeachtet.

Die eigentliche Grenze verlief auf einem dreitausendsiebenhundert Meter hohen Pass. Hatten in Kirgistan endlose grüne Grassteppen dominiert, so war die chinesische Seite graugelb, wüstenhaft, einfach trist. Trotzdem war ich voller Erwartungen. Wie würden wir China diesmal empfinden? Hatte sich tatsächlich so vieles zum Besseren verändert, wie in den Medien so oft verkündet?

Ich war gespannt. Doch am meisten freute ich mich auf die Taklamakan, die ›Wüste ohne Wiederkehr‹. Diesmal, da war ich mir ganz sicher, würden wir sie gut vorbereitet durchqueren. Sie würde uns gefallen. Doch jetzt lag erst einmal Kashgar vor uns, die Stadt, von der ich schon seit Jahren träumte.

Wir erreichten Kashgars äußere Randgebiete. Die lehmgelben Häuser waren von billigen Flachdächern aus Wellblech verunstaltet. Aber etwas anderes störte mich viel mehr. Chinesische Häuser sind offenbar dazu da, alles Äußere abzuschirmen. Sie sollen gar nicht einladend sein und das sind sie auch nicht. Das gilt in noch stärkerem Maße für die Mauern. Jeder grenzt sein Eigentum mit einer abweisenden, hohen Mauer ab, die konsequenterweise auch nicht verputzt ist. Nein! »Was draußen ist, soll gefälligst auch draußen bleiben!«, sagen diese Mauern, die selbstverständlich nie verziert und deren Tore immer fest geschlossen sind.

Als wir wieder an einem hässlichen, mit Steinwall abgeschirmten Anwesen vorbeifuhren, sagte Axel trocken:

»China – das Land der großen Mauern.«

KAPITEL SIEBEN

WÜSTE OHNE WIEDERKEHR

Bereits zu Marco Polos Zeiten ging von dem damals mächtigen König reich Cascar eine magische, schillernde Faszination aus, die bis ins finstere, im tiefen Mittelalter verharrende Europa reichte. Eine Faszination, der nicht nur profitgierige Händler, sondern auch abenteuerlustige Pilger aus aller Welt erlegen waren. Viele strömten in die Glück verheißende Stadt am Rande der Taklamakan, der schrecklichen Wüste, die das Königreich Cascar nach Osten, nach China abschirmte, das sich fest in der Hand Kublai Khans befand. Der damalige Wohlstand Kashgars erklärt sich durch die günstige Lage an einem bedeutenden Knotenpunkt vieler verschiedener Routen der Seidenstraße. Hier, im äußersten Westen Chinas, formierten sich die Karawanen neu, um dann ihren ungewissen Weg in die unterschiedlichsten Teile Asiens fortzusetzen.

Die Stadt kam uns seltsam vertraut vor. Sie war wie ein sanfter Übergang von jener Kultur, die uns seit der arabischen Halbinsel begleitete, in die neue, die chinesische Kultur. Unverkennbar moslemisch und gleichzeitig eindeutig chinesisch.

Die labyrinthartige Altstadt, die auf Touristen so faszinierend wirkt, könnte eigentlich in jeder beliebigen islamischen Wüstenstadt stehen. In Marokko, Syrien, dem Iran oder auch in Usbekistan. Die Architektur ist faszinierend, aber ähnlich. Ich weiß, dass mich Kashgar-Fans, und davon gibt es viele, für diese Meinung lynchen würden. Trotzdem gewann ich diesen Eindruck.

Wir schlenderten durch die verwinkelten Gassen der Altstadt, um uns einzuleben, die Atmosphäre in uns aufzunehmen. Ein quirliges, buntes Völkergemisch belebte die engen Straßen. Wir sahen Uiguren, Kirgisen, Tadschiken, Usbeken, Pakistani aber auch Russen. Chinesen begegneten mir weit weniger, als ich erwartet hatte. Sie wirkten in der stark islamisch geprägten Stadt wie Fremdkörper, wie Besatzer, die akzeptiert aber nicht geschätzt wurden.

Dort, wo die Altstadt und die Protzbauten des modernen chinesischen Teils der Stadt aufeinander trafen, befand sich ein großer quirliger Markt, der sich über viele Gassen erstreckte. Brotbäcker, Schneider, ein Messerschmied, alle hatte ihre Werkstätten zur Straße hin geöffnet. Andere arbeiteten gleich ganz auf der Straße. Ein Verkäufer, der vielleicht dreißig verschiedene Arten Nüsse anbot, winkte uns zu sich heran und versuchte, uns einen Beutel voll aufzuschwatzen. Irgendwo befand sich ein ganzer Straßenzug Zahnärzte, die mit Plakaten Werbung machten, welche einem Gruselkabinett zur Ehre gereicht hätten. Einer hatte gar seinen Zahnarztstuhl samt Bohrer draußen auf der Straße aufgebaut. Ein Anblick, der mich eher an einen elektrischen Stuhl oder an bestimmte Inquisitionsrequisiten erinnerte als an eine humane Tätigkeit. Gern hätte ich eine solche ›Open-Air-Behandlung‹ verfolgt, doch schienen auch potenzielle Kunden von dem grausigen Anblick so verschreckt zu sein, dass sie sich wohl lieber weiterhin mit Zahnschmerzen durchs Leben quälten.

»Lieber ein Schrecken ohne Ende als ein derart schreckliches Ende.«

Ein junger Mann war plötzlich hinter uns aufgetaucht und lächelte uns, auf den Stuhl deutend, an. »Oder würde sich einer von euch bei Zahnschmerzen da drauf setzten?«

Marc hatte uns schon eine Weile beobachtet. Auch er hatte sich gefragt, ob der Zahnarztstuhl noch in Betrieb war. Marc war ein lustiger Franzose, dem das breite Lächeln nie aus dem Gesicht zu verschwinden schien. Er trug weite, helle Pluderhosen aus leichtem Stoff, die ihn selbst unter den Touristen zum Exoten machten. Hier aber schien er passend gekleidet. Er hatte die Sachen aus Pakistan mitgebracht und schwor auf sie. Leider waren die Pluderhosen auf dem Fahrrad reichlich unpraktisch.

Wir setzten uns in ein kleines, schmutziges Straßencafé auf weiße, stapelbare Plastikstühle, bestellten drei Bier und unterhielten uns.

»Ich bin jetzt fast eineinhalb Jahre unterwegs. Ich reise meist mit öffentlichen Verkehrsmitteln. Mich interessieren die Menschen, ihre ursprünglichen Lebensweisen. Deswegen versuche ich, in möglichst abgelegene Gebiete zu fahren, wo die Leute sich noch nicht unter dem Einfluss von Tourismus, Kommunikations- und Transportwesen verändert haben.«

»Das ist aber ein schwieriges Ziel«, überlegte ich. »Hast du schon mal solche Menschen getroffen?«

»Bis jetzt noch nicht. Jedenfalls noch keine wirklich ursprünglich lebenden. Auf der Welt scheint sich in den letzten Jahrzehnten viel geändert zu haben. Aber ich bin auch noch nicht überall gewesen, wo ich auf dieser Reise hin will. Es gibt noch eine Region in Tibet und eine in der Mongolei. Dort möchte ich mal hin und sehen, wie die Leute leben. Vielleicht habe ich da Glück.«

Es war klar, dass wir bald auf die Indianer im Amazonasbecken zu sprechen kamen, die Axel und ich auf unserer Amazonasexpedition besucht hatten.

»Bis dahin habe ich es noch nicht geschafft. Ich habe zwar mal ein Jahr lang in Brasilien eine Bar am Strand gehabt, aber ins Amazonasbecken bin ich noch nicht gekommen.«

Marc griff das Thema auf. Er und Axel hörten nicht mehr auf, von Brasilien zu schwärmen. Bald wurde an unserem Tisch nur noch Portugiesisch gesprochen. Touristen, die vorbeikamen und das hörten, schauten ziemlich verwundert.

»Olja ele. El entende nada.«

Ein junger Österreicher verstand nur noch Bahnhof. Er stand völlig verwirrt vor uns. Er hatte den selben Reiseführer in der Hand, in dem ich kurz zuvor gelesen hatte, dass jeder Tourist in Kashgar Durchfall bekommt. Das war schlecht recherchiert. Ganz besonders Vorausschauende wie ich brachten den Durchfall gleich mit.

»Wisst ihr zufällig, wo hier eine Toilette ist?« fragte er uns mit gequältem Gesichtsausdruck.

»Klar«, grinste Marc ihn mit seinem breiten Lächeln an. »Die Straße noch hundert Meter runter, dann siehst du schon das Schild. Dort steht groß WC, nicht nur chinesische Schriftzeichen. Aber ... «

Marc musste nicht weiter reden. Panisch rannte der junge Österreicher in die entsprechende Richtung. Auch für uns war es Zeit aufzubrechen. Am nächsten Morgen wollten wir die Stadt verlassen und die Wüste in Angriff nehmen.

Die Taklamakan, die ›Wüste ohne Wiederkehr‹, die gleich hinter Kashgar beginnt, zog uns an wie ein riesiger Magnet. Sie ist größer als Deutschland und damit die zweitgrößte Sandwüste der Welt. Und sie gilt als eine der gefährlichsten. Das einst fruchtbare Tarimbecken zwischen Himalaya und Tian Shan ist im Laufe der Jahrtausende zu einem völlig lebensfeindlichen Sandmeer verödet. Und hier, auf der südlichen Seidenstraße, wollten wir weiter auf Marco Polos Spuren radeln. Weit über tausend Kilometer durch Sturm und Sanddünen lagen vor uns. Trotzdem machte ich mir nicht wirklich Sorgen. Wir besaßen genügend

Wüstenerfahrung. Schließlich hatten wir alle Wüsten Australiens mit dem Rad durchquert. Hitze, Wassermangel, Sand – nichts von alldem war uns fremd. Einzig die Herausforderung zählte. Und ganz so schlimm, wie immer erzählt wurde, war es schließlich nie gekommen.

Wie so oft gestaltete sich etwas anderes weit schlimmer als wir erwartet hatten. Die Liebe der Auto- und Mopedfahrer zu ihren Hupen stellte alles bisher da Gewesene in den Schatten. Die Hupen dröhnten praktisch pausenlos in unseren Ohren. Ständig drückte irgend jemand drauf. Vor Kurven, wenn Leute oder Eselskarren auf der Straße waren, in Ortschaften, aber meistens ohne jeden ersichtlichen Grund. An uns fuhren Autos vorbei, die schlichtweg dauerhupten. Im Gegensatz zu dem, was sonst üblich ist, musste es hier in jedem Fahrzeug einen Schalter geben, um die Hupe kurzzeitig zu unterbrechen. Anders konnte ich mir dieses Phänomen nicht erklären.

Übertroffen wurde dies nur noch von Fahrern, die ihre frisierten Lufthörner direkt neben uns ›explodieren‹ ließen, was wir als richtigen physischen Schmerz empfanden! So, als hätten wir einen Stromschlag abbekommen. Der ganze Körper verkrampfte sich. Erst nach Sekunden lösten sich die Muskeln aus ihrer Anspannung. Mit der Zeit entwickelten wir regelrechte Hassgefühle. Ich ertappte mich dabei, wie meine Gedanken um sadistische Vorstellungen kreisten. Sie hatten mit hupenden Fahrern zu tun, die in unsere Gewalt gefallen und uns schutzlos ausgeliefert waren. Ich konnte von solchen Vorstellungen nicht genug bekommen.

Eine andere Eigenart, die uns bald störte, war das Gaffen. Sobald wir irgendwo in einer Ortschaft saßen, bildete sich eine dichte Menschentraube um uns. Alle umringten uns so dicht, das uns kaum Luft zum Atmen blieb. Mit völlig ausdruckslosen Mienen starrten uns die Leute an, steif und regungslos. Nicht etwa mit freundlicher Neugierde, wie wir sie aus anderen Ländern kannten. Genau genommen war es überhaupt keine richtige Neugierde. Niemand wollte etwas von uns wissen. Selbst woher wir kamen, schien ihnen völlig egal zu sein. Wir wurden einfach nur begafft, wie Wesen von einem anderen Stern. Ich bekam eine Ahnung davon, wie sich Tiere im Zoo fühlen müssen.

Je weiter wir uns von Kashgar entfernten, desto seltener kamen wir in diese für uns unangenehmen, aber für unsere Verpflegung wichtigen Oasen. Die Straße führte durch eine tote, graue Steinwüste, die nur ab und zu durch eine kleine unbedeutende Sanddüne etwas Abwechslung erfuhr. Doch egal ob Steine, Sand oder Oase – alles, die ganze Gegend, war fürchterlich dreckig. Überall, selbst in den Oasen, lag hauchfeiner, grauer Staub, der in jede noch so feine Pore kroch und im Nu alles verdreckte. Es war unmöglich, sich davor zu schützen. Ich verfluchte diesen Staub! Nie zuvor hatte ich eine so schmutzige Landschaft gesehen. Nichts konnte man anfassen, ohne dass anschließend die Hände dreckig waren. Ein grauer Staub, der sich wie Tau überall ablegte und haften blieb. Nur dreckiger. Selbst an Pflanzen und Blättern. Die wenigen Bäume waren nicht grün, sondern grau. Und die Luft war auch nicht sauberer. Die Sicht blieb den ganzen Tag über schlecht. Auch die Sonne verkroch sich hinter einer dicken, grauen Dunstglocke und sandte ihr fahlgelbes Licht auf die graue Landschaft herunter.

Ab und zu sahen wir Männer, die sich am Straßenrand einfach in den Staub gelegt hatten und schliefen! Selbst der Kopf lag im Staub. Ich konnte das nicht begreifen. Legten diese Menschen keinen Wert auf Sauberkeit? Andererseits sahen sie nicht wirklich dreckig aus. Wie machten sie das nur? Mit wenigen Handzeichen war diese Frage nicht ausreichend zu klären. Wir radelten unwissend weiter.

Ein kleiner Sandsturm kam auf, der in wenigen Minuten die Sicht auf einen halben Kilometer reduzierte und die bis dahin nur schemenhaft zu erkennende Sonne ganz verschwinden ließ. Nun ergaben die grobmaschigen, braunen Wolltücher einen Sinn, die manche Frauen wie eine Art Schleier über dem Gesicht trugen. Bei gutem Wetter wurden sie im Schatten abgenommen oder nach hinten geschoben, so dass das Gesicht nicht weiter verdeckt wurde. Dadurch wirkte der Umgang mit diesen Schleiern viel selbstverständlicher, nicht so verkrampft, wie in vielen anderen streng islamischen Gebieten der Erde. Andere Frauen hatten weiße Tücher vors Gesicht gebunden. Darüber trugen sie dunkle, geblümte Kopftücher. So sah man nur ein paar dunkle Augen aus diesen Schlitzen hervorblitzen.

Der Autoverkehr ließ schnell nach. Bald waren auf der Straße fast nur noch Eselskarren unterwegs. Oft lagen die Fahrer hinten auf dem Wagen, hatten sich zum Schutz vor dem Staub zugedeckt und schliefen. Sie verließen sich darauf, dass ihre Esel wussten, wo Futter auf sie wartete. Auch Pferdekarren zuckelten mitunter an uns vorbei. Doch machten die davor gespannten Gäule einen klapprigen, ausgemergelten Eindruck.

Dagegen wirkten die Esel wie edle Tiere.

Obwohl die Sonne nicht richtig schien, war die Luft extrem trocken. Schon nach zehn Kilometern in der Wüste verspürte ich die ersten Schluckbeschwerden. Ich bekam ein mulmiges Gefühl. Würde die Taklamakan tatsächlich härter werden als alle anderen Wüsten? Doch das waren Gedanken, die ich mir lieber für später aufhob. Bis jetzt ging es gut voran. Nichts deutete darauf hin, dass sich daran etwas ändern würde. Unser erstes Nachtlager schlugen wir hinter einem kleinen Hügel auf und nannten es in Erinnerung an Sven Hedins Reiseberichte und mangels Wasservorrat ›Todeslager 1‹. Der Platz war den Gegebenheiten nach gut gewählt. Trotzdem waren all unsere Sachen am Morgen total verdreckt. Leichter, unmerklich schwacher Wind hatte in der Nacht so viel Staub auf all unsere Ausrüstung geweht, dass ich mich nach einem säubernden Bad sehnte. Doch solche Annehmlichkeiten konnten wir für die nächsten Wochen vergessen.

Die ersten Radeltage in der Wüste laugten uns stärker aus als gedacht. Trotzdem wollten wir wenigstens eine größere Strecke bis zur nächsten Oase schaffen. Ansonsten würden wir wieder in der Wüste schlafen müssen. Dafür aber brauchten wir genügend Wasser, für abends und für morgens vor dem Losradeln. Und das wollten wir uns wegen des zusätzlichen Gewichtes ersparen.

Die Wüste wurde etwas hügeliger. Immer mehr, nun auch höhere Sanddünen türmten sich rechts und links der schmalen, löchrigen Straße auf. Die Sonne brannte stärker. Weil wir uns matt fühlten, legten wir häufiger Pausen ein, sahen aber zu, dass wir sie kurz hielten und schnell weiterkamen.

Dann, mitten beim Radeln, passierte es. Die linke Seite meines Lenkers sank plötzlich ab. Ich war verdutzt, begriff aber sofort, dass der Lenker gebrochen war. Nur mit Mühe konnte ich einen Sturz verhindern.

»Verdammte Scheiße!« fluchte ich.

Wir hatten bis dahin etwa die Hälfte der geplanten Tageskilometer geschafft, saßen also mitten in der Wüste. Weit und breit keine Oase. Außer Dünen, Hügeln, kleinen Bergketten – nichts.

»Was willst du nun machen?«, fragte Axel besorgt. Dann machte er einen Vorschlag: »Vielleicht kannst du mit einem Auto bis Hotan mitfahren.«

»Machst du Witze?«, fragte ich entrüstet zurück. »Seit Stunden ist hier kein Auto mehr vorbei gekommen. Außerdem will ich Rad fahren und nicht Auto.«

»Was bleibt dir übrig? So kommst du doch keine zehn Kilometer weit.«

»Ich werde den Lenker schienen«, sagte ich nach kurzer Überlegung entschlossen.

Unser Fotostativ war dafür der einzig brauchbare Gegenstand. Doch es war nicht sehr stabil, und ich hatte berechtigte Sorge, es könnte nicht halten. Also stützte ich mich beim Fahren links so gut wie gar nicht ab und verlagerte die ganze Last auf die rechte Seite. Ein äußerst unangenehmes Radfahren, aber wenigstens kamen wir wieder voran. Innerlich verfluchte ich den Lenkerhersteller. Wie kann man nur solchen Schrott als Reiselenker verkaufen?

Ein paar Kilometer weiter entdeckte ich in einem trockenem Flussbett einen großen trockenen Ast. Mit ein paar Fußtritten brachte ich ihn auf die richtige Länge und wechselte ihn gegen das Stativ aus. Dieser Knüppel war viel stabiler und ließ sich auch besser mit der Hand umfassen. Er hatte nur einen Nachteil: Er war so dick, dass ich weder bremsen noch schalten konnte. Dennoch fiel mir ein Stein vom Herzen. Nun war klar, dass ich zumindest die nächste Stadt erreichen würde. Dort könnten wir versuchen, einen anderen Lenker zu bekommen. Ein Auto kam bis dahin sicher auch nicht mehr vorbei.

Einen Ort zu erreichen, konnten wir für diesen Tag allerdings vergessen. Nicht nur der Lenker, auch der Wind machte uns einen dicken Strich durch die Rechnung. Ständig wechselte er die Richtung, flaute ab und nahm dann wieder zu. Das Ganze spielte sich innerhalb weniger Minuten ab. Irgendwann entschloss er sich, uns als konstanter, kräftiger Gegenwind zu ärgern. Den ganzen Nachmittag und den halben Abend krochen wir mit zermürbenden zwölf Stundenkilometern dahin. Erst nach Einbruch der Dunkelheit nahm der Wind ab und wich schließlich völliger Windstille. Sofort verdoppelten wir das Tempo. Hotan erreichten wir jedoch an diesem Tag nicht mehr.

Kurz vor Mitternacht fanden wir in einer kleinen Scharte oberhalb eines Hanges den Platz für unser viertes ›Todeslager‹. Während ich Sterne am Himmel zählte, von denen ich in diesem Dunst nur ganze vierzehn ausmachen konnte, hörte Axel im Radio, dass China das Jahr der Härte ›feierte‹ und deshalb zweitausend Leute hinrichten ließ. Weitere dreitausend warteten noch auf ihre Exekution. Diese Hinrichtungen, das hatte ich irgendwo gelesen, finden gewöhnlich fast alle in Xingjang statt. In der Provinz, durch die wir gerade fuhren. Das soll vor allem uigurische Freiheitskämpfer abschrecken. Aber außer ihnen scheint sich wohl niemand in der Welt für derartige Dinge zu interessieren.

In Hotan gelang es Axel schnell, einen Lenker zu organisieren. Dafür wurde die Suche nach einem kleinen Imbusschlüssel zum Problem, den ich brauchte, um den Griff für meine Gangschaltung umzuschrauben. Nach drei Stunden fand Axel in irgendeinem Lädchen ein Set. Da wir nur einen einzigen Schlüssel brauchten, wollte er nicht den kompletten Satz kaufen. Das gefiel dem Verkäufer gar nicht.

»Ein Mensch ist auch nur komplett, wenn er zwei Arme und zwei Beine hat«, erklärte er. »Wenn du ein Bein wegnimmst, ist er kein richtiger Mensch mehr.«

Mit dieser Logik kann man mit Axel auf keinen Fall Geschäfte machen.

»Aber wenn ich für ein Bein den Preis eines halben Menschen bezahle, dann kann der Verkäufer doch einen Arm oder ein Bein für diesen Preis verkaufen und hat immer noch ziemlich viel übrig«, rechnete Axel vor.

Stolz kam er mit Imbusschlüssel und Wechselgeld zurück und freute sich: »Ich hab eine ganze Mark gespart! Wollen wir dafür ein Bier trinken gehen?«

»Klar doch. Allerdings ist das Bier teurer als eine Mark, und bei einem bleibt es ja sowieso nie. Trotzdem bin ich sauer, wenn du jetzt wegen dummer Mathematik auf das Bier verzichtest.«

Wir waren noch nicht weit gegangen, als uns in einer Kneipe ein breites Grinsen mit Pluderhosen auffiel.

»Hi Marc, das ist ja eine Überraschung! Du hast ja gar nicht erzählt, dass du auch die südliche Taklamakanstraße fahren willst.«

»Aber ich hab euch doch erzählt, dass ich in die Gebiete will, wo Menschen noch am ursprünglichsten leben. Auf der gut ausgebauten nördlichen Route kann ich das vergessen.«

»Und wo hast du unseren Österreicher gelassen? Ist der auch auf dieser Route unterwegs?«

»Nein,. der ist weiter nach Tibet. Allerdings«, und jetzt wäre das Grinsen noch viel breiter geworden, wenn es Marcs Gesicht zugelassen hätte, »allerdings kam er nach seinem hastigen Aufbruch noch mal angerannt und hat mich mit zittriger Stimme nach Toilettenpapier gefragt. Ich konnte ihm nicht helfen. Da ist er zum Wirt gegangen und hat den gefragt. Der verstand erst lange nicht. Dann, als er begriffen hatte, ging er kurz in die Küche und kam mit einem Becher Wasser wieder zurück.«

»Und wie ging's weiter?«

»Unser österreichischer Freund hat natürlich nicht gleich erkannt, wofür das gut sein soll und stand ziemlich ratlos da. Aber dann verwandelte sich sein Gesichtsausdruck von verkrampft zu einem voller Ekel.«

Wir krümmten uns vor Lachen.

»Danach habe ich ihm erklärt, wie das mit den arabischen Klos funktioniert.«

»Na ja. Damit habe ich mich auch nie anfreunden können«, antwortete ich. »Ich sehe lieber zu, dass ich immer Papier dabei habe. Auch wenn das manchmal schwer zu organisieren ist.«

»Das geht mir auch so. In den Toiletten der Eingangshallen von westlich eingerichteten, teuren Hotels gibt es übrigens fast immer welches.«

Der Abend in der Kneipe muss phantastisch geendet haben. Das stellte ich jedenfalls fest, als ich am nächsten Morgen früh aufstehen wollte und ich damit größere Probleme hatte als sonst. Aber gegen einen Kater half schon immer sportliche Betätigung. Also sahen wir zu, dass wir schnell auf die Räder kamen.

Vor uns lagen drei ausgesprochen harte Tage. Die Sonne brannte wie selten und Quecksilber im Thermometer kletterte auf fünfundvierzig Grad im Schatten. Ich begann mich zu fragen, wieso eigentlich immer im Schatten gemessen werden muss, selbst dort, wo es keinen gibt. Unser Schattenbild, das uns auf dem schmutzigen, löchrigen Asphalt verfolgte, war wegen der hoch stehenden Sonnen ganz schmal und der einzige Schatten weit und breit. Ringsum hatte die Erde nur von der Sonne ausgedörrte, tote, graue Steinwüste hervorgebracht. Einzelne Sanddünen, der allgegenwärtige Staub, die schlechte Sicht und unsere ausgedörrten Kehlen waren unsere ständigen Begleiter.

Selbst wenn wir etwas Wasser getrunken hatten, das Szenario war immer das gleiche: Bereits nach wenigen Kilometern trocknete der Mund wieder aus. Dann der Hals. Ständig plagten uns Schluckbeschwerden. Der Speichel wurde immer dickflüssiger. Spätestens dann war es an der

Zeit, wieder etwas zu trinken. Nur wenig natürlich, denn das Wasser hatten wir streng rationiert. Doch schon nach einem Kilometer begann das Spiel von neuem. Es war einfach unmöglich, genug zu trinken. Ständig schrie der Körper nach mehr Wasser.

Ich war ehrlich erstaunt, da ich Durst noch nie so heftig gefühlt hatte. Warum war das nie bei unseren bisherigen Wüstentouren aufgetreten? Bei Axel führte es zu Kreislaufbeschwerden.

Endlich fanden wir eine Brücke, die etwas Schatten spendete. Um uns herum lagen Kadaver verendeter Tiere. Die Aussicht auf ein Stückchen Schatten ließ uns den Ekel dieses unfertigen Friedhofes rasch vergessen. Wir setzten uns einfach dazwischen. Besonders bizarr war ein Kamel, das halb vom Sand verweht einen Huf in den Himmel reckte. Die durch die Austrocknung geschrumpfte Haut hatte sich so zusammengezogen, dass die Zähne hervortraten und der Kopf so aussah, als lache er uns aus. Es war ein böses Lachen, eines voller Schadenfreude. »Die Taklamakan kriegt euch auch noch«, schien es hämisch grinsend zu sagen.

Die folgende Oase hieß Qira. Gleich am ersten Haus baten wir um Wasser und bekamen eine zwei Liter fassende Schöpfkelle voll. Sofort trank ich sie aus, ohne abzusetzen. Aber der Körper schrie nach mehr. Gleichzeitig musste ich einen starken Brechreiz unterdrücken, der in mir aufstieg. Es war zum Ausrasten: Das Wasser, das der Körper unbedingt brauchte, konnte er in diesem Moment nicht mehr problemlos aufnehmen.

Die Oasen, farblose, vom Staub eingehüllte Ortschaften, lagen an Flüssen, die aus dem südlich von uns liegenden Himalajagebirge hinunterflossen und nicht viel weiter entfernt in der Wüste versickerten. Übrig blieben nur die Schwebstoffe, die das Wasser aus den Bergen mitschwemmte und es so zu einer dreckigen Brühe machten. Wir nahmen uns vor, nur in aller größter Not davon zu trinken. Ich musste daran denken, was schon Marco Polo schrieb: ›Überall hat es brackiges und schlechtes Wasser‹.

Von einer der nächsten Oasen berichtete er, dass die Bewohner sich bei der Bedrohung durch Armeen mitsamt ihren Reichtümern und Tieren zu Wasserlöchern in der Wüste zurückzogen, von deren Existenz nur sie wussten. Er erzählte auch von einem anderen interessanten Brauch: Wenn ein Mann nach über zwanzig Tagen nicht zurückkam, heiratete die verlassene Frau sofort nach Ablauf der Frist erneut. Auch der Mann suchte sich dann eine andere Frau. Eine Regelung, die sicher viel Scheidungsärger erspart hat.

Am nächsten Tag blieb die Sonne hinter dichten Wolken. Trotz einer miserablen Nacht fühlten wir uns gut. Vor uns lagen laut Karte simple hundertundacht Kilometer. In Wirklichkeit waren es bis Minfeng noch zwanzig mehr. Aber was sind schon zwanzig Kilometer? Eine Stunde, oder nicht viel mehr.

Wir radelten los und ließen die Oase hinter uns. Mit Getränken fühlten wir uns ausreichend versorgt. Ich hatte zwei Fahrradflaschen und zwei dreihundert Milliliter-Flaschen voll Wasser dabei, eine kleine Cola und zwei Büchsen mit einem kalten ›Sportdrink‹, den ich zum Schutz gegen die Hitze in Sachen eingewickelt hatte. Dass das vielleicht doch nicht reichen könnte, merkte ich, als nach einer Stunde die Sonne hinter den Wolken hervor trat. Das würde ein fürchterlich heißer Tag werden. ›Ein Fehler‹, durchzuckte es mich, doch ich machte mir noch nicht allzu viele Sorgen. Dann würden wir Minfeng eben etwas durstig erreichen.

Trotz leichten Rückenwinds und der relativ guten Straße kamen wir nicht recht voran. Der Schweiß lief mir den Rücken herunter. Ich quälte mich, ohne zu wissen, warum. Erst nachdem Axel seine Höhenmesseruhr hervorgekramt hatte, begriffen wir, dass wir die ganze Zeit straff bergauf geradelt waren. Die flache Landschaft und die auf wenige Kilometer begrenzte Sicht boten einfach keine Anhaltspunkte. In der Gewissheit, dass wir bald ›oben‹ sein müssten, und es dann ›rollen‹ würde, trank ich den größten Teil meiner Getränke. Wieder ein Fehler? Ich tröstete mich damit, dass die heutige Etappe relativ kurz sein würde.

Doch es sollte schlimmer kommen. Als wir gerade den höchsten Punkt erreicht hatten, drehte der Wind und nahm kräftig zu. Ein trockener, starker Wind, der wie ein Heißluftföhn brannte. Die dazu brutal sengende Sonne trocknete uns schneller aus, als ich es je für möglich gehalten hätte. Zuerst wurde mein Speichel dickflüssig. Nach einer Weile fühlte sich auch meine Zunge dick an. Es war, als klebte sie am Gaumen fest. Auch das war für mich eine völlig neue Erfahrung. Wir verständigten uns darauf, nun regelmäßig alle zwanzig Kilometer eine kurze Trinkpause zu machen. Doch das bisschen, was wir uns selber einteilen konnten, reichte nicht. Der föhnartige Wind kam schräg von links vorn.

Unmittelbar vor uns lag eine Neunzig-Grad-Rechtskurve.
»Wenn wir dort vorn sind, haben wir den Wind ...«
Axel hörte mitten im Satz auf.
»Das war lustig, was du gerade sagen wolltest«, sagte ich völlig resigniert. Dabei fand ich es eher zum Heulen. Der Wind hatte mitten in Axels Satz gedreht und kam jetzt neunzig Grad von rechts. Die Kurve bescherte uns also wieder Gegenwind.

Die nächste Trinkpause, nach sechzig Kilometern, brachte nur eine kurze Erleichterung. Achtzig Kilometer weiter musste ich mich schon sehr stark zusammen reißen, nicht doch noch mehr zu trinken. Eine wirkliche Erleichterung verspürte ich nur in dem Moment des Trinkens selbst. Schon beim Absetzen der Flasche fühlte ich wieder den rasenden Durst.

Was war nur los mit mir? Ich hatte über Nacht reichlich getrunken, war früh also nicht ausgetrocknet gestartet. Sonst kam ich im Vergleich zu Axel immer mit wesentlich weniger Wasser aus. Aber die nächsten zwanzig Kilometer wurden für mich zur absoluten Qual. Es kostete mich enorme Überwindung, nicht einfach anzuhalten und wieder zu trinken. Ich schleppte mich weiter. Auch Axel fühlte sich miserabel. Doch im Vergleich zu mir ging es ihm blendend.

Beim Hundert-Kilometer-Stopp schafften wir gerade noch, die Räder aneinander zu lehnen, über die Straße zu stolpern und in den Schatten unter einer kleinen, flachen Brücke zu kriechen, die bei starken Regenfällen das Überfluten der Straße vermeiden sollte. Jetzt war sie fast vollständig verweht. Ich fiel mit dem Gesicht in den Sand und blieb lange so liegen, zu nichts fähig. Das Gefühl für Raum und Zeit war einfach verloren gegangen. ›Trinken‹, sagte mir der Verstand, ›Nicht aufstehen‹, schrie der Körper. ›Wasser‹, forderte der Hals, ›Kaputt‹, meldeten sich die Beine, ›Nie mehr in die Sonne‹, hämmerte es im Kopf.

Was war los mit mir? Ich versuchte, mich wieder unter Kontrolle zu bekommen und begriff, dass ich noch fähig war, rational zu denken. Nur mein Körper war nicht mehr in der Lage, meine Entscheidungen auszuführen. Ich lag noch immer mit dem Gesicht im Sand. Die letzte Wasserflasche hatte ich, um sie gegen Überhitzung zu schützen, in den Tiefen meiner Packtaschen vergraben. Um jetzt an sie zu gelangen, hätte ich den Schatten der Brücke verlassen und in die Sonne gehen müssen. Das war absolut unmöglich. Schließlich bat ich Axel, mir das Wasser zu bringen. Noch bevor er mich ermahnen konnte, langsam zu trinken, hielt ich schon die leere Flasche in der Hand. Sofort setzten rasende Kopfschmerzen ein. Ich glaubte zu spüren, dass das Klopfen der Herzschläge in meinen Ohren unregelmäßig wurde. In diesem Moment verstand ich all die Leute, die sich nahe am Verdursten nicht mehr an ihre eigenen Wasserrationen halten können und kurzerhand alles austrinken. Und dazu noch das Wasser ihrer Gefährten.

Auch ich dachte nur noch ans Überleben. Sollte ich bis zum Dunkelwerden unter der Brücke bleiben? Doch allein das Warten würde mich viel Wasser kosten. Wasser, das ich nicht mehr hatte. Andererseits konnte ich in meinem jetzigen Zustand keinen Meter weiterfahren. Was tun? Axel bot mir an, von seinen knappen Wasserrationen zu trinken. Doch auch das reichte nicht. Plötzlich hörte ich ein Auto. Axel sprang auf, stolperte auf die Straße und hielt den Wagen an. Nein. Wasser hatten sie nicht dabei. Ich war der Verzweiflung nahe. Wären die Leute im Auto zurück nach Qira gefahren, wäre ich bis in die Stadt mitgekommen, hätte dort trinken und dann mit dem Taxi zurückfahren können. Doch in der anderen Richtung ging das nicht.

Wieder saß ich fast eine Stunde unter der Brücke. Axel redete auf mich ein, endlich loszuradeln. Doch ich konnte einfach nicht.

Ein neues Auto! Wieder hielt Axel es an, und tatsächlich hatte der Fahrer einen halben Liter, den er uns abgeben wollte. Ich hatte den Becher praktisch sofort ausgetrunken. Noch immer fühlte ich mich unendlich kaputt, doch nun konnte ich mit enormer Kraft- und Willensanstrengung langsam weiterfahren. Doch schon nach zehn Kilometern brauchte ich eine neue Pause. Ich trank den letzten Schluck von Axel und – was viel wichtiger war – ich sah Bäume. Eine Oase, sieben Kilometer vor uns. Meine Rettung.

Wir stürzten zu einem Fluss, der dieses unglaublich dreckiges Lehmwasser aus den Bergen mit sich führte und kippten sofort mehrere Liter davon in uns hinein. Das Würgen unterdrückend trank ich weiter. Immer weiter, obwohl ich längst genug hatte. Endlich Wasser! Dabei konnte man diese braune, brackige Brühe kaum so nennen. Schließlich füllte ich auch meine Flaschen damit auf, obwohl ich nun eigentlich genug hatte und es nur noch zehn Kilometer bis nach Minfeng sein konnten. Wir machten eine lange Rast im Schatten der Bäume. Ganz allmählich fühlte ich, dass es mir besser ging. Die Kopfschmerzen ließen nach. Nur der Brechreiz blieb.

Wahrsager auf der Straße von Lanzhou/China

Buddhistischer Tempel/China

»endlich allein« – Hotel in China

»schmeckte besser als es aussah ...«

Frühstück im Libanon

Mittagessen in China

Kirgisisches Mädchen

Ihr Vater

So eine Jurte brachte Axel mit nach Deutschland

Hammelaugen schmecken/Kirgistan

Zerfallende sowjetische Kolchose/Tadschikistan

Ausgetrockneter Amudarja/Turkmenistan

Vor einer Kantine in der Kysylkum/Usbekistan

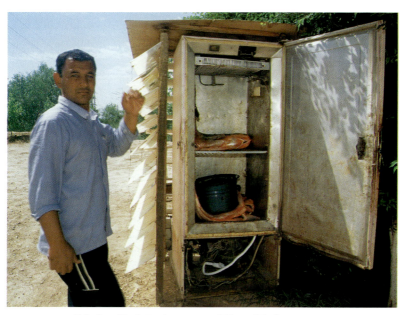

Frischer Fisch in der grünen Wüste/Turkmenistan

In der Wüste teilt jeder sein Wasser

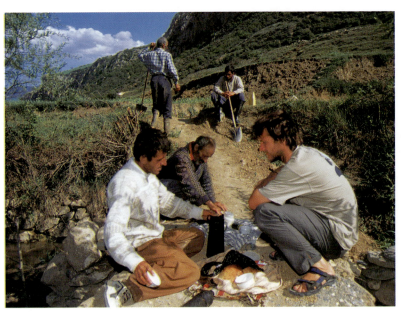

Iran – ein unwahrscheinlich gastliches Land

Die Salzpfanne der Dasht-et-Kavir Wüste/Iran

Berghirten an der afghanischen Grenze

Lenker-
bruch/China

Sandsturm
in der
Taklamakan

Nachtlager
im
Sandsturm

Unsere
Ausrüstung
am Morgen
danach

Vom Sandsturm verwehte Piste

Taklamakan – Wüste ohne Wiederkehr

Eine der schönsten Pagoden/China

In Labrang/Tibet

Traditionelle Teestube/China

Pekingoper

Traditionelle Morgenübungen/China

Straße in Datong/China

Religion im Aufschwung/Peking

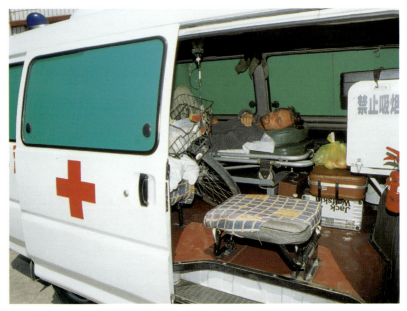

Die letzte Etappe fuhr Axel im Krankenwagen

Die nicht mehr »Verbotene Stadt« in Peking

Ich lag apathisch im Schatten und wartete darauf, dass die Sonne tiefer sank. Zwar wurde die Luft dadurch noch nicht kühler, doch ließ das unbarmherzige Sengen der Sonnestrahlen etwas nach. Der Wüstenwind wirkte noch immer wie ein Föhn. Wie ich diese Hitze hasste! Neunundvierzig Grad hatte Axels Thermometer zeitweise angezeigt. Als wir vor sechs Jahren die nördliche Seidenstraße entlanggeradelt waren, hatten uns Temperaturen von minus dreißig Grad das Leben zur Hölle gemacht. Nun quälten wir uns auf der südlichen Seidenstraße mit dem anderen Extrem. Am liebsten wäre ich hier im Schatten der Bäume den Rest meines Lebens sitzen geblieben. Ruhe, Schatten, Wasser, am besten kaltes, klares Wasser: Nichts anderes wollte ich.

Nach einer Zeit, die mir endlos vorkam, raffte ich mich auf. Wir radelten geschwächt die letzten paar Kilometer nach Minfeng, wo wir in einem Laden unter dem verständnislosen Blick des Verkäufers jubelnd unsere Flaschen auskippten und uns mit Cola und Wasser die Mägen vollschlugen.

»Ich glaube, ich hatte noch nie solche Panik, dass ich nicht durchkommen könnte«, begann ich später über diesen für mich so grauenvollen Tag zu reden. »Allein hätte ich wohl keine Chance gehabt.«

Das sollte ein Dankeschön an Axel sein. Ein unausgesprochenes. Zwischen uns ist es eher unüblich, sich beim anderen zu bedanken. Wenn man solange zusammen reist wie wir, sind viele Dinge selbstverständlich. Jeder weiß, was er zu tun hat. Jeder Handgriff muss sitzen, wir müssen uns aufeinander verlassen können. Das aber, was Axel an diesem Tag getan hatte, war keine Selbstverständlichkeit.

Dennoch winkte er ab. Nicht nur aus Bescheidenheit, er wollte einfach nicht darüber reden.

»Du hast mir dein letztes Wasser gegeben, stimmt's?« Ich ließ nicht locker. »Obwohl es dir selbst dreckig ging.«

»Was hätte ich denn machen sollen?«, meinte Axel. »Ich weiß, dass du es unter normalen Umständen nie angenommen hättest.«

Ich war mir nicht sicher, aber Axel fuhr fort: »Außerdem hatte ich ein schlechtes Gewissen.«

Neugierig schaute ich hoch.

»Mir war sozusagen ein Missgeschick passiert. Du weißt doch, als das Auto stoppte, reichten mir die Leute einen großen Wasserbecher. In der anderen Hand hatten sie noch zwei weitere. Also hab ich den ersten bis auf die Hälfte geleert. Schließlich ging es mir auch nicht viel besser als dir. Erst dann habe ich bemerkt, dass die anderen beiden Becher leer waren. Tut mir leid.«

»Das fehlte noch, dass du dich entschuldigst«, sagte ich schnell. »Es war unsere eigene Blödheit, dass wir in diese Situation gekommen sind.«

»Wir haben die Taklamakan unterschätzt«, erklärte Axel.

Ich hasste dieses aufkommende Pathos: »Nein. Wir haben nur dumme Fehler gemacht, Sonne und Wind unterschätzt, nicht mit einer solchen starken Steigung gerechnet und einfach zu wenig Wasser mitgenommen. Wir sollten daraus lernen.«

Obwohl wir nun besser vorbereitet waren und stets genügend Wasser mitnahmen, sparte die Wüste auch an den nächsten Tagen nicht mit Überraschungen. Die Taklamakan wechselte ständig ihr Gesicht. Mal war sie eine absolut tote Steinwüste, mal mit Sanddünen überzogen. Dann kamen wieder Gegenden, die voller kleiner, bis acht Meter hoher, steiler Hügel waren. Auf diesen kleinen Erhebungen wuchsen trockene Gewächse und knorrige, dornige Sträucher. Drum herum war alles tot. Solche Landschaften hatte ich bisher noch nie gesehen.

»So ungefähr stelle ich mir Leben auf einem anderen Planeten vor.«

»Das muss dann aber ein ziemlich öder Planet sein. Auf alle Fälle einer, wo ich nicht drauf leben möchte.«

»Ich hab auch keine Ambitionen auszuwandern«, gestand ich. »Auf jeden Fall nicht an einen Ort, an dem alles so dreckig ist, das Klima so extrem und die Sonne dermaßen brutal sengt wie in dieser verdammten Wüste.«

Wenn mittags die Sonne am stärksten drückte, machten wir nun schon nach zehn oder fünfzehn Kilometern kurze Pausen. Beim Losfahren legten wir fest, wie lang die folgende Strecke sein würde. Dadurch versuchten wir, unseren inneren Schweinehund zu überwinden, der regelmäßig nach fünf Kilometern nach einer weiteren Pause schrie. Die Straße war längst zu einer Piste verkommen, weil sie schon seit Jahren nicht mehr gepflegt wurde. Sie war teilweise ausgespült und an vielen Stellen versandet. Einzelne Dünen wanderten darüber hinweg. Trucks blieben darin stecken, und wir konnten uns anhand der Spuren im Sand vorstellen, wie lange es gedauert und wie viel Arbeit es gekostet haben musste, sie wieder frei zu bekommen. Wir waren besser dran. Wir konnten unsere Räder drüber tragen. Dafür war das Radeln im losen Schotter oder im flachen Sand, der kilometerlang die Piste bedeckte, die reinste Hölle. Diese Umstände, gepaart mit Gegenwind und der unbarmherzigen Sonne, laugten uns unglaublich aus.

Jeden Abend fielen wir todmüde in unsere Schlafsäcke. Längst besaßen die ›Todeslager‹ keine Nummern mehr und längst hatte die Taklamakan jegliche Faszination für uns verloren. Wir verfluchten sie und wollten nur noch raus. Sie war keine Herausforderung mehr, nur noch eine Aneinanderreihung von Strapazen und Entbehrungen. Auch wenn sie uns körperlich noch nicht gebrochen hatte, psychisch waren wir am Ende. Wir waren Wracks, die nichts anderes herbeisehnten, als das Ende der Wüste.

Doch die Taklamakan hielt noch weitere Überraschungen für uns bereit. Gegen Ende eines besonders anstrengenden Tages setzte plötzlich ein Staub- und Sandsturm ein, der allmählich immer stärker wurde. So stark, dass wir die Räder schieben mussten.

Diesmal war Axel mehrfach nahe am Verzweifeln: »Ich hab die Schnauze voll! Ich schaff's nicht mehr!«, fluchte er.

»Fahr in meinem Windschatten! Das hilft dir und ich höre dich nicht mehr jammern.«

Unsere Art, uns gegenseitig aufzumuntern, ist nicht immer die feinste. Mir machte der Wind im Moment nicht solche Probleme. Trotzdem legten wir zusätzliche Pausen ein. Am Abend erreichten wir erschöpft einen winzigen Ort. Er bestand aus sechs Hütten, die als Garküchen und Verpflegungsstellen für steckengebliebene Truckfahrer genutzt wurden. Einer der Fahrer, die hier schon seit fast einer Woche festsaßen, erzählte uns, es handele sich bei dem Sturm um einen ›Kara Buran‹, einen der schwarzen Sandstürme, die angeblich vier Tage lang anhalten können.

Zum Glück besann sich der Sturm eines Besseren und flaute über Nacht ab. Der Ort sah dadurch allerdings nicht ein bisschen freundlicher aus. Überall rannten Enten und Ziegen herum und versuchten, zwischen dem Müll, der vom Wind immer noch durch die Gegend geblasen wurde, etwas Fressbares zu ergattern. Die Leute, die hier lebten, wirkten unglaublich abgestumpft. Das mussten sie wohl auch sein, wenn sie dieses Leben in der Wüste und vor allem in diesem Staub aushalten wollten. Sie sahen so grau und verwahrlost aus wie ihre Umgebung.

Regelrecht krank. Vielleicht waren sie das ja auch. Gesund konnte das Leben hier jedenfalls nicht sein.

Tage später, in Qiemo, erzählte mir Axel, wie sehr er in dem Sturm gelitten hatte.
»Ich hatte wahre Halluzinationen. Ganz deutlich sah ich vor uns einen Truck auf der Straße stehen, aus dem Leute ausstiegen. Einer mit rotem Hemd stieg wieder ein.«
»Warum hast du mir das nicht gesagt?«, fragte ich nach.
»Du weißt doch, das Denken dauert bei dieser Erschöpfung etwas länger. Als ich es dir gerade sagen wollte, sah ich hoch, und der Truck war weg. Nicht fortgefahren. Nein, richtig weg, so als ob er nie da gewesen wäre.«
»Eine Luftspiegelung kann es ja kaum gewesen sein«, sinnierte ich. »Die Temperatur war durch den Sandsturm stark gesunken und die Sicht minimal.«
Schon Marco Polo hatte von den geisterhaften Stimmen in dieser Wüste geschrieben. Andere chinesische Reisende schworen, von bösartigen Teufeln zu wissen, die Reisende von ihrer Gruppe wegrufen und dann im Sand elend eingehen lassen. Aber das verschwieg ich Axel jetzt. Ich legte den Kopf schief und sah ihn musternd an.
»Da gibt's wohl nur eine Antwort drauf: Axel, du bist verrückt!«
»Ich weiß, das hat mir Marc auch gesagt, als ich ihm erzählt habe, wo wir lang radeln wollen. Ach übrigens: Er hat dich dabei mit eingeschlossen.«

Wir saßen in einer Gaststätte und hatten Lagman bestellt, dieses leckere, uigurische Nudelgericht, das inzwischen zu unserem Hauptnahrungsmittel geworden war. Wie so oft warteten wir fast zwei Stunden darauf. Dann endlich kam das Essen. Wir hatten jeder ein Buch vor uns auf dem Tisch liegen und stocherten mit den Stäbchen in unseren runden Essenschalen herum. Ein dicker, schwitzender Chinese vom Nachbartisch stand behäbig auf, kam zu uns herüber, griff über meine Suppenschale nach meinem Buch, nahm es mit an seinen Tisch und blätterte nun interessiert darin herum. Eine ganz alltägliche, normale Unhöflichkeit, die so typisch für China ist.
Wir ärgerten uns nicht einmal mehr richtig darüber. So war China nun einmal und wir konnten nichts daran ändern. Heute versuchte Axel

es trotzdem. Er stand auf, ging an den Tisch des dicken Chinesen, nahm ihm das Buch weg, legte es zu mir zurück, lächelte den Chinesen breit an und sagte auf Chinesisch: »Guten Tag«.

Dann deutete er auf das Buch, machte einen fragenden Gesichtsausdruck und sagte »Bitte«. Nachdem er das Buch in die Hand genommen hatte, schickte er ein »Danke« hinterher.

Alle Anwesenden lachten über den blamierten Chinesen. Alle hatten begriffen, was Axel meinte. Doch ich war mir absolut sicher, dass die meisten aus Schadenfreude lachten. Schließlich hatte es sie nicht selbst getroffen. Ich glaube nicht, dass irgendjemand etwas aus dieser Begebenheit gelernt hat. Rücksichtslosigkeit, Schadenfreude und Ignoranz sind in Rotchina, anders übrigens als in Hongkong und Taiwan, an der Tagesordnung. Mit der berühmten chinesischen Höflichkeit ist es nicht weit her. Hier in der Provinz schon gar nicht.

Eine andere unangenehme Eigenart erlebten wir gleich darauf beim Bezahlen. Ohne ersichtlichen Grund rutschte der vereinbarte Preis wieder in die Höhe. Wir kannten das bereits von der Weltreise. Es war einer der vielen Punkte, die uns China verhasst gemacht hatten. Nicht einmal vor dem Essen konnten wir bezahlen. Die zwei Mal, die wir das versucht hatten, endeten mit Miniportionen für uns. Also half nur, erst zu essen und dann ums Geld zu streiten. Wir wollten ja nicht betrügen. Doch wir erlebten einfach zu oft, dass wir selbst betrogen werden sollten. Zum Glück kannten wir inzwischen die gängigen Preise und achteten immer darauf, wieviel andere bezahlten. So hatten wir keine moralischen Probleme mit unserer Art, das Preisgefüge in vertretbaren Bahnen zu halten. Oft merkten wir allerdings auch erst nach langer Zeit, dass wir konstant zu viel bezahlt hatten, wie beispielsweise für Getränke.

Trotz solcher Erlebnisse überraschte uns Qiemo auf angenehme Weise. Obwohl augenscheinlich stark chinesisch geprägt, wirkte die Stadt einladend und freundlich. Straßengaststätten und einen Markt mit Früchten hatten wir seit Wochen nicht mehr gesehen. Leute sprachen uns an oder fragten, woher wir kommen. Die stumme, gaffende Neugier machte freundlichem, offenherzigem Lächeln Platz.

Wieder beeindruckte mich der Gegensatz zwischen der für diesen islamischen Kulturkreis typischen Altstadt mit ihren verwinkelten Lehmbauten, krummen Gassen und den weitläufigen, am Reißbrett entstandenen chinesisch geprägten Stadtteilen. Breite Straßen und große Plätze waren »ideal für Panzerparaden und Massenkundgebungen«, wie ich zu lästern pflegte. Sozialistisch orientierte Staaten haben solche Machtdemonstrationen seit jeher dringend nötig.

Trotz dieser Vorgaben schafften es die Chinesen, ihren Städten einen eigenen Stil zu geben. Die Häuser waren zur Straße hin mit weißen und blauen Kacheln verkleidet. Dazwischen lagen große, dunkel getönte Glasfronten. Alles wirkte steril, ohne dabei wirklich sauber zu sein. Ein Kniff, den ich mir unbedingt für meine Wohnung merken muss.

Wie eine Oase der Erholung kam uns Qiemo vor. Nach zwei Rasttagen fühlte ich mich wieder besser. Mein Frust auf die Taklamakan ließ allmählich nach. Selbstvertrauen und Stärke kehrten langsam zurück. Noch reichlich dreihundert Kilometer, sagten wir uns, dann haben wir die Wüste endlich hinter uns. Seit Tagen, nein, seit Wochen hatte ich mich nicht mehr motiviert gefühlt.

Unser Reiseführer versprach bis Ruoqiang, der Ortschaft, die für uns das Ende der Taklamakan markierte, zwar keine Orte mehr, aber dafür eine asphaltierte Straße. Die verschwand jedoch schon bald hinter der Stadt. Auf einer Strecke von über zwanzig Kilometern war die Piste überhaupt nicht mehr befahrbar. Dutzende, vielleicht auch hunderte Fahrspuren wanden sich durch die Wüste. Jedes Fahrzeug suchte sich hier seinen eigenen, verschlungenen Weg. Der Sand war weich und tief, so tief, dass Radeln unmöglich war. Unzählige Male mussten wir absteigen und die Räder durch lockere Sandfelder schieben. Wer das schon mal gemacht hat, weiß, wie fürchterlich anstrengend das auf Dauer wird. Axel fing an, von irgendwelchen Lastwagen zu phantasieren, auf die wir die Räder packen könnten. Doch es war müßig, darüber nachzudenken. Es kamen sowieso keine. Ein Bus, der uns am Vormittag noch auf Asphalt überholt hatte, sollte für zwei Tage das letzte Fahrzeug sein, das wir zu Gesicht bekamen.

Die Piste, die nun wieder unter großen Anstrengungen und nicht schneller als mit zehn Stundenkilometern befahrbar war, führte bis an die Berge heran. Zu unserem Glück brannte die Sonne nicht zu sehr. Der Gegenwind blieb obligatorisch, mit ihm hatten wir uns abgefunden. Wir kämpften uns weiter. Die Wüste war absolut tot und trostlos. Hier gab es einfach nichts, rein gar nichts. Nur Steine, Staub und ab und zu Sandfelder. Das Gelände war ein ganz klein wenig geneigt. Dennoch mussten mitunter stärkere Regenfälle die Gegend heimsuchen. Damit dann die Piste nicht über- oder weggespült wird, existierten in regelmäßigen Abständen flache Brücken. Auf der Hangseite wurde das

Wasser mit kleinen Dämmen zu ihnen geleitet. Diese und die erhöhte Piste waren die einzigen winzigen Erhebungen in der ansonsten platten Wüste.

Mitten in einem Kilometer großen Sandfeld reparierte ich mal wieder einen Speichenbruch. Dabei aßen wir unser letztes Brot. Warum hatten wir uns in Qiemo nicht besser versorgt? Eigentlich waren wir ausreichend ausgestattet, hatten aber keine Reserven eingekauft. Ich war wieder gut in Form und konnte mir deshalb über so etwas Gedanken machen. Nur ein möglicher Grund kam in Frage: Wir wollten uns partout nicht mit der weiteren Strecke, mit der restlichen Taklamakan, auseinander setzen. Wir hatten von der Wüste die Nase gestrichen voll. Absolut. Wir wollten nicht mal mehr über sie nachdenken. Unser ganzes Denken galt nur noch dem ›Danach‹, an das ›Rauskommen‹ dagegen hatten wir nicht einen Gedanken verschwendet.

Ohne Essen überlebt der Mensch notfalls drei Wochen, rief ich mir eine alte Schulweisheit ins Gedächtnis. Doch wie lange schafft er es, wenn er dabei Rad fährt? Diese Frage beschäftigte mich in den nächsten Stunden, ohne dass ich zu einer befriedigenden Antwort gelangte. Kurz darauf kamen wir an einen Bach. Doch was war das?

»Schau mal, das ist richtig klares Wasser!«

Ich freute mich wie ein kleiner Junge. Von all den Bächen und Flüsschen, die aus den Bergen kamen und irgendwo in der Taklamakan versickerten, war dies der erste mit klarem Wasser.

»Erzähl keinen Müll«, meinte Axel, der sein Rad in den Sand fallen ließ. »Das Wasser hier ist so dreckig, dass das Wasser im Amazonas dagegen noch an der Mündung wie Trinkwasser aussieht.«

»Nein, wirklich. Schau es dir doch selber an!«

Axel schritt gemächlich zum Ufer. Dann sah er den klaren Gebirgsbach und verstand gar nichts mehr. Er stürzte darauf zu und wir jubelten, tranken und füllten jede Flasche auf, die wir hatten. Glücklich radelten wir bis kurz vor Mitternacht weiter. Dann machten wir Schluss.

Es gab zwar keinen Verkehr, dennoch mochten wir uns nicht direkt an die Piste legen. Im Windschatten hinter einem kleinen Busch breiteten wir unser Nachtlager aus.

Ich war gerade eingeschlafen, als die ersten Regentropfen fielen.

»Das muss doch nicht wirklich sein«, stöhnte ich. »Das ist doch einfach nur lästig.«

»Die Taklamakan hält eben immer noch eine Überraschung bereit.«

»Zumindest passt sie zu all den anderen, die sie uns schon geboten hat!«

Auf eine schnelle, einfache Lösung bedacht, legte ich meine Schlafmatte neben Axel und wir deckten uns mit meiner Unterlegplane zu. Wieder versuchten wir zu schlafen. Der Wind hatte jetzt gedreht und nahm innerhalb von wenigen Minuten enorm zu. Uns wurde klar, dass wir bis zum Morgen vom Sand total eingeweht sein würden. Doch das war im Moment egal. Wir wollten einfach nur schlafen.

Nach einer Weile, der Sturm hatte noch mehr zugenommen, fing Axel an zu schimpfen.

»Mein Schlafsack ist schon total durchnässt.«

Ich hatte gar nicht bemerkt, dass der Regen noch stärker geworden war. Wie es schien, war ich besser geschützt. Meine Unterlegplane war als Decke für uns beide natürlich viel zu klein. Was nun? Der Sturm und der Regen peitschten so stark, dass wir gegen den Wind gewandt überhaupt nichts mehr sahen. Planen flatterten, dazu der Sandsturm, der wie ein Sandgebläse wirkte. Das laute Knattern der Planen machte eine Verständigung fast unmöglich. Die Haare verklebten, auf Augenlidern und Ohren sammelte sich eine schmierige Pampe.

»Lass uns packen und weiterfahren!«, schrie Axel gegen den Wind an.

Innerhalb von Sekunden hatte mich der Regen total durchnässt. Außerdem schaffte ich es einfach nicht, bei diesem Sturm die Sachen wasserdicht zu verpacken.

»Das wird doch nichts!« brüllte ich zurück.

»Hier liegen bleibe ich jedenfalls nicht«, kam als Antwort.

Axel hatte Recht. Andererseits begriff ich, dass wir höchstens mit dem Wind, also zurück radeln konnten. Doch auch da kam das nächste schützende Dach erst nach über hundert Kilometern.

»Was ist mit der Brücke?«

»Ich seh' mal nach!«

Während sich Axel mit eingeschalteter Stirnlampe auf den Weg machte, versuchte ich so gut ich konnte, unsere Sachen vor dem Wegwehen zu bewahren.

Axel kam zurück.

»Ist Mist, aber es geht!« schrie er.

Wir nahmen all unser Zeug und kämpften uns zurück bis unter die

Brücke. Für die Räder war sie zu flach, aber wir passten darunter. Die Lenkertasche mit der Kamera nahm ich mit und wickelte sie gegen den Sand in ein T-Shirt. Ein guter Schutz, wie sich am anderen Morgen heraus stellen sollte. Gegen die plötzliche Kälte zog ich meine Fleeceweste an, die von Regen und Sand schon total verdreckt war. Ich machte mir ernsthafte Gedanken, was passieren würde, wenn der Regen so zunahm, dass die Brücke zu dem wurde, wofür sie gedacht war. Wenn da, wo wir jetzt lagen, das Wasser stehen würde. Doch das verschwieg ich Axel. Ich wollte ihn nicht noch mehr beunruhigen, denn seine Laune war inzwischen auf Höhe Galgenhumor gesunken. Aus heiterem Himmel eröffnete er mir im schönsten ›Was-ich-fast-vergessen-hätte‹-Tonfall:

»Als ich vorhin hier nachgeschaut habe, ist genau unter deinem Schlafsack ein riesiger Skorpion fortgerannt. Meine Brille war verschmiert. So konnte ich nicht sehen, wo das Vieh hin ist. Eigentlich wollte ich dir das ja nicht sagen, aber ich glaube, es ist besser, wenn du deinen Schlafsack so eng wie möglich zumachst.«

Wie durch ein Wunder konnte ich trotzdem schlafen. Am nächsten Morgen erwachte ich mit mehreren Handvoll Sand im Schlafsack. Außerdem war der Stoff von unserer nächtlichen Umzugsaktion völlig durchnässt. Mir selbst und den Sachen, die ich über Nacht anbehalten hatte, ging es auch nicht besser. Aber jetzt kühlte ich aus. Der Sand an Körper und Kleidern war mit egal. Nur die plötzliche Kälte nicht. Also beeilten wir uns mit dem Losradeln. Unterwegs wurden wir allmählich wieder warm.

»Schau mal, wie das Wasser hier unter den Brücken durchschießt.«
Axel starrte beeindruckt hinunter.
»Stell dir mal vor, das wäre bei unserer Brücke auch so gewesen! Wer weiß, was die Strömung alles fort gerissen hätte. Wir hätten nie unser ganzes Gepäck schnell genug unter der Brücke hervorholen können.«
»Ist dir schon aufgefallen, dass bisher alle Brücken unter Wasser standen, außer unserer?«
Ich grinste Axel an. Der starrte perplex zurück.
»Willst du damit sagen, dass du gewusst hast, dass unsere Brücke trocken bleibt?«
»Na ja. Ganz so war es auch nicht«, gestand ich. »Ich hatte nur die Hoffnung, dass das Wasser nicht zu uns kommt. Gewusst habe ich gar nichts. Nur gehofft. Aber wir hatten ja keine andere Alternative als unter

dieser Brücke zu schlafen. Und du hast deinen Schlaf auch gebraucht. Also wollte ich dich nicht nervös machen und hab dir lieber nichts von meinen Bedenken gesagt.«

Axel grinste mich nun auch an.

»Das mit dem Skorpion habe ich dir auch nur gesagt, weil ich ihn erst spät habe weghuschen sehen. Der blieb hartnäckig, gerade als du deinen Schlafsack hinlegen wolltest. Ich hatte Angst, dass du nicht unter der Brücke bleiben willst, wenn ich es dir gleich sage. Deswegen hab ich gewartet, bis du schon in deinem Schlafsack lagst. Danach wärst du sicher nicht noch einmal umgezogen.«

Damit wir wieder warm wurden, traten wir besonders kräftig in die Pedale. Wir kamen gut voran. Bis zum frühen Nachmittag hatten wir schon achtzig Kilometer hinter uns gelassen. Nach einem Blick auf das Thermometer beschloss Axel:

»So, einunddreißig Grad. Wärmer wird es heute nicht mehr.«

»Sei dir da bloß nicht so sicher«, entgegnete ich. »Du weißt doch, bisher hat die Taklamakan unsere Befürchtungen immer übertroffen. Das hast du doch erst gestern Nacht gesagt. Erst wenn sie hinter uns liegt, hat sie auch wirklich nichts mehr für uns zu bieten.«

Allerdings sollte ich mich selbst darin täuschen.

»Was soll denn heute noch passieren?« fragte Axel zurück.

»Wer weiß?«

Ich blieb skeptisch. Die dichten Schleierwolken hatte dafür gesorgt, dass die Sonne nicht allzu kräftig drückte und die Temperatur erträglich blieb. Kurz darauf riss die Wolkendecke auf. Im strahlend blauen Himmel stand eine unbarmherzig brennende Sonne. Im Nu stieg die Temperatur auf vierzig Grad. Vor uns türmten sich Dünen. Im Sand gab es keine frischen Radspuren. Wir waren nach dem Sturm die ersten, die sich hier durchkämpften. Durch kleinere Verwehungen konnten wir mitunter durchradeln. Dazu mussten wir mit aller Kraft treten und durften den Lenker nicht bewegen. Ansonsten hieß es absteigen und schieben. Das dauernde Auf- und Absteigen und das Beschleunigen strengten fürchterlich an. Aber wir mussten hier durch. Also weiterkämpfen! Und das taten wir. Oft um jeden Meter. Der Schweiß lief in Strömen. Die Knie wurden zittrig, doch wir kämpften uns weiter. Mehrfach erwog Axel, die Räder samt Gepäck einfach irgendwo liegen zu lassen, um zu Fuß und nur mit Wasser und Geld weiterzuziehen. Die Ausrüstung konnten wir ja vielleicht später nachholen. Oder auch nicht. Aber das spielte keine Rolle in solchen Momenten. Wir wollten nur noch raus, kein anderer Gedanke hatte mehr Platz in unseren Köpfen. Ich verfluchte die Wüste aufs Neue. Allmählich fing auch ich an zu glauben, dass sie es auf uns abgesehen hatte. All die Strapazen, all die Schikanen, das konnte doch kein Zufall mehr sein!

Schon lange ging es uns nicht mehr darum, unsere Tour richtig zu beenden. Wir wollten nur weg hier. Raus aus der Taklamakan, raus aus diesem brutalen Klima. Längst hatte auch ich allen Ehrgeiz verloren. Die Knie schmerzten und zitterten, selbst wenn wir uns ausruhten. Aber wir gaben nicht auf. Das Thermometer zeigte über vierzig Grad. Wir schoben weiter. Schieben, ziehen und immer wieder ausruhen. Ab und zu, wie zum Hohn, auch mal hundert Meter radeln.

Nach zweieinhalb Stunden hatten wir ganze fünfzehn Kilometer geschafft. Noch blieben fast fünfzig bis zum Ziel. Wir fühlten uns völlig ausgelaugt und unbeschreiblich schlapp. Und dennoch waren wir voller Zuversicht, dass wir durchkommen würden. Vielleicht würden die nächsten fünfzehn Kilometer vier Stunden dauern und der Rest noch länger – aber wir würden uns nicht von einer Wüste besiegen lassen.

Die Belohnung dafür erhielten wir nach fast dreißig Kilometern. Die Sandflächen wurden seltener und wir kamen besser voran. Dafür waren wir schon so kaputt, dass wir selbst bei kleinsten Steigungen absteigen und schieben mussten. Auch bei winzigen Sandflächen hieß es nun schieben. Schieben und immer wieder ausruhen. Wir brachten einfach nicht mehr die Energie auf, uns an einem Stück durch die Sandflächen zu kämpfen.

Weiter! Das Surren unserer Reifen drang wie von Ferne an mein Ohr. Weiter! Die Sonne war untergegangen und die Luft frischer geworden. Damit kehrte allmählich auch die Motivation zurück. Weiter! Die Dunkelheit ließ uns durch Schlaglöcher rasen. Weiter, weiter! Der Geruch von Feuer kroch mir in die Nase. Weiter!

Der kleine Ort Waxxari, in den wir nun einrollten, war für uns wie das Paradies. Kalte Getränke aus einem Kühlschrank am Straßenrand waren die Erfüllung sämtlicher Sehnsüchte. Elf Stunden und zwanzig Minuten hatten wir an diesem Tag auf den Rädern gesessen, neben den Rädern gekämpft, vier Stunden mehr als üblich. Dazu kamen noch die unzähligen Pausen. Fast hundertfünfzig Kilometer, teilweise über härteste Sandpisten, hatten wir zurückgelegt. Bei guten Temperaturen, gutem Asphalt und ohne Wind, ließ sich die Anstrengung mit einem eintägigen Fünfhundert-Kilometer-Ritt in der Ebene vergleichen.

Aber das Verrückteste an allem war: Wir fühlten uns prächtig! Die eindeutig härteste Strecke lag hinter uns. Noch härter ging nicht. Jedenfalls nicht für uns. Nur weil wir ausgeruht waren und uns nach kurzem Aufmerken mental darauf einstellten, hatten wir diese Strecke durchhalten können. Im Unterschied zum Fiasko an den Tagen zuvor war uns diesmal vorher klar gewesen, dass die Wüste furchtbar hart werden würde. Wegen dieser Einstellung, gepaart mit der tiefen innerlichen Überzeugung, sowieso nichts ändern zu können, hatten wir durchgehalten.

Nicht gegen den Sand! Nicht gegen den Wind oder die Sonne! Nein! Der Kampf ging gegen uns selbst. Gegen Müdigkeit und Aufgeben.

Die letzten achtzig Kilometer bis Ruoqiang kamen uns am nächsten Tag wie ein Spaziergang vor. Die Taklamakan hielt noch eine kleine Überraschung für uns bereit, diesmal eine angenehme. Wie zur Belohnung für all die vorangegangenen Strapazen bot sie uns kräftigen Rückenwind und relativ kühle Temperaturen. Die Sonne blieb hinter dicken Wolken verborgen.

Dann, endlich, Ruoqiang, das lang ersehnte Ziel. Aber was war das? Das sollte eine Stadt sein? Was vor uns lag, war nur ein größeres Oasendorf. Das erste Gebäude, auf das wir aufmerksam wurden, hatte an allen vier Ecken Wachtürmchen mit hübschen, geschwungenen Dächern. Beim Näherkommen sahen wir die bewaffneten Wachposten, den Stacheldraht und die selbst für chinesische Verhältnisse ungewöhnlich hohen Mauern. Ein bizarrer Knast, mitten in der Wüste. Eine Demonstration der Macht oder ein Einschüchterungsversuch der Chinesen.

Ansonsten wirkte der Ort auf uns sehr uigurisch. Eselskarren, Leute die irgendwo im Schatten zusammenhockten und mit runden Holzsteinen einem Brettspiel nachgingen, alte Männer mit spitzen, langen Bärten und viereckigen Kappen. Und natürlich die verwinkelte Altstadt mit ihren Lehmhäusern und unverputzten Mauern. Bemalte Türen waren oft die einzigen Farbtupfer im sonst alles dominierenden Graugelb. Selbst Kleidung und Bäume schienen diese Einheitsfarbe angenommen zu haben.

Erschöpft, aber zufrieden setzten wir uns in den Schatten, aßen ein knuspriges Fladenbrot mit Salz und Zwiebeln und gönnten uns zum Nachtisch eine dieser unwahrscheinlich gut schmeckenden Honigmelonen. Diese Melonen waren für mich das einzig gute an dieser Wüste, die nun endlich hinter uns lag. Fruchtig und süß, ohne dabei klebrig zu sein, waren sie ein kulinarischer Genuss. Dennoch schwor ich mir, nie wieder in diese verdammte Wüste zu fahren, auch wenn es hier die besten Melonen der Welt gab.

Mit der Taklamakan hatten wir seelisch und moralisch abgeschlossen. Nun würden wir die Route Marco Polos verlassen und einen Bogen schlagen. Die alte Seidenstraße führte von hier zum einst wandernden und heute ausgetrockneten See Lop Nur. Abgesehen davon, dass ein Teil der Strecke heute Atombombentestgebiet ist, gibt es diesen Karawanenweg nicht mehr. Nicht einmal eine Piste, die annähernd in diese Richtung führt. Ein gewaltiger Umweg über Norden oder über Süden waren für uns die einzig möglichen Alternativen. Wir hatten uns für den südlichen entschieden.

Taklamakan – wir nehmen deinen Namen ernst und kehren nie wieder zurück.

KAPITEL ACHT

FREMDE TISCHSITTEN

Die Berge, die wir erklommen hatten, waren alles andere als interessant. Ebenso gelb und trocken wie die Taklamakan, bildeten sie die passende Begrenzung für die staubige, lebensfeindliche Wüste, der wir nun endlich entkommen waren. Hinter dem Gebirgszug hofften wir auf Almwiesen und angenehmeres, kühleres Klima. Sicher würden dort viele Nomaden in ihren Jurten leben.

Doch noch waren die Berge tot, sie wirkten wie ausgestorben. Irgendwo stand eine kleine, eingefallene Lehmhütte am Rand der schmalen, gewundenen Piste, und ich konnte mir nicht vorstellen, wie die Leute, die hier einmal gelebt haben müssen, ihr Dasein fristeten. Nirgendwo gab es Wasser oder auch nur das geringste bisschen Grün. Über weite Strecken führte die inzwischen katastrophale Piste durch ein trockenes, felsiges Flussbett, das schon seit Jahrzehnten kein Wasser mehr geführt haben musste. Der Weg war so schlecht, dass nur höher gelegte Fahrzeuge mit Allradantrieb in der Lage waren, ihn zu passieren. Oder Radfahrer, die absteigen und schieben konnten ...

Innerhalb von zwei Tagen kam uns nur ein einziges Auto entgegen und ließ wie zur Erinnerung eine mehrere Minuten lang in der Luft stehende Wolke zurück. Der Staub legten sich langsam auf die Haut und vermischten sich wie schon so oft mit unserem Schweiß zu einer dreckigen Brühe. Nein, das waren nicht die Berge, mit denen ich mich anfreunden konnte.

»Du glaubst nicht, wie sehr ich mich nach grüner Landschaft und kühler, klarer Luft sehne«, unterbrach Axel meine Gedanken. »Nie wieder Wüsten! Dafür würde ich auch in Kauf nehmen, bis Peking ausschließlich auf Bergstraßen zu radeln.«

»Auf jeden Fall«, stimmte ich ein. »Nur würde das mein rechtes Knie nicht mehr mitmachen. Seit dem Tag nach dem Sandsturm schmerzt es ständig. Es ist auch viel dicker als das linke. Ich weiß nicht genau, was damit los ist. Wenn wir Pech haben, müssen wir ein paar Tage pausieren.«

Hinter dem Pass wurde die Landschaft ein wenig erträglicher. Die Aussicht war schöner, und schneebedeckte Berge in der Nähe versprachen eine angenehme, kühle Nacht. Auf einem Hang, der des Öfteren etwas Regen abzubekommen schien, wuchsen hunderte kleine, gelbe Blumen und ich freute mich wie ein Kind darüber.

»Endlich etwas Leben!«

Unser Ziel war der Ort Mangnai Zhen, direkt an der Provinzgrenze zwischen Xinjiang und Qinhai. Übersetzt heißt Mangnai Zhen ›Asbestdepot‹. Trotz des abschreckenden Namens freuten wir uns auf die Ortschaft, weil unmittelbar dahinter die wiesengrüne Hochebene beginnen sollte, die wir auf Fotos von Qinhai gesehen hatten. Bevor wir die Stadt erreichten, begann es dunkel zu werden. Wieder überholte uns ein Geländewagen. In seinem Scheinwerferlicht erschien die Nacht plötzlich weiß. Ich traute meinen Augen nicht. Lag es am Licht der Scheinwerfer oder lag hier wirklich ein weißer Schleier über dem Land?

Abraumhalden türmten sich neben der Straße. Schaudernd begriff ich: Der Name ›Mangnai Zhen‹ war nicht aus der Luft gegriffen. Hier wurde auch heute noch Asbest abgebaut.

Schon Marco Polo hatte über solche Minen geschrieben. Als erster Europäer berichtete er über dieses Material, dem im Mittelalter wegen seines Feuer abweisenden Charakters ein Hauch von Magie anhaftete. Damals hieß Asbest noch Salamander. Man glaubte, es werde aus der Wolle dieses Fabeltieres gewonnen, das unversehrt durch lodernde Flammen gehen kann. Marco Polo klärte diesen Irrtum auf und schrieb, es gebe ›Mineraladern, die man ausbeutet, um Salamander herzustellen. Ihr müsst wissen, Salamander, das ist nicht ein Tier, wie man allgemein sagt, sondern etwas ganz anderes ...‹.

Das Erz wurde aus dem Boden geholt und zerkleinert. Danach trocknete man es und zerteilte es in einem Mörser zu einzelnen Fasern. Das so entstandene wollähnliche Material konnte nun gesponnen und zu Gewebe verarbeitet werden.

Bei den Chinesen ist Asbest seit Jahrhunderten als ›Steinwolle‹ oder ›Wolle, die mit dem Feuer gewaschen wird‹ bekannt. Mangnai Zhen gehört noch heute zu den bedeutendsten Stätten für den Abbau von Asbest im ganzen Land.

Wir radelten zwischen Abraumbergen, Industrieanlagen und Wolken aus weißem Staub hindurch, die allmählich immer dichter wurden. Dann erreichten wir die ersten Hütten einer äußerst heruntergekommenen Siedlung von vielleicht dreißig Häusern. Alles war weiß. Auch die Luft, die wir atmeten. Aber es gab leider keine andere. Der Blick nach oben zeigte einen sternklaren Himmel. Wenn man jedoch geradeaus schaute, sah man nur weiß! Wie das Gewand eines Gespenstes. Selbst der Kegel der Taschenlampe leuchtete hell auf. Doch wo lebten all die Menschen, die hier arbeiten mussten?

Ich verschob den Gedanken auf den nächsten Tag. Zum Weiterfahren war es zu spät. Deshalb legten wir uns hinter einen halbwegs staubsicheren Verschlag und trösteten uns mit dem Gedanken, dass das meiste davon schon Steinstaub sein werde.

In frühen Morgenlicht wirkte der allgegenwärtige Asbeststaub noch viel schlimmer. Er hatte praktisch alle anderen Farben in diesem Ort verschlungen. Die Häuser, die Straße, die Menschen – alles war blass. Blass oder weiß. Es schien uns unvorstellbar, dass hier Menschen lebten und arbeiteten. Und doch war es so. Mit Säcken voll beladene Lastwagen, auf denen ›ASBESTOS‹ stand, fuhren laut knatternd durch den Ort. Wenigstens die Abgaswolken waren schwarz. Passanten und Fahrer aber hatten gelegentlich ein weißes Tuch vor dem Mund, wie man es in China oft bei Straßenfegern sieht. Verdutzt standen wir am Straßenrand und sahen dem Treiben zu.

»Als ob das etwas helfen würde!«, sagte ich beim Anblick einer jungen Frau mit Mundschutz. »Komm, lass uns aus dieser Riesenwolke verschwinden!«

Axel hatte nichts dagegen: »Bloß weg hier! Ich habe keine Lust auf Asbestose oder Lungenkrebs.«

Auf der Ausfallstraße bemerkten wir, dass Mangnai Zhen früher viel größer gewesen sein musste. Wenigstens fünfhundert, vielleicht tausend Häuser waren über die Jahre zu Ruinen verfallen. Oft standen nur noch die Grundmauern, aber auch die waren kaputt.

»Ich verstehe nicht, wieso dieses Zeug immer noch produziert wird«, meinte Axel, als uns erneut ein voll beladener Lastwagen überholte. »Inzwischen muss sich doch selbst hier herumgesprochen haben, dass Asbest gefährlich ist.«

»Nun ja. Das sicherlich. Aber sieh's doch mal ökonomisch. Die Produktion ist billig und das Zeug extrem vielseitig einsetzbar. Als Schall und Wärmeisolierung ist das Material ideal für alles mögliche, von Bremsbelägen bis zum Asbestzement. Außerdem können die Gesundheitsrisiken dabei mithelfen, das Bevölkerungsproblem in China in den Griff zu bekommen.«

Ich musste einfach zynisch werden.

»Ist eine ziemlich beschissene Art, mit der Bevölkerung umzugehen«, sagte Axel mit bitterer Miene. »Mich würde interessieren, ob der einsetzende Kapitalismus dieses Problem nun verstärkt oder nicht. In Maos Zeiten hat man die Leute einfach irgendwohin geschickt. Die mussten solche Jobs dann machen.«

»Das ist heute bestimmt nicht viel anders. Oder glaubst du wirklich, dass jemand freiwillig hier lebt?«

Als der Ort zehn Kilometer hinter uns lag, sahen wir das erste Mal zurück. Um Mangnai Zhen war im Umkreis von mindestens fünf Kilometern alles weiß. Die Wüste, die nahen Berge und der Ort selbst natürlich. Abscheulich.

Unmittelbar vor uns lag eine kleine Stadt, die auf keiner unserer Karten eingezeichnet war. Sie bestand aus hässlichen Wohnblocks und einigen, nicht weniger heruntergekommenen Verwaltungsgebäuden. Weder einen Markt noch Industrieanlagen konnte ich entdecken. Der Ort wirkte wie ein Arbeitslager. Vielleicht war er das auch. Dem Baustil und Zustand der Häuser nach zu urteilen, war die Stadt vor etwa dreißig Jahren künstlich aus dem Boden gestampft worden und strahlte schon jetzt eine solche Verkommenheit und Verwahrlosung aus, wie russische Wohnsilos es nicht mal nach sechzig Jahren schaffen. Keine Bäume, Pflanzen oder Gras, nichts Natürliches, nicht mal Menschen auf den Straßen. Hinter gardinenlosen Fenstern verfolgten uns neugierige Augenpaare. Schnell fuhren wir weiter.

»Ich tippe mal, dass die Stadt ein sozialer Akt ist«, sagte ich zu Axel.

»Was?«

»Ich vermute, dass die chinesische Regierung irgendwann davon gehört hat, dass Asbeststaub nicht gerade gesund ist ...«

Axel fiel mir ins Wort: »... und hat in einem Anfall von Humanität das alte Mangnai Zhen platt gemacht, um hier ein neues entstehen zu lassen?«

Er schaute mich fragend an.

»Kann doch gut sein«, antwortete ich. »Dann müssen die Arbeiter den Asbeststaub nur noch während der Arbeit aushalten.«

»Na toll«, sagte Axel, »was für ein fortschrittliches Land.«

Schweigend traten wir in die Pedale.

Es dauerte Stunden, bis ich begriff, was mich störte. Die Temperaturen waren ideal. So kühl, dass wir nicht unangenehm schwitzten und doch warm genug, um nur mit dünner, luftiger Kleidung zu radeln. Die Straße war gut ausgebaut und nur wenig befahren. Sie führte auf rund dreitausend Metern Höhe durch eine ebene Landschaft. Auch die Sonne am wolkenlosen Himmel drückte nicht so unangenehm wie in der Taklamakan. Alles in allem empfand ich das Radfahren als ausgesprochen angenehm, oder jedenfalls als sehr viel besser, als auf den letzten tausendfünfhundert Kilometern.

Doch dann begriff ich: Wir waren wieder in einer Wüste gelandet! Aus der Traum von grünen Wiesen und Jurten mit Nomaden, die ihre Herden frei in der weiten, ebenen Graslandschaft weiden ließen. Wir fuhren durch eine tote Wüste ohne Abwechslung und Lichtblicke. Einzelne trockene, gelbe Grasbüschel passten farblich so gut in die Landschaft, dass man sie kaum bemerkte. Nirgends Bäche oder Feuchtigkeit. Die in einer Karte eingezeichneten Seen entpuppten sich als tote, weiße, in der Sonne glitzernde Salzflächen, die längst ausgetrocknet waren. Die Landschaft blieb also auch künftig unwirklich, abstoßend und ausgesprochen lebensfeindlich.

Erst jetzt verstand ich, warum die Karawanen des Altertums weiter im Norden direkt von der Taklamakan durch den Gansu-Korridor in die Wüste Gobi zogen. Hier oben hätten sie es kaum besser gehabt. Und wir Idioten hatten mit grüner Steppenlandschaft gerechnet!

Nicht mal kleine Ortschaften oder Ansiedlungen gab es hier. Nur künstlich aus dem Boden gestampfte Städte.

Die nächste hieß Huatugou, ›Sandölberg‹, was die Existenz dieser Stadt erklärt. Ich sah ein paar petrochemische Anlagen und sogar eine Handvoll mickriger Bäume. Der ›Sandölberg‹ voller unzähliger kleiner Ölpumpen befand sich gleich hinter den letzten Häusern.

Uns blieb die Stadt vor allem deshalb in Erinnerung, weil uns hier zum ersten Mal die Polizei Ärger machte. Wir hatten gerade vor, irgendwo etwas zu essen, als uns zwei Polizisten abfangen wollten. Wie immer liefen wir gemütlich weiter und verstanden natürlich nicht, was sie von uns wollten. Sie liefen hinter uns her, und zwar bis an den Tisch, an den wir uns in einer winzigen, aber ausgesprochen sauberen Kneipe gesetzt hatten. Dann redeten sie auf Chinesisch auf uns ein. Wir antworteten auf Deutsch. Sie zeigten vorwurfsvoll auf ihre Uniform. Wir nickten anerkennend. Hilflos fingerte einer seinen Pass heraus und streckte ihn uns in der Hand entgegen. Wir nickten noch viel anerkennender, bewunderten gemeinsam sein Passbild und klopften ihm voller geheuchelter Hochachtung auf die Schulter.

Frustriert standen die Polizisten auf und debattierten vor der Kneipe miteinander. Auch ihr Funkgerät, das sie dabei zu Rate zogen, gab ihnen offenbar keinen Tipp, wie man mit solch idiotischen Barbaren umgeht, die nicht begreifen, dass sie ihre Pässe vorzeigen sollen. Schließlich hatte Axel Erbarmen und ging mit ihnen zurück in die Herberge, in der wir unsere Räder zuvor abgestellt hatten. Doch statt der Pässe kramte er erst einmal das Empfehlungsschreiben vom Bürgermeister unserer Heimatstadt Saalfeld hervor. Es war in Chinesisch abgefasst und zeigte erstaunliche Wirkung. Die beiden lasen die Empfehlung durch, bedankten sich und wandten sich zum Gehen. Alle Achtung! Ich hätte nicht gedacht, dass uns dieses Stück Papier einmal so helfen würde. Auch wenn man sich in China als Ausländer an fast keinem Ort sicher sein kann, hatten wir doch die starke Vermutung, dass wir uns in einem für Fremde gesperrten Gebiet aufhielten.

Kurz darauf kehrten die beiden Polizisten allerdings noch einmal zurück und versuchten uns zu überreden, in ein anderes, besseres Hotel umzuziehen. Damit waren wir aber nicht einverstanden. Dort hatten uns die unfreundlichen Leute an der Rezeption und die überhöhten Preise abgeschreckt. Hier dagegen herrschte gute Stimmung, und vier junge, hübsche Mädchen, die drei kleine Zimmer bewohnten, sorgten dafür, dass sich das nicht änderte. Die Polizisten jedoch wirkten unentschlossen, unsicher, konnten aber Axels Argumenten, die er weiterhin auf Deutsch vortrug, nichts entgegensetzen und ließen sich schließlich von ihm aus dem Zimmer schieben.

Erst am Abend, als die Herberge auf einmal von vielen Ölarbeitern aufgesucht wurde, begriffen wir, dass sich die Mädchen mit ihrer Schönheit und guter Laune ein wenig Geld verdienten.

Zwei Tage später, wir hatten gegen Mittag eine aus vier kleinen, heruntergekommenen Garküchen bestehende Ortschaft erreicht, winkten uns ein paar Trucker an ihren Tisch.

»Esst bei uns mit!«, gaben sie uns zu verstehen. Bier war dabei eingeschlossen. ›Gan bei!‹ heißt soviel wie ›Trockne das Glas!‹, also ›Trink das Glas leer!‹. Wir wissen beide, was Bier nach hundert Kilometern

Radfahren anrichten kann. Und wir wollten heute noch viel weiter kommen! Am Mittrinken aber führte kein Weg vorbei. Und immer wieder wurde nachgeschenkt. Währenddessen häuften sich auf dem Tisch Teller voller leckerer chinesischer Speisen. Gebratene, in scharfer Sauce eingelegte Bohnen, Rührei mit Tomaten, verschiedene Pilze und etliche, unterschiedlich zubereitete Fleischsorten. Jeder langte mit seinen Stäbchen zu. Quer über den Tisch, denn das gilt nicht als unhöflich.

Noch nie hatte ich so gutes chinesisches Essen probiert. Jedes Gericht schmeckte anders, eines besser als das andere. Dazwischen immer wieder ein ›Gan bei!‹. Das einzige, was mir fehlte, war Reis oder Nudeln. Ich mag solches Essen ohne Reis nicht sonderlich. Es sagt in meinen Augen so etwas aus wie: ›Seht her, was wir uns leisten können‹. Ich empfinde das als stillos, und ich vermutete, dass es mit dem neuen Reichtum zu tun hat, der in China zumindest in Ansätzen ausgebrochen ist. Wer es sich leisten kann, verzichtet auf einfache Lebensmittel wie Reis und Teigwaren! Und ›Reichsein ist keine Schande‹, wenn man einer Kampagne Deng Xiapings Glauben schenken darf. Er hätte genauso gut sagen können: ›Protzt Leute!‹. Dass dabei, auch im wörtlichen Sinne, der gute Geschmack auf der Strecke bleibt, interessiert den inzwischen verstorbenen Deng nicht mehr.

Am folgenden Abend lagen wir im Straßengraben in unseren Schlafsäcken und wussten nicht mehr weiter. Sobald ein Auto vorbeifuhr, was im Dreißig-Minuten-Rhythmus passierte, schossen wir hoch und schauten, in welcher Richtung es weiterfahren würde. Alle fuhren gerade aus. Das war unlogisch. Denn eigentlich sollte die viel kürzere Hauptstraße nach rechts abbiegen. Irgendetwas stimmte wieder mal nicht. Welchen Abzweig sollten wir nehmen? Zwar hatte wir schon vier Mal ein Auto angehalten, aber mangels ausreichender Chinesischkenntnisse waren wir danach auch nicht schlauer als vorher.

Über die Strecke, die geradeaus weiterführte, hatten wir also keine Informationen. Laut Karte sollte die nächsten zweihundert Kilometer nichts kommen. Ein Schild wies aber eine Ortschaft in hundertfünfzig Kilometern aus. Was stimmte nun? Unsere Karte hatte nur lateinische Ortsnamen, auf Wegweisern standen nur chinesische Zeichen.

Wir waren beide kaputt und die Motivation, weiter durch die Hochwüste zu radeln, tendierte gegen Null. Wenn wir auf der geplanten Strecke blieben, würde erst nahe dem Qinghai Hu, also nach fast tausend Kilometern die Landschaft wieder grüner werden. Chinas größter Salzsee im tibetanischen Hochland übte in der Tat einen gewissen Reiz auf uns aus. Doch ich konnte mich absolut nicht mehr aufraffen, noch so lange durch ungewisse Wüstenlandschaft zu radeln.

Axel ließ sich für die Entscheidung Zeit. Er starrte auf seine Karte, als würde sie ihm schon irgendwann eine Antwort geben. Doch Karten waren, vielleicht abgesehen von ausgehandelten Preisen, so ziemlich das unzuverlässigste in China, was ich mir vorstellen konnte. Ortschaften, ihre Größe und Lage, manchmal ihre bloße Existenz waren mit der Wirklichkeit nur selten unter einen Hut zu kriegen. Mal staunten wir, wie klein ein Ort war, der in unserer Karte als große Stadt markiert war, dann tauchten plötzlich Städte auf, die in unseren Karten nicht existierten. Nie wussten wir wirklich, wie viel Verpflegung wir für eine Strecke mitnehmen mussten. Axel aber starrte noch immer auf die Karte.

»Wenn du mich fragst, dann lass uns geradeaus und dann irgendwie nach Dunhuang fahren. Ich habe absolut keine Lust mehr auf Qinghai«, sagte ich, während Axel die nächste Landkarte aus der Tasche hervorkramte.

»Die Landschaft wird sich wahrscheinlich frühestens nach sechs oder sieben Tagesreisen ändern«, sagte er nun unentschlossen.

»Und wie sollen wir so weit kommen? Wo gibt es Verpflegung? Bestimmt ist die Straße nach rechts irgendwo unpassierbar. So was haben doch auch die Trucker angedeutet.«

Ich war jetzt entschlossen, Axel zu überreden, in Dunhuang wieder die Spuren Marco Polos aufzunehmen, auch wenn das einen Umweg bedeutete.

»Na los, meinetwegen«, gab Axel schließlich nach.

Die Hochwüste wurde nun ein klein wenig abwechslungsreicher. Aber nie schön. Statt zivilisierter Oasen häuften sich Ansiedlungen, in denen Leute in provisorischen Erdlöchern hausten, die mit Planen abgedeckt waren. Ich fragte mich, was sie in der Wüste wohl machten. In Tankwagen wurde Wasser angefahren. Irgendwo waren tausende Asbestsäcke aufgestapelt. Aber nirgendwo arbeitete jemand. Wir radelten nahezu apathisch weiter. Vorbei an Wüste, Wind und Erdlöchern. In Lenghu, einem hässlichen Industriekaff, das mich an Huatugon erinnerte, füllten wir unsere Vorräte auf. Dann wand sich die Straße über einen kleinen Pass, der gleichzeitig das Ende von Qinhai markierte.

Die langgestreckte Provinz Gansu, in die wir nun hinunterradelten, liegt südlich der Wüste Gobi und östlich der Taklamakan. Hier bei Dunhuang gehen beide Wüsten ineinander über. Von nun an wollten wir den berüchtigten Gansu-Korridor entlangradeln. Nördlich von uns zeichnete sich die halbwegs ebene Wüste ab, südlich trockene Berge. Zum Horizont hin ragten sie so hoch empor, dass sie noch mit Schnee bedeckt waren. Sie entwässerten sich nach Norden, wo aus diesem Grund relativ häufig Oasen entstanden. Ideal also für Reisende mit Karawanen: leichtes Gelände, viel Wasser und – ganz wichtig – schon seit langer Zeit in relativ fester chinesischer Hand.

Der gesamte Handel nach Westen führte durch diesen Korridor. Nördlich lebten unberechenbare Reitervölker, und in den schwierig zu erreichenden, südlichen Bergen waren die Einwohner den Chinesen auch nicht sonderlich wohlgesonnen. Daraus erklärt sich die Bedeutung des Gansu-Korridores. Sowohl aus Sicht des Handels als auch aus militärischen Aspekten.

Abends kamen wir in Dunhuang an, einer quirligen, chinesischen Stadt, die sehr touristisch geprägt ist. Moderne Häuser, luxuriöse Hotels und ganze Heerscharen meist chinesischer Touristen verleideten mir die Stadt. Sicher, sie bot viele Annehmlichkeiten. Man konnte so ziemlich alles kaufen. Auch Internetzugänge fanden wir praktisch überall. Vielleicht war genau das auch der Grund, warum ich die Stadt nicht mochte. Alles schien ausschließlich auf Geld fixiert zu sein. Deswegen empfand ich die touristischen Anziehungspunkte, für die die Stadt berühmt ist, fast als Enttäuschung.

Da wäre zunächst der ›Mondsichelsee‹: Hier schien sich so etwas wie ein fernöstliches Disneyland herauszubilden. Eine Mickymaus-Spielzeugbahn tuckerte um Sanddünen herum am Rande des wundersamen Sees entlang, der trotz der Dünen an seinen Ufern nie verschüttet wird. Man konnte sich auf ein Kamel setzen und umherführen lassen, man konnte auf Dünen kraxeln und wieder herunterrutschen. Natürlich kein Schritt ohne Bezahlung. Auf einem Schild las ich, dass Alkohol, Spielen und illegale Aktivitäten verboten sind. Dazu gehörte auch das Erklimmen von Sanddünen außerhalb des eingezäunten Geländes. Klar doch, denn außerhalb verlangte niemand Eintritt.

Als nächstes folgten die Mogaoku-Grotten, die weltberühmten Buddhagrotten, aus denen Anfang des vorigen Jahrhunderts Entdecker und Forscher aus verschiedenen Ländern Europas die wichtigsten, schönsten und kostbarsten Stücke, darunter vor allem Skulpturen und Wandgemälde, in ihre Museen geschafft hatten. Die Chinesen sind heute noch verärgert über diesen ›Kunstraub‹. Doch die Forscher hatten die Genehmigung der damaligen chinesischen Behörden. Dumm gelaufen, könnte man meinen. Oder auch nicht. Denn was blieb, wurde oft Opfer von Vandalismus, der Kulturrevolution, Goldsuchern und Touristen, die so grundlegende Weisheiten wie ›Ich war hier!‹ in uralte Gemälde ritzen. Außerdem ärgerte mich die Doppelmoral zum Thema Kulturraub. Schon bei meiner Ankunft fiel mir in einem großen Gebäude eine Ausstellung über ›die schönsten Bronzestatuen Tibets‹ auf, für die überall Werbung gemacht wurde.

In einer Unmenge von Ständen, wie sie zu jedem touristischen Anziehungspunkt in China gehören, wurde allerhand Plunder zu Phantasiepreisen angeboten. Das Angebot zielte hauptsächlich auf chinesische Touristen. Gefälschte Antiquitäten, billige Jade, Sonnencreme, Dia-Filme, die das Haltbarkeitsdatum überschritten hatten, und lachende Buddhastatuen mit einem Knopf. Betätigte man diesen, blinkten kleine Lämpchen, zu denen buddhistisch-kathedrale Musik ertönte. Das war für mich der Gipfel an Geschmacklosigkeit.

Die Grotten, die in eine niedrige, lang gestreckte Felswand gehauen waren, konnte man für umgerechnet fast dreißig Mark besichtigen. Selbst Chinesen hatten diesen unverschämten Preis zu zahlen. Das bedeutete, dass einfache Bauern aus der Umgebung sich einen Besuch nicht leisten könnten. Die einzelnen Grotten wurden nur dann von einem Führer aufgeschlossen, wann immer er mit einer Gruppe hinein wollte. Ging die Gruppe wieder, schloss er ab. Mein Trick, zurückzubleiben, nutzte nichts. Zweimal holten die Führer die hier stark präsente Polizei, um mich aus so einer Grotte werfen zu lassen.

Mein Protest: »Ich habe ein gültiges Ticket und möchte mir diese Höhle in Ruhe anschauen. Schließlich habe ich dafür bezahlt!« half nichts.

Dennoch war ich fasziniert. Selbst das, was die Forscher übrig gelassen haben, ist unglaublich. Praktisch jede Höhle war ursprünglich vollständig bemalt. Filigrane Arbeiten mit ausgesprochen feinen Linien. Mitunter hundertfach die perfekte Kopie einer Figur. Dachte ich zumindest auf den ersten flüchtigen Blick. Erst beim genauen Hinsehen erkannte oder besser erahnte ich Unterschiede: Winzige Abweichungen, die dem einen Gesicht etwas Freches, dem anderen etwas Erhabenes und dem nächsten eine absolute Ausgeglichenheit gaben. Dabei war ich mir bis zum Schluss nicht sicher, ob diese Unterschiede zufällig oder beabsichtigt waren. In einigen Höhlen standen gigantische Statuen, so groß, dass ich allein eine Figur auf mehrere Tonnen Gewicht schätzte. Bis ich sah, dass diese Statuen mit gebündeltem Stroh gefüllt waren.

Die Grotten begeisterten mich. Zwar nervten Touristennepp, Krach und Gedränge, aber die Gemälde und Statuen entschädigten für all das mehr als ausreichend.

Hatte ich jedoch schon die bronzenen Buddhastatuen in den Verkaufsständen für den Gipfel an schlechtem Geschmack gehalten, musste ich mich bei einem Rundgang über Dunhuangs Markt korrigieren. Gekochte Hühnerfüße, Schweinsohren oder -schnauzen empfand ich ja inzwischen als harmlos. Auch ›hundertjährige Eier‹ beeindruckten mich nicht allzu sehr. Aber dann sah ich etwas, das mich sprachlos machte: gekochte Eselschwänze! Nicht die mit Haaren dran. Nein, sondern die, die nur männliche Esel ihr Eigen nennen – oder vielmehr einmal ihr Eigen nannten! Die Hoden waren herausgeschnitten, aber den Penis umspannte noch immer schwarze, lederne Haut. Ich presste unwillkürlich meine Oberschenkel aneinander: Die Dinger hier waren wirklich zum Essen!

Zum Glück entdeckten wir am nächsten Abend eine Kneipe, die zwar ungewöhnliches, aber doch weit weniger exotisches Essen anbot. Wir aßen kleine Spieße, auf denen Fleischstückchen, Gemüse und Pilze aufgespießt waren. Die steckte man für ein paar Minuten in einen köchelnden Topf voll scharfer, aber geschmacksstarker Brühe, der in die Mitte des Tisches eingelassen war. War der Spieß gar, nahm man ihn heraus, tunkte ihn in eine scharfe Erdnusssoße, die jeder in einem Teller serviert bekam und aß dann den Spieß. Es war sehr scharf, aber sicher einmal mehr das mit Abstand beste Essen, das ich je in China probiert hatte. Leider fand ich nicht heraus, wie sich diese chinesische Art des Fondue nannte. War das vielleicht der berühmte ›mongolische Feuertopf‹?

Auf jeden Fall war die Abrechnung denkbar einfach. Zum Schluss wurden die Spieße gezählt. Jeder kostete einen Yuan, egal was man sich drauf gesteckt hatte.

Chinesisches Essen sollte uns noch mehrfach ›erstaunen‹. Zum Beispiel einige Tage nach unserem Aufenthalt in Dunhuang, als wir in einer kleinen, offenen Garküche eine Suppe mit gefüllten Teigtaschen bestellt hatten. Sie war ziemlich scharf, schmeckte aber recht gut.

Dann machte mich Axel auf etwas aufmerksam: »Hast du schon diese kleinen Tierchen in der Suppe gesehen?«

Ich ließ den Löffel sinken, starrte in die Schüssel, konnte jedoch nichts Ungewöhnliches entdecken.

»Da wimmelt es nur so davon«, legte Axel nach.

Ich sah immer noch nichts.

»Erzähl doch keinen Mist. Da ist nichts.«

»Doch, hier schau mal auf meinen Löffel, alles voll.«

Axel hielt mir seinen Löffel unter die Nase. Ich hatte nach kleinen Krabbeltierchen Ausschau gehalten, doch was Axel mir hier präsentierte, waren fünf oder sechs Millimeter lange weiße Maden – das, was ich die ganze Zeit für Reiskörner gehalten hatte! Schlagartig sah ich, dass es auch in meiner Suppe nur so von diesen ›Reiskörnern‹ wimmelte.

Axel aß genüsslich weiter. Ich überlegte kurz, wie die Viecher in die Suppe gekommen sein mochten. Schließlich fiel mir keine andere Möglichkeit ein, als dass sie mutwillig dazugegeben wurden. Sozusagen als Gewürz oder Fleischbeilage. Als ich mich mit dieser Vermutung angefreundet hatte, schmeckte mir die Suppe wieder. Dennoch muss ich zugeben, dass es komisch war, bei jedem Löffel Suppe überall nur noch die Reiskörner zu sehen. Manchmal hatte ich das Gefühl, die Maden würden mich mit großen schwarzen Augen vorwurfsvoll anschauen.

Unser Weg führte uns über die Stadt Anxi weiter den Gansu-Korridor entlang. Geographisch und kulturell halte ich persönlich diesen Korridor mit Dunhuang als letzter Stadt für das westliche Ende des natürlichen chinesischen Einflussbereiches. Die Chinesen haben das wohl lange Zeit selbst so gesehen. Jedenfalls sind Teile des Korridors bis kurz hinter Dunhuang von der Großen Mauer geschützt worden. Heute ist davon natürlich kaum noch etwas übrig. Allerdings sah ich oft Erdhügel, in denen ich mit viel Phantasie Überreste der Mauer erkennen konnte. Sie war es tatsächlich! Die Reste, die immer in zirka zweihundert Meter Entfernung parallel zur Straße verliefen, waren freilich alles andere als sehenswert. Für uns jedoch waren sie bei der Schlafplatzsuche ideal.

Warum wir unser Nachtlager stets unbeobachtet aufsuchten, habe ich schon einmal beschrieben. Aber auch das ›Wie‹ folgte immer den gleichen Regeln. Wir legten die Räder immer mit der rechten Seite nach oben, so dass die Kette ein paar Zentimeter weiter vom Boden entfernt war und durch den Staub, den der feine Wind in Bodennähe mit sich trägt, nicht allzu stark verschmutzte. Das bedeutete aber auch, dass alle eventuell benötigten Dinge wie zum Beispiel Mückenschutzmittel und Taschenlampe, in den Packtaschen auf der rechten Seite des Rades untergebracht waren.

Jeder besaß eine eigene Unterlegplane, eine Isomatte, eine dünne Decke und einen dünnen Schlafsack. Damit legten wir uns dicht an die Lenkertaschen, in denen die wichtigsten Wertsachen verstaut waren. Meist bedeckte ich meine Isomatte zusätzlich mit der dünnen Decke. Darauf schlief ich und deckte mich dabei mit dem dünnen Schlafsack zu. Wenn es kalt werden sollte, konnte ich den Schlafsack schließen, mich in die Decke einwickeln und notfalls vorher noch andere Sachen überziehen. Bei großer Hitze reichte es mitunter aus, wenn ich mich nur mit der dünnen Decke zudeckte, die eigentlich nur ein dünnes Tuch war.

Irgendwo standen ein Dutzend Windräder zur Stromerzeugung.

»Vor sechs Jahren gab es die noch nicht, oder?« vergewisserte sich Axel bei mir.

»Vor sechs Jahren gab es vieles noch nicht«, antwortete ich. »Es hat sich Etliches seitdem geändert. Ich glaube, dass die größeren Ortschaften gewachsen sind und die kleinen Ansiedlungen noch kleiner werden. Manche Minisiedlungen, in denen wir damals noch Tee bekamen, sind inzwischen komplett verlassen. Ist das nun ein Zeichen für Fortschritt oder eher das Gegenteil?«

»Ich glaube schon, dass sich China zur Zeit stark entwickelt«, meinte Axel. »Sogar die Menschen haben sich geändert. Ist dir aufgefallen, dass wir seit vier Mahlzeiten nicht mehr betrogen wurden? Das war damals auf der selben Strecke an der Tagesordnung.«

»Du hast Recht. Und begafft werden wir auch nicht mehr so wie früher. Ich weiß noch, wie wir uns damals darüber geärgert haben. Das ist echt erstaunlich, wie schnell die Menschen solche unangenehmen Eigenschaften ablegen können.«

In solchen Momenten, in denen einem bewusst wird, wie schnell sich die Dinge ändern, ist jedes Stück Vertrautheit besonders wichtig.

Deshalb freuten wir uns besonders, als Axel eine kleine Moschee entdeckte, an die wir uns noch von der Weltreise her erinnerten. Schon damals hatten wir angehalten, da sie ausgesprochen harmonisch typisch moslemische Stilelemente mit typischen chinesischen verband. Eine ›Übergangsmoschee‹ eben: Geschwungene, rote Dächer, bemalte Dachreiter und Räucherstäbchen, aber auch Halbmond, eine runde Kuppel, Gebetsnische und Teppiche zum Niederknien.

Seit wir damals hier lang gekommen waren, hatten wir jede Beschreibung der Seidenstraße nach einem Hinweis auf diese Moschee abgesucht. Vergeblich. Fuhr wirklich jeder einfach vorbei? Sicher, das Dorf hier war alles andere als spektakulär und im Sommer, wenn überhaupt mal Touristen hier vorbeikommen, versteckte sich die Moschee hinter den Blättern der großen, davor stehenden Bäume. Wenn wir nicht besonders darauf geachtet hätten, wären wir diesmal vielleicht daran vorbeigeradelt.

Vielleicht freuten wir uns über die Moschee aber auch deswegen so sehr, weil sie uns aus unseren kleinen alltäglichen Streitereien herausriss. Zwischen Axel und mir hatte sich schon seit längerer Zeit schlechte Stimmung breit gemacht. Die Strapazen der Taklamakan, die abstoßende Landschaft der Provinz Qinghai und der dauernde, starke Gegenwind hatten nicht nur von unseren Körpern alles verlangt, sondern auch an den Nerven gezehrt. Mein rechtes Knie schmerzte nun ständig. Besonders beim Radfahren. Wahrscheinlich war eine Sehne entzündet. Axel ging es nicht viel besser. Auch ihm hatten die Wüsten alles abverlangt. Er sah schon seit Tagen elend aus. Die Reise war für uns beide im Moment mehr Last als Lust, und so entlud sich die angesammelte Spannung in Kraftproben bei den alltäglichen Kleinigkeiten. Wenn Axel ausschlafen wollte, wollte ich früh aufstehen. Wenn ich etwas essen wollte, wollte Axel weiterfahren. Schlecht gelaunt machten wir uns gegenseitig das Leben schwer.

An einem dieser stinknormalen Morgen wollte ich Frühstück machen, Axel dagegen weiterfahren. Schließlich kam er trotzig in die kleine Gaststätte, in die ich mich ohne ihn gesetzt hatte, und ging in die Küche. Dort scheiterte er mit seinen bescheidenen Chinesischkenntnissen beim Versuch, Teigtaschen zu bestellen. Selbstverständlich waren es die Chinesen, die › zu blöd‹ waren, ihn zu verstehen. Damit lag die Schuld bei ihnen und wenigstens genauso bei mir, weil ich ausgerechnet in dieser Gaststätte essen wollte.

In der Nähe der Stadt Yumen begann die Situation zu eskalieren. Hier gab es ein Stück der restaurierten Großen Mauer. Sie zog sich in fotogenen Windungen einen trockenen, felsigen Berggrat empor, woraus die

Chinesen mit ihrem Sinn für blumenreiche Übertreibung gleich ›The Overhanging Great Wall‹ gemacht hatten. Weil ich gerne im Morgenlicht ein paar Fotos davon schießen wollte, hatte ich mir vorgenommen, hier zu übernachten.

Axel rastete aus: »Was, du willst hier bleiben?«

»Wir hatten das doch ausgemacht«, antwortete ich.

»Irrtum, du hast bloß ein paar Mal erwähnt, dass du hier schlafen willst. Ich habe nichts dazu gesagt.«

Den folgenden Dialog möchte ich nicht einmal in gekürzter Form wiedergeben. Fest stand, dass Axel noch ein paar Kilometer radeln wollte und ich strikt dagegen war. Ich setzte mich dieses Mal durch.

Wir waren beide ausgebrannt, innerlich am Ende. Klar verstand ich, wenn Axel die Tour momentan keinen Spaß machte. Mir ging es nicht viel anders. Aber ich wollte trotzdem vernünftig reisen und Dinge bewusst wahrnehmen, auch wenn das selbst mir in meinem lädierten Zustand ausgesprochen schwer fiel. Trotzig setzte ich mich hin und schrieb Tagebuch. Axel fing immer wieder von neuem an, zu stänkern. Ich blieb hart. Ihm wurde es nach einer Weile langweilig. Er ging zu einem buddhistischen Tempel, der nur ein paar hundert Meter von der Mauer entfernt lag und wunderschön in die Berge eingebettet war. Dabei sah er fürchterlich kitschig aus. Wir waren beide überzeugt, dass dieser Tempel ausschließlich dazu da war, Touristen hereinzulegen. Nur weil Axel sauer auf mich war, ging er trotzdem hinauf. Und kam total begeistert zurück.

»Da oben hausen eine Handvoll Mönche, die uns eingeladen haben, bei ihnen zu schlafen. Die sind absolut nicht auf Touristen eingestellt. Offenbar geht nie jemand die paar Schritte bis dorthin!«

Wir schoben unsere Räder den Hang hinauf. Je näher ich kam, um so mehr wunderte ich mich. So ein Tempel, wie man ihn nur aus billigen, chinesischen Filmen kennt, soll nicht extra für Touristen hierher gestellt worden sein? Ich konnte das kaum glauben! Die geschwungenen Dächer, die Holzverzierungen, Malereien und Statuen – so prächtig ausgestattet hatte ich bisher in China noch keinen Tempel gesehen. Dabei war er recht klein.

Fünf Mönche lebten hier bei den drei Tempelgebäuden in ein paar kleinen unansehnlichen Unterkünften. Ein junger Mönch, mit zwölf geometrisch angeordneten kreisrunden Narben auf dem Kopf und frischen Blutspuren im Gesicht, sprach ein paar Brocken Englisch. Nicht genug, um sich zu unterhalten, aber doch ausreichend, um sich zumindest mittels unseres Sprachführers gut zu verständigen.

Die Mönche waren ausgesprochen amüsant. Sie alberten herum, und nun hatten sie zwei neue Opfer. Besonders ich mit meinen behaarten Armen gab ein gutes Ziel ab. Sie werteten die Haare als eindeutigen Beweis, dass ich wie alle Westler von Affen abstamme. Sie selber, mit ihrer glatten Haut, waren davon natürlich ausgenommen. Axel konnte mich von meinem Gegenbeweis gerade noch abhalten. Zu gerne hätte ich ihnen die Haare an meinem Hintern gezeigt. Falls sie dort weniger gehabt hätten, wäre das meine Begründung gewesen, dass sie von Pavianen abstammten.

Doch auch ohne diesen Beweis hatten wir eine Menge Spaß miteinander. Kichernd stellten sie uns eine dünne Reissuppe auf den Tisch und legten für jeden Essstäbchen daneben. Dann bestanden sie darauf, dass wir als Gäste mit dem Essen beginnen. Alle schauten gespannt zu, was wir nun machen würden. Ich stand auf, ging zu unseren Rädern, holte meinen Löffel und begann zu essen. Die Mönche fingen an zu lachen, legten ihre Stäbchen beiseite und holten aus ihren weiten Anzügen, die wie graue Arbeitsuniformen aussahen, ihre eigenen Löffel hervor und aßen mit.

Anschließend warfen sich die kurz geschorenen Mönche schwarze Umhänge um und zogen zusätzlich braune darüber. Die Zeit fürs abendliche Gebet war gekommen.

Einer schlug rhythmisch gegen eine große Glocke. Als der Klang verhallt war, drangen die eindringlichen Gebete auch bis zu uns herüber. Der größte Tempelraum mit dem dicksten Buddha diente als Gebetsraum. Dutzende kleinere, aber durchweg aufwendig verzierte Buddhastatuen säumten die Wände. An zweien befanden sich sehr plastisch dargestellte Reliefs von Bäumen, auf denen sich allerhand Geisterwesen tummelten. Nicht nur freundlich dreinschauende, auch böse, gemeine Fratzen versteckten sich im Geäst. Ein paar Instrumente wurden zur Unterstützung der rhythmisch gesprochenen Gebete verwendet. Trommeln, Klangkessel, Holzklappern und winzige ›Gings‹, die wohl aus einer Fahrradklingel hergestellt worden waren. Leider wurden auch zwei Mikrofone nebst grässlichem Verstärker und plärrendem Lautsprecher verwendet. Das elektrische Zeug zerstörte die Atmosphäre, die sonst hätte entstehen können. Nur wenn die Zeremonie verlangte, dass alle fünf Mönche hintereinander im Kreis durch den Raum gingen, also die

Kabelmikrofone nicht mitgenommen werden konnten, entstand die fesselnde exotisch-mystische Stimmung mit den rhythmischen, monoton wirkenden Gesangsgebeten. Die Mönche schienen ihre Aufgaben sehr gewissenhaft, dabei aber überhaupt nicht verbissen auszuführen. Die Zeremonie strahlte eine unglaubliche Zufriedenheit aus.

Wir verbrachten eine magische Nacht unter dem Vordach des Haupttempels, wo wir unsere Isomatten streitlos nebeneinander ausgelegt hatten. Hinter uns Buddhas und Geister und ein geheimnisvoller Tempel, der Macht und Barmherzigkeit gleichermaßen ausstrahlte. Ich überlegte beim Einschlafen, was mich an diesem Ort so faszinierte. Es war die friedfertige Atmosphäre, dieses selbstverständliche und kein bisschen verbissene Handeln der Mönche, das Fehlen jeglicher Missionierungsversuche. Die Mönche lebten ihren Glauben und ließen anderen den ihren. Das gefiel mir hier. Selten war mir ein Ort so friedfertig vorgekommen.

Die Gobi, durch die nun unsere weitere Route führte, kam uns im Vergleich zur Taklamakan wie ein Kinderspiel vor. Die Abstände zwischen den Oasen wurden immer kleiner. Selten geschah es, dass wir mehr als dreißig Kilometer bis zur nächsten fahren mussten. Allerdings waren auch die bei Gegenwind nicht zu unterschätzen. Sturm und Hitze trockneten uns auch auf kurzen Strecken erheblich aus.

Unser Verhältnis besserte sich ganz nebenbei wieder. Axel bot mir wegen meines nun stark schmerzenden Knies mehrfach an, als ›Windbrecher‹ vorn zu fahren. Doch so sehr ich mich bemühte, ich kam mit dem Hinterherfahren nicht zurecht. Man muss dabei ganz dicht auffahren, um den Windschatten wirklich optimal auszunutzen. Trotzdem muss man blitzschnell reagieren können, wenn der Vordermann bremst oder mit einem Schlenker einem Schlagloch oder Stein ausweicht. Hinter Axel wurde ich sehr schnell müde. Innerhalb weniger Minuten besaß ich nicht mehr die nötige kurze Reaktionszeit und musste dann einen so großen Sicherheitsabstand halten, dass mir der Windschatten nichts mehr brachte.

Also fuhr ich trotz meines schmerzenden Knies lieber vorn. So hatte Axel wenigstens etwas davon. Er hat sich das Hintenradeln über so viele Jahre angewöhnt, dass er selbst bei großer Müdigkeit immer noch blitzschnell die richtigen Manöver ausführt.

Die Beschwerden im Knie wurde von Tag zu Tag schlimmer. Cremen und Bandagieren nutzten längst nichts mehr. Es sah aus, als ob sich schon mehrere Liter Wasser darin gesammelt hätten. Also flüchteten wir uns in blöde Scherze.

»Endlich weiß ich, wohin du das ganze Wasser packst, das du mehr trinkst als ich«, meinte Axel.

»Das ist meine Notreserve. Kamele haben dafür Höcker. Wenn ich am Verdursten bin, brauche ich bloß das Knie anzustechen, schon habe ich genug Wasser«, antwortete ich.

Nach einer Weile wollte ich eine kurze Trinkpause machen und rief Axel zu: »Halt mal an, mein Knie hat Durst!«

Irgendwo, hinter einer kleinen Stadt, stand am Straßenrand ein Radreisender, ein dürrer, für einen Chinesen viel zu hochgewachsener junger Kerl mit modisch geschnittenen Haaren und leicht verkniffenem Gesichtsausdruck. Er wollte von Urumqui nach Hongkong und hatte ausgesprochen wenig Gepäck dabei. Sein Hemd war strahlend weiß. Das machte mich misstrauisch, zumal er erklärte, keine Ruhetage einzulegen und jeden Tag so hundertfünfzig Kilometer zu radeln. Das bedeutete, er müsste jetzt zehn ausgesprochen harte Tage hinter sich haben. Er sprach zwar nur schlecht Englisch, trotzdem freuten wir uns, für den Rest des Tages mit ihm zu radeln. Endlich hatte ich jemanden, den ich fragen konnte, was alles auf den Mauern oder auf den Gesteinstafeln an der Straße geschrieben stand. Normale Produktwerbung erkannte ich meist auch so, doch Sprüche, wie ›Schnelle Autos sind gefährlich‹, ›Ein guter Bruder ist nicht gefährlich‹, ›Die Straße ist durch das Gesetz geschützt‹, hätte man mir sonst nie übersetzt. Ich fragte ihn, wer sich solche Weisheiten ausdachte, doch konnte er es mir leider nicht sagen.

Er studierte in Urumqui, der Hauptstadt der uigurischen Provinz, und hatte dort auch eine Freundin.

»Eine Uigurin?« fragte Axel provozierend. »Da gibt es viele sehr hübsche.«

Unser Begleiter schüttelte heftig den Kopf. So etwas war für ihn absolut undenkbar. Im Abstand von jeweils einer halben Stunde fragte er uns viermal, ob wir Muslime seien. Jedes Mal verneinten wir.

»Nein, wir sind Christen.«

Wirklich verstanden hatte er es nicht. Bei all unseren Unterhaltungen stellten wir immer wieder fest, wie unglaublich auf sich selbst bezogen viele Chinesen trotz der allmählich einsetzenden Öffnung ihres Landes sind. Nach außen, ›hinter die Mauer‹, schauen sie offenbar sehr selten.

Christentum, Südamerika oder Westafrika schienen nur leere Worthülsen zu sein. Worte, die man schon gehört hatte, über deren Bedeutung man sich aber offensichtlich noch nie Gedanken gemacht hatte.

Ich fand das erstaunlich. Außer sich selbst kennen Chinesen die Angehörigen relativ naher Länder, die Japaner, Koreaner und Thais. Darüber hinaus teilen sie ein in ›Schwarze‹, die in China übrigens extremem Rassismus ausgesetzt sind, und in ›Ausländer‹. Damit sind Europäer und Amerikaner, also letztlich ›Weiße‹ gemeint. Doch was sind dann Brasilianer? Diese Frage passte nicht in das Weltbild unseres Reisepartners.

Auch sonst besaß unser Begleiter nicht nur lobenswerte Eigenheiten. Einige waren sogar recht nervend. Wie bisher radelte ich voraus. Axel bekam keine Chance mehr, meinen Windschatten zu nutzen. Wann immer es ging, wurde er vom Studenten abgedrängt. Noch krasser verhielt der sich, wenn nur noch ein ganz schmaler Pfad zum Radeln blieb. Links war klebriger Asphalt, der das Radfahren zu einer zähen, kraftraubenden Angelegenheit machte, und rechts loser, tiefer Sand. Ständig versuchte unser Begleiter, Axel in den Sand abzudrängen. Für diese Zeit einfach hintereinander zu fahren, kam für ihn nicht in Frage. Dafür zeigte er eine beeindruckende Eitelkeit, sobald wir in eine Ortschaft kamen. Sofort schoss er nach vorn und führte. Hatten wir die letzten Häuser hinter uns gelassen, ließ er sich wieder zurückfallen. Ein verschrobener Kauz.

In dem Gebiet, in das wir nun kamen, war die Getreideernte in vollem Gange: teilweise trotz der kleinen Felder recht maschinell, mit Mähdreschern, Strohbindern und anderen Maschinen. Häufig sah ich aber auch Leute mit sichelartigen Werkzeugen das Getreide ernten. Sie banden anschließend aus dem Stroh Puppen zusammen, welche dann auf den abgeernteten Feldern platziert wurden. Das Getreide wurde auf großen, meist von vielen Familien genutzten Dreschplätzen angefahren und gedroschen. Wenn genügend Wind wehte, wurde es anschließend mit einer Schaufel in die Luft geworfen. Der Wind trennte Spreu vom Weizen. Mitunter konnte ich beobachten, wie statt mit richtigem Wind mit einem riesigen Gebläse gearbeitet wurde. Der krasse Gegensatz zwischen mühevoller Handarbeit und den Einsatz schwerer Maschinen war beeindruckend.

Doch vor allem blieb mir dieser Teil der Provinz Gansu wegen der

Tischsitten in Erinnerung. In einer Kneipe saßen viele Leute. Sie aßen alle dieselbe Suppe wie wir. Sie war das einzige Essen, das es hier gab. Von den anderen Tischen drang ein derartiges Schmatzen und Schlürfen zu uns herüber, dass empfindsamen Gemütern sicher der Appetit vergangen wäre. Wir löffelten trotzdem ungestört weiter.

An einem der Nachbartische saßen drei Männer, die uns schon die ganze Zeit angestarrt hatten. Mit offenen Mündern, aufgerissenen Augen und völlig verwirrten Gesichtsausdrücken. Wie so oft erschienen sie regelrecht eingefroren in dieser Haltung. Und wie wir es schon einige Male in solchen Situationen gemacht hatten, starrten wir genauso zurück. Genauso idiotisch glotzend, mit aufgerissenem Mund.

Es dauerte nicht lange und die drei verließen sichtlich verärgert das Restaurant.

Auch später fiel uns oft auf, dass Chinesen ein Problem damit hatten, wenn wir sie genauso behandelten wie sie uns. Mit der Unsitte, jemandem plötzlich mitten beim Lesen sein Buch wegzunehmen, verhielt es sich ähnlich.

Ein anderes Mal saßen an einem Nachbartisch vier junge Einheimische. Einer von ihnen spuckte laufend irgendwohin. Oft in die Nähe von anderen Tischen. Ich vergaß zu erwähnen, dass Chinesen es schaffen, den Schleim von so weit unten heraufzuziehen, dass man unweigerlich nachschaut, ob er nicht schon braun ist. Die Geräusche, die sie dabei von sich geben, sind wie gesagt in etwa so betörend wie ein halb verwester, in der Sonne gammelnder Tierkadaver.

Als wir die Kneipe verließen, zog ich direkt hinter dem jungen Kerl genauso laut und lange meinen Rotz hoch, wie er es zuvor gemacht hatte. Dann spuckte ich den Auswurf neben seinen Stuhl und ging weiter. Alle an seinem Tisch grinsten, bis auf den Typ, der vorher selbst gespuckt hatte. Natürlich.

Sehr oft hatte ich bemerkt, dass auch Chinesen sich an dem allgegenwärtigen Gespucke stören. Die Schilder, auf denen ›Spucken verboten‹ steht, die aber nie beachtet werden, sprechen eine deutliche Sprache. Ich glaube, so ziemlich alles, was uns stört, ist auch ihnen unangenehm. Die für Axel und mich übliche Konsequenz, dass wir vermeiden, andere zu belästigen, fruchtet hier nicht. Wer spuckt, den stört die eigene Spucke schließlich nicht.

Wieder einmal stand neben der Straße ein Stück der Großen Mauer. Zeitweise war sie an dieser Stelle sogar über vier Meter hoch, aus Lehmziegeln errichtet und in regelmäßigen Abständen mit Wachtürmen versehen. Die Kaiser, die sie einst errichten ließen, hatten offensichtlich keine besonders schlauen Militärberater und Generäle. Ein dummer, überflüssiger Aufwand. Hätte man all die zur Zwangsarbeit verdammten und dabei umgekommenen Arbeiter, die diese Mauer errichtet haben, hier in der Nähe als Wehrbauern angesiedelt, Chinas Nordgrenze wäre weit sicherer gewesen.

Doch vielleicht war die Mauer auch gar nicht für militärische Zwecke gedacht. Womöglich war sie nur errichtet worden, um dem chinesischen Volk zu zeigen, dass dahinter kulturlose Barbaren wie wir leben. ›Nur wir sind richtige Menschen.‹ Vielleicht sollte die Mauer nur die Einmaligkeit Chinas, der chinesischen Kultur und der hiesigen Menschen verdeutlichen. Dies hat sie jedenfalls so gründlich getan, dass viele Chinesen den Rest der Welt nur schwer wahrnehmen. Aber vielleicht tat ich China jetzt auch Unrecht.

Im Moment nahm die Annäherung an die westliche Lebensweise recht bizarre Formen an. Gerne wurde mit lateinischen Buchstaben geworben. Wo anderswo ›WELLNESS‹ auf Badelatschen gedruckt war, stand hier beispielsweise das Buchstabensammelsurium ›TEFNRFB‹. Für ein ganz normales Eis wurde mit dem Wort ICECREME geworben. Doch darunter standen die Geschmacksarten: ›Sausages, Mushrooms, Onions‹. Selbstverständlich schmeckte das Eis weder nach Würstchen noch nach Pilzen oder Zwiebeln.

Manchmal half aber auch die beste Werbung nicht. So brachte Axel eine Packung in durchsichtiger Folie eingeschweißter, getrockneter Pflaumen mit. Genau dort, wo die Verpackung bedruckt war, wo man also den Inhalt nicht sehen konnte, befand sich auf beiden Seiten eine Plastikhohlpackung. Fing dieser kleinliche Beschiss wieder an? Mit einer Packung, die genau vier Kekse und vier Fünftel Hohlraum enthielt, ging es uns später ähnlich. Kommen sich die Hersteller bei solchem Betrug nicht selber blöd vor? Sicher, wenn jeder der 1,2 Milliarden Chinesen nur einmal so eine Packung kaufte, war das ein Bombengeschäft.

Zwischen Wuwei und unserem nächsten Ziel, der Provinzhauptstadt Lanzhou, führte die Straße zunächst steil bergauf. Das Radeln war anstrengend, die Straße in gutem Zustand und die Berge, in die wir plötzlich hineingeraten waren, sehr grün. Üppige Wiesen, Felder und Wälder in den Tälern. Wir krochen schwitzend bergan. Einen so hohen Pass hatten wir hier gar nicht in Erinnerung. Zweitausend, dreitausend Meter – nahm denn der Anstieg gar kein Ende?

Von hinten näherten sich Mähdrescher. Wir beschleunigten, bis wir annähernd die gleiche Geschwindigkeit hatten und hängten uns an irgendeine Strebe hinten dran. Der Fahrer war im ersten Moment verunsichert, doch ich lächelte ihm freundlich zu und damit war alles bestens. Nun fuhr er sehr vorsichtig, wich Steinen und Schlaglöchern aus und machte brutal fahrenden Autos besonders viel Platz. Die Straße wurde immer steiler und unsere Arme immer länger. Bald schnitten die Streben so schmerzhaft in die Handflächen ein, dass wir dagegen ankämpfen mussten, loszulassen. Denn wir wollten unbedingt noch vor Einbruch der Dunkelheit über den Pass. Also feuerten wir uns gegenseitig an und verkniffen uns die Schmerzen. Über eine Stunde lang. Knapp einen Kilometer vor dem höchsten Punkt ließen wir dann los.

Auf die weißen Wände eines einsamen Häuschens waren mit roter Farbe tibetische Schriftzeichen gemalt. Eine Gaststätte, wie sich herausstellte. Auch das Aussehen der Wirtin war tibetisch. Mit ihrer dunklen, Wetter gegerbten Haut, den zusammengekniffenen Augen und dem würdevollen Auftreten war sie uns sofort sympathisch. Ungefragt bekamen wir Buttertee vorgesetzt, den ich nur vom Hörensagen kannte. Während der Tee schmeckte, hatte ich mit Tsampa, einem leicht süßlichen, trockenen Hirsebrei, der uns später gebracht wurde, meine Probleme. Schon nach einem Löffel war ich satt. Trotzdem löffelte ich brav mein Schüsselchen leer.

Bei der abendlichen Abfahrt rutschte ich auf meinem Sattel ungemütlich hin und her. In Lanzhou, das noch zwei Tage entfernt lag, wollte ich mir einen neuen besorgen. Mir waren die Streben, mit denen der Sattel an der Stange festgeschraubt wird, auf einer Baustelle gebrochen.

Rund dreißig Kilometer lang war nun die alte Straße aufgerissen, weil sie zu einer vierspurigen Autobahn ausgebaut wurde. Währenddessen führte die Straße über eine provisorisch angelegte Piste quer durch die Felder. Das einzig fertige Teilstück, über das der ganze Verkehr geleitet wurde, war gerade einmal hundert Meter lang. Doch das sollte so sein, denn die Mautstelle, die hier stand, war schon in Betrieb.

Im Tal vor der Provinzhauptstadt reihten sich Dörfer aneinander. Die Häuser sahen aus wie normale Giebelhäuser, jedoch nur wie eine Hälfte davon. Vom First reichte eine gerade, fensterlose Wand nach unten.

Oft standen mehrere solcher halben Häuser inmitten eines von einer großen Mauer umgebenen Gehöftes. Nur an der Südmauer stand kein Haus. Ganz rechts oder ganz links befand sich eine große, fast torartige Hofeingangstür, so angelegt, dass jeder, der hinein kam, frontal auf eine tür- und fensterlose Giebelwand eines der Häuser stieß. Eindringende Geister, die nicht um die Ecke gehen können, müssen dann wieder umkehren. Freilich nur, wenn die ganzen Beschwörungssprüche und Bilder von Geisterbezwingern am Tor nicht schon als Abschreckung reichten. Irgendwo stand auch außerhalb eine massive Geisterwand, die das Vordringen des Unholdes verhindern sollte. Im Innern waren die Gehöfte oft sogar recht hübsch. Verzierungen, Blumen, Sauberkeit. Ein wahrer Gegensatz zur äußeren, völlig schmucklosen Schale.

KAPITEL NEUN

FLUCHT DURCH DIE WÜSTE

Zwischen trockenen, doch keinesfalls lebensfeindlichen Bergen eingequetscht liegt Lanzhou, die Provinzhauptstadt von Gansu – eine laute, moderne chinesische Stadt, die sich im Tal des Gelben Flusses erstreckt. Gnädig verdeckte der dichte Smog petrochemische und metallurgische Industrieanlagen. Auch der älteste chinesische Atomreaktor zur Stromerzeugung verbarg sich im dichten Dunst, der nur von den allgegenwärtigen Verkehrsgeräuschen und – natürlich – von tausenden von Hupen durchdrungen wurde. Mehrere Brücken, eine von Deutschen gebaut, wie uns immer wieder versichert wurde, überspannten den lehmig-gelben Fluss.

Lanzhou war immer schon ein bedeutender Verkehrsknoten. Die Karawanen der Seidenstraße kamen ebenso auf ihrem Weg hier durch wie die großen chinesischen Armeen, wenn sie auf Eroberungszügen in den Westen zogen. Heute kreuzen sich wichtige Straßen- und Bahnverbindungen in dieser quirligen Stadt. Täglich fahren Züge Richtung Tibet, Xingjang, in die äußere Mongolei oder nach Peking.

Zum ersten Mal konnte ich hier Thai-Chi, das traditionelle, chinesische Schattenboxen im Grünen, in aller Ruhe beobachten. Wie kollektive Morgengymnastik wird diese Meditation in Parks und auf großen, öffentlichen Plätzen betrieben. Harmonische Bewegungen wie in Zeitlupe, so geschmeidig und anmutig ausgeführt, dass ich zweimal hinschauen musste, um sicher zu sein, dass manche der Männer und Frauen weit über die siebzig Jahre alt waren. Eine Gruppe rüstiger, älterer Männer benutzte Schwerter für ihre morgendlichen Übungen. Sie strahlten eine Eleganz aus, die ich bei den jugendlichen Akteuren, die in weit geringerer Zahl vertreten waren, deutlich vermisste. Der Großteil der Jugend spielte währenddessen lieber nebenan Federball.

Auf dem Land waren wir solchen Morgengymnastiker nicht begegnet. Ich vermutete, dass vor allem Städter, die sich zu wenig bewegen, diese Form der Körperertüchtigung betreiben.

Wir schlenderten durch die Straßen. In einem etwas besseren und auffällig sauberen Restaurant sahen wir später, wie eine Tischrunde mit Händen Fleisch aß. Das an sich war schon ungewöhnlich. Doch dann bemerkte Axel, dass sie dabei hauchdünne Plastikhandschuhe trugen, die hinterher sicher weggeworfen wurden. Den Trinkhalm steckte ihnen die Kellnerin mit einer Pinzette in die Gläser. Wir waren verblüfft.

»Eine verrückte Welt«, begann Axel schließlich. »Einerseits sind die Leute hier Dreckschweine, andererseits so pingelig und auf Sauberkeit bedacht.«

»Ich begreif das auch nicht«, antwortete ich, wohl wissend, dass Axels Kraftausdruck mit den ›Dreckschweinen‹ zwar grob, aber auch irgendwie treffend war. »In die Küchen von Restaurants guck ich schon gar nicht mehr rein. Mich würde nicht wundern, wenn diese hier genauso dreckig wäre. Wie oft haben wir Leute gesehen, die ihren Müll einfach aus dem Fenster oder über die Grundstücksmauer werfen. Einmal draußen, geht er sie nichts mehr an. Auch wenn der Haufen vor sich hingammelt und das Ungeziefer wieder ins Haus kommt. Und trotzdem findet man immer wieder solche seltenen Inseln übertriebener Hygiene, wie diese.«

»Das ist wirklich ein komischer Gegensatz«, lenkte Axel ein. »Die Verallgemeinerung mit den Dreckschweinen nehme ich zurück. Aber irgendwie ist es doch so, dass man anfängt, zu verallgemeinern, sobald einem bestimmte Eigenheiten aufstoßen. Du hast vor kurzem auch gesagt: ›Chinesen rauchen überall‹.«

Axel hatte Recht. Sicher mochten manche Chinesen Nichtraucher sein, mir aber fielen nur die ständig und überall qualmenden Männer auf, gerade weil ich sie als ausgesprochen lästig empfand. In Gaststätten, im Bus – überall fand sich jemand, der eine Zigarette ansteckte. Ohne Rücksicht auf die Enge des Raumes oder anwesende Kinder.

Ich bemerkte, dass viele dieser Unsitten eine Gemeinsamkeit aufwiesen. Unangenehme Tätigkeiten wurden umgangen, wenn es irgendwie möglich war, zum Beispiel das Wegräumen von Müll. Die für den Nachbarn negativen Folgen eigener Vorlieben wurden negiert. Axel fand dafür eine Bezeichnung: das ›Problem-anderer-Leute-Syndrom‹. Dieses Phänomen erklärte die Zigaretten-Brandflecke auf so ziemlich jedem Teppich ebenso wie ungespülte Toiletten und das endlose Gespucke. Später sollte mir klar werden, dass sich damit noch sehr viel mehr erklären ließ.

Nach zwei Ruhetagen in Lanzhou entschlossen wir uns, einen südlichen Abstecher zu machen. Zunächst folgten wir dem Huang He ein

Stück. Der Gelbe Fluss schlängelt sich durch eine spektakuläre, schroffe, von frei stehenden Säulen und Türmen beherrschte Felslandschaft. Laut einer Inschrift am Fuße eines dieser riesigen Monolithe hat ein früher chinesischer Kaiser hier die erste Brücke der Welt errichtet. Das mit der ›ersten Brücke der Welt‹ hielt ich für ebenso übertrieben wie die Aussage, dass er Erschaffer des Bauwerks war und nicht seine Untertanen.

Selbst wenn heute nichts mehr davon übrig war, einst spannte sich an dieser Stelle eine großzügige Brücke über den Huang He, die für Handelskarawanen Ausgangspunkt in den ihnen unbekannten Westen war.

So, als wollte sie die glanzvollen, vergangenen Zeiten für immer bewahren, stand in einem tief eingeschnittenen Nebental eine reichlich zwanzig Meter hohe Buddhastatue, die halb aus dem Fels heraus gearbeitet war. Daneben, in wesentlich kleineren Nischen, befanden sich hunderte kleine, zum Teil winzige Buddhas, jeder einzelne unterschiedlich geformt. Nicht nur die Art und Weise, wie die Statuen und Reliefs aus dem Fels heraus geschlagen waren, auch die an hinduistische Gottheiten mit acht oder zehn Armen erinnernden Buddhas mit um den Körper gewundenen Schlangen hatten einen unverkennbaren, starken indischen Einschlag. Über dem Kopf einer Statue hingen mehrere weiße, tibetische Ehrenschals. Aber fast alle Figuren waren von einer feinen Schicht des lösgelben Flussschlamms vom Huang He bedeckt, der oberhalb eines riesigen Stausees wegen der Jahreszeiten enormen Wasserstandsschwankungen unterworfen war.

Unser nächstes Ziel war Labrang, ein tibetisches Kloster des Gelbmützenordens. Zu Zeiten Marco Polos reichte der tibetische Einfluss noch bis zu seiner Reiseroute, also wesentlich weiter nach Norden als heute. Mit seinem Grundsatz ›Teile und herrsche‹ hatte Mao diesen Einfluss weit zurückgedrängt. Aus einem Teil des nördlichen Tibets wurde die Provinz Qinhai. Große ethnisch, geographisch und kulturell zu Tibet gehörende Gebiete wurden kurzerhand anderen, angrenzenden Provinzen zugeschlagen. Aus diesem Grund befindet sich Labrang heute in Gansu.

Die Berge waren grüner geworden und bei weitem nicht mehr so zersiedelt und von Terrassen zerschnitten wie noch ein paar Kilometer zuvor. In den Dörfern verschwanden mehr und mehr die moslemischen

Pagoden, die für diesen Teil Chinas typisch waren, und machten tibetischen Stupas Platz.

Der Schnitt war unverkennbar. Weit oben in der Luft über den Dörfern und Pässen flatterten an Masten schmale Fahnen im Wind. Allmählich waren immer mehr Leute mit tibetischen Trachten zu sehen, diesen schweren, warmen und dafür robusten Kleidern, die für das Leben in dem rauen Klima des Hochlandes so geeignet sind.

Wir sahen eine alte Frau nach Labrang pilgern, wobei sie die gesamte weite Strecke ›mit ihrem Körper abmaß‹, eine unglaublich beschwerliche Art der Fortbewegung. Sie legte sich der Länge nach auf die Straße, stand wieder auf, ging bis zu dem Punkt, an dem ihre Hände gelegen hatten und legte sich hier mit den Füßen ansetzend erneut auf den Boden. Eine robuste Schürze und Holzklötzer unter ihren Händen schützten sie und ihre Kleidung ein wenig vor Straßenschmutz und Abnutzung.

»Unglaublich«, ich schüttelte den Kopf, »das muss man einfach mal gesehen haben.«

»Da bekommt man eine Ahnung davon, wie viel Religiosität in diesen Pilgern steckt«, antwortete Axel. »Ich glaube, nichts könnte die kulturelle Eigenständigkeit Tibets mehr betonen als diese alte Frau.«

»Ja, dasselbe habe ich auch gedacht. Erst wenn man so etwas gesehen hat, wird einem bewusst, wie groß der Unterschied zwischen Tibet und China ist. Kulturell liegen Welten zwischen diesen Ländern. Auch wenn das natürlich auf der Landkarte ganz anders aussieht.«

Direkt hinter dem kleinen und nur durch das tibetische Kloster berühmten Städtchen Xiahe lag Labrang, eines der drei bedeutendsten lamaistischen Klöster außerhalb Tibets. Schon in der Stadt fielen mir die Mönche in ihren weinroten Gewändern auf.

Endlich erstreckte sich die Klosteranlage vor uns. Ocker und Gelbtöne dominierten die religiösen Bauten. Nur die Unterkünfte für die zu dieser Zeit dreihundert anwesenden Mönche waren farblos und grau. Dazu waren sie flach, überragten kaum die Mauern und prägten die Anlage dadurch kaum. Einige der goldenen Dächer strahlten in der Sonne. Weiße, runde Stupas überragten alles. Vor uns war als Begrenzung für die Anlage ein überdachter Rundgang errichtet, in dem hintereinander hunderte Gebetsmühlen ratterten. Mönche, Pilger, aber auch viele Leute aus nahe liegenden Ortschaften zogen in der vorgeschriebenen Uhrzeigerrichtung vorbei und versetzten jeder Mühle einen kleinen Stoß. Damit drehten sich die in dem Behälter enthaltenen Gebetsrollen und ersetzten so das mündliche Beten.

Vor dem Kloster plätscherte ein kleiner Fluss. Eine alte Holzbrücke, die über und über mit tibetischen Gebetsfahnen und bunten Wimpeln geschmückt war, sah aus, als würde sie jeden Moment einstürzen. Hinter dem Kloster ragten grüne Berge empor, die bis zur Spitze mit dichtem Wald bewachsen waren und der ganzen Klosteranlage eine beeindruckende Kulisse verschafften. Zum ersten Mal wurde mir die Harmonie zwischen religiösen Anlagen und den umliegenden Landschaften bewusst. Das eine schien ohne das andere irgendwie unvollständig, fast fehlerhaft.

Wir gingen über die Brücke, die weit weniger wackelig war als zuerst vermutet, zu den Gebetsmühlen. Ein junger, dreiundzwanzig Jahre alter Mönch gesellte sich zu uns, um sein selbst erlerntes, noch holpriges Englisch zu praktizieren. Er hieß Tsultyim und lebte seit seinem elften Lebensjahr im Kloster von Luqu. Erst vor wenigen Monaten war er hierher gekommen. Und in wenigen Monaten wollte er wieder zurück und dann ins Ausland gehen, um dort direkt beim Dalai Lama zu studieren.

Chinesischen Touristen, die ihn nur um eine kurze Auskunft baten, antwortete er auf Englisch: »Ich hasse euch. Ich will euch hier nicht und ich spreche eure Sprache nicht.«

Das stimmte nicht. Er sprach weit besser Chinesisch als Englisch. Ich fand es äußerst beeindruckend, wie konsequent er die Chinesen abblockte – und wie diese das hinnahmen, ohne Ärger oder Unwillen zu zeigen. Hatten sie womöglich ein schlechtes Gewissen wegen der Eroberung Tibets und der anschließenden Unterdrückung der Tibeter, besonders des tibetischen Buddhismus? Ich spürte, dass Tsultyim die Kraft und den Willen hatte, friedlich aber kompromisslos für ein freies Tibet zu kämpfen. Er hasste diejenigen Chinesen wirklich, die seine Religion unterdrückten und sein Land und seine Kultur zielstrebig zerstörten.

Tsultyim lud uns ein, mit ihm die Runde um die Klosteranlage zu gehen. Wir unterhielten uns über das Leben im Kloster. Ab und zu forderte er uns auf, eine Gebetstrommel zu drehen und die vielen Tempel im Kloster zu bestaunen, deren Unterschiede er uns erklärte. Die ockerfarbenen Tempelmauern mit den zugemauerten Fenstern machten dabei keinesfalls einen abweisenden, viel mehr einen erhabenen Eindruck. Die Tempel, die Mönche, aber auch die Pilger strahlten tiefe Religiosität und Friedfertigkeit aus.

Nachdem wir den Rundgang fast zwei Stunden später beendet hatten, lud uns Tsultyim in seine Kammer ein. Die Einrichtung war spärlich. Ein paar private Fotos, ein Kraftsportgerät, das seine gestählten Arme erklärte, und vielleicht zwanzig Bücher, mit deren Hilfe er den Buddhismus, Englisch aber auch, wie ich lächelnd feststellte, Chinesisch studierte. Er bereitete Tee für uns und Tsampa, die Hauptnahrung der Mönche.

»Klar lerne ich auch Chinesisch«, erklärte Tsultyim. »Man muss die Chinesen doch verstehen, wenn man sie loswerden will. Genauso haben die es mit uns gemacht. Wisst ihr, was sie dem Panchen Lama angetan haben?«

Wir wussten so ungefähr, was passiert war. Der Panchen Lama ist von den Chinesen entführt worden, nachdem ihn der Dalai Lama als Reinkarnation des verstorbenen Panchen Lamas anerkannt hatte. Nicht nur er, die gesamte Familie des kleinen, damals sechsjährigen Jungen ist seitdem verschwunden. Er gilt deshalb als jüngster politischer Gefangener der Welt. Die Chinesen haben einen neuen Panchen Lama ausgerufen, dessen Eltern Parteimitglieder sind. Seit diesem Zeitpunkt ist der wahre Panchen Lama verschwunden. Er soll irgendwo in einem Gefängnis oder einem anderen geheimen Ort von den Chinesen festgehalten werden. Seither reißen die Gerüchte um den echten Panchen Lama, für den die Tibeter immer noch beten, nicht ab.

Trotzdem war das Einsetzen eines von Peking protegierten Panchen Lamas ein äußerst schwerer Schlag gegen die Religion, die in Tibet, wie wohl sonst nirgends in der Welt, das gesamte Leben, die Kultur, einfach alles bestimmt. Tsultyim war der Meinung, dass die wirkliche Inkarnation des Panchen Lama frei in Indien leben soll. Ich würde mich sehr für die Tibeter freuen, wenn sich dies bewahrheitete.

Während Tsultyim zum Abendgebet musste, sahen wir uns etwas in Xiahe um. Kneipen warben mit englischen Speisekarten um ausländische Gäste. Dort saßen auch all die Touristen, die bis in diesen entlegenen Winkel Chinas gefunden hatten. Wir wollten aber lieber allein sein. Unser Interesse an ihnen war uns verleidet worden. Von Touristen, die in kurzen Hosen durch die Tempelanlagen hetzten oder mit ihren Kameras brutal und ignorant Tibeter wie eine aussterbende Spezies ›abschossen‹, hatte ich genug.

Die Krönung war ein Tourist aus Deutschland. Wir unterhielten uns mit Tsultyim und zwei weiteren Tibetern, als er mit seinem Fotoapparat ankam. Noch ehe er etwas sagte, hatte er schon unsere Gesprächspartner abgelichtet.

»Seid ihr Deutsche?« wollte er nun von uns wissen.

»Ja«, sagte Axel, »aber die Leute mögen es nicht, wenn man sie fotografiert.«

»Ich weiß«, antwortete er und machte nochmal zwei Bilder von den Tibetern.

Die waren nun zu Recht sauer, und nur dank Tsultyims Hilfe gelang es uns, die Situation irgendwie zu retten.

Das Oberhaupt des Klosters, der Gungtang Rinpoche, war als ›Berater des Volkskongresses in religiösen Fragen‹ häufig in Peking und vertrat dort seine Religion. Während der Kulturrevolution hatte er viele Jahre im Gefängnis verbracht. Hoffentlich hatte er seine Standhaftigkeit, mit der er sich damals gegen die ›Eingliederung in die Gesellschaft‹ geweigert hatte, inzwischen nicht eingebüßt. Jedenfalls wird er von vielen Tibetern für seine Courage hoch verehrt.

In den Tempeln der Klosteranlage hingen Fotos von ihm und anderen in der Hierarchie weit oben angesiedelten Lamas. Der Dalai Lama war nicht darunter, weil die Chinesen Bilder von ihm verboten haben. Dafür konnte man den von Pekings Gnaden ernannten Panchen Lama bestaunen. Für ihn hatte Tsultyim nur Verachtung übrig. Dennoch schien mir auch das Kloster nicht frei von Opportunismus. Einige Male wurde Tsultyim von anderen Mönchen gerügt, von den offiziellen Touristenführern, wie er uns erklärte. Denn er durfte uns eigentlich nicht durch das Kloster führen. Diese Touristenführer werden unter anderem nach ihrer politischen Einstellung ausgewählt. Von ihnen sahen wir einige mit Chinesen herumalbern. Doch das war nichts für unseren Freund.

Ich verspürte nicht wenig Lust, noch tiefer in die Geschichte und Religion Tibets einzudringen. Doch unsere Chinavisa galten nur drei Monate und wir mussten weiter. Tibet ist nicht wert, nur so am Rand abgehakt zu werden. Wir mussten uns damit abfinden, dass uns auf dieser Reise nur ein unvollkommener, flüchtiger Einblick vergönnt war – leider!

Wir fuhren vorbei an Yakherden zurück. Diese Tiere bilden die Lebensgrundlage vieler Hochlandbewohner. Ihr Haar dient nicht nur als Zeltmaterial, sondern wird auch als Wolle für Handschuhe, Mützen und Jacken genutzt. Das Fleisch der rinderähnlichen Yaks wird gegessen, ihre Milch zu Butter und Hartkäse verarbeitet, ihr Dung liefert Brennmaterial. Zudem werden sie auch als Lasttiere eingesetzt und auf den wenigen Ackerflächen vor den Pflug gespannt.

Marco Polo hatte die Yaks in dieser Gegend auch gesehen und sie ausführlich beschrieben: ›Wildrinder leben dort, massig wie Elefanten und prächtig zum Anschauen; schwarz-weiß sind sie, und ihr Fell ist, ausgenommen über dem Rücken, langhaarig ... Es sind unvorstellbar schöne Tiere ... Man sagt, dieses Fell sei etwas ganz Besonderes; es ist wie sehr schöne weiße Wolle, feiner als Seide.‹

Wir aber brauchten eine ganze Weile, bis wir uns bei unserem ersten Zusammentreffen mit diesen Tieren wirklich sicher waren, dass es sich um Yaks handelte. Sie waren zahm, mickrig und in nichts mit ausgewachsenen Rindern oder gar Elefanten zu vergleichen. Außerdem waren sie frisch geschoren. Dadurch machten sie einen ganz unscheinbaren Eindruck. Ihre Wildheit und Urtümlichkeit hatten sie mit ihrer Wolle eingebüßt. Nur an den Schwänzen hatte man die Wolle belassen und so hatten sie dort ein viel zu buschiges, dickes Anhängsel, das nicht zum Rest passte.

Bei ein paar wenigen großen Tieren war der Bauch ungeschoren. Dort hing die Wolle bis zur Erde herab. Das war das Bild, das ich von Yaks kannte und das den immer noch zweifelnden Axel nun endlich auch überzeugte.

Wir radelten nun nordöstlich, parallel zum Huang He. Die Landschaft war halbwegs eben und relativ trocken. Ortschaften, bergige Steinwüste und flache, fruchtbare, bewässerte Täler wechselten sich ab. Wir hatten angenehmen Rückenwind und kamen gut voran.

Plötzlich stand am Straßenrand ein Lastwagen voller Bienenstöcke. Hoch aufgetürmt stapelten sich die Kisten auf der Ladefläche. Unglücklicherweise waren sie völlig offen. Keine Plane, kein Netz, nichts. Ganz normale offene Bienenstöcke. Eine dichte, summende Wolke Bienen schwebte um den Laster herum. Wir schossen mit unseren Rädern hindurch. Mehrere Bienen verfingen sich in unseren Haaren, kamen zum Glück aber schnell wieder frei.

Schon in den Bergen zwischen Wuwei und Lanzhou waren wir laufend Imkern begegnet, die nie sehr weit von der Straße entfernt ihre Zelte aufgeschlagen hatten. Unmittelbar auf den Wiesen daneben waren die Bienenstöcke aufgestellt. Mir fiel ein, dass wir schon dort mitten auf der Straße einen von einem Auto gefallenen und zerbrochenen Bienenstock gesehen hatten. Auch der war umgeben von einer dichten Wolke Bienen.

Doch bis heute war alles ganz harmlos verlaufen. Nun überholten uns jedoch im Abstand von dreißig Minuten solche offenen Bienenlaster. Der Fahrtwind riss dabei unglaubliche Mengen Bienen fort. Diese ›verseuchten‹ die Straße regelrecht.

Plötzlich schrie Axel auf: »Au! So ein Vieh hat mich zwischen die Finger gestochen. Tut das weh!«

»Bist du allergisch gegen Bienenstiche?« fragte ich besorgt.

»Ich weiß nicht. Bisher haben mich in meinem Leben vielleicht erst vier gestochen.«

Noch während ich überlegte, wie sich eine Allergie auswirken könnte, schrie Axel schon wieder: »Peter, hilf mir! Schnell! Da ist eine Biene in meinen Haaren. Die kommt nicht raus!«

Ich hielt an und schaute auf die Stelle, auf die Axel deutete.

»Da ist keine Biene.«

»Doch, da ist eine. Siehst du sie nicht? Aua, jetzt hat sie mich gestochen! Scheiße, tut das weh! Mann, sind das Schmerzen!«

Ich hatte Bienenstiche noch nie als sonderlich schmerzhaft empfunden, wusste aber, dass manche Bienenarten schmerzhafter stechen als andere. Außerdem kann bei wirklich vielen Stichen eine Allergie sehr gefährlich werden. Und hier wimmelte es von Bienen! Inzwischen hatte ich auch die Biene in Axels Haaren entdeckt. Nachdem sie gestochen hatte, konnte mir Axel die Stelle des Schmerzes sehr viel genauer zeigen als vorher, als er noch nervös herumsprang. Ich entfernte sie und zog den Stachel aus der Kopfhaut.

»Teufel, sind das Schmerzen«, jammerte Axel weiter.

Wir waren vielleicht fünf Minuten geradelt, als er schon wieder losschrie: »Scheiße, mich hat schon wieder eine in den Kopf gestochen!«

Und die Schmerzen der ersten beiden Stiche hatten noch nicht nachgelassen. Axel hatte aber auch Pech. Die Stiche mussten arg schmerzen, denn sonst war er nicht sehr zimperlich. Wir mussten uns wohl etwas einfallen lassen. Da die Biester bisher vorwiegend in den Kopf gestochen hatten, setzte ich mir meinen Strohhut auf, den ich in der Taklamakan gefunden hatte. Axel band sich ein Tuch um den Kopf. Beim Weiterfahren jammerte er über die Schmerzen, die ihn in Schüben immer wieder verkrampfen ließen. Besonders der zweite Stich musste schlimm gewesen sein. Mehrere Male hielten wir an, damit Axel sich irgendwohin hinsetzen konnte. Ihm wurde bei den Schmerzschüben regelrecht schwindlig. Auf der Straße lagen massenhaft tote und sterbende Bienen. Doch mehr als genug waren noch fit und gaben sich, so plötzlich aus ihrem trauten Heim gerissen, unwahrscheinlich aggressiv.

Doch nun hatten wir wenigstens etwas Schutz auf dem Kopf. Glaubte ich jedenfalls. Bis Axel erneut losschrie! Diesmal hatte sich eine Biene hinter den Gläsern seiner Brille verfangen und kurz oberhalb des Lides gestochen.

Geistesgegenwärtig hatte er die Brille weggeschleudert, aber es war trotzdem zu spät. Die Biene hatte ihren Stachel schon in seine Haut gebohrt. Er tat mir jetzt richtig Leid, weil er vor Schmerzen fast anfing, zu heulen. Mir wurde klar, dass es so nicht weitergehen konnte.

Vor uns lag ein Ort, ein kleines Dorf mit einer Tankstelle. Da die Tankstellen schattig und meist sauberer als die Umgebung waren, rief ich Axel zu: »Los! Dort machen wir eine Pause und denken in Ruhe nach.«

Kurz bevor wir das Gebäude erreichten, nahm die Dichte der aggressiven Bienen noch einmal zu. Trotzdem radelten wir dorthin und stürzten gleich in den Raum des Tankwarts. Obwohl Türen und Fenster offen standen, schienen die Bienen diesen Raum zu meiden. Ruhe – endlich.

»Schau mal dort drüben«, meinte Axel. »Da stehen schon wieder zwei solcher Schweinelaster.«

Gleich hinter der Tankstelle hatten zwei Lastwagen voller Bienenstöcke geparkt. Umgeben waren sie von einer unvorstellbar großen, dichten Wolke von Bienen. Mitten in der Ortschaft. Einfach so. Vorsichtig näherte ich mich, um Fotos zu machen. Mann, waren die Biester angriffslustig! Die gingen richtig auf mich los! Ich flüchtete in den schützenden Raum.

Nach einer kurzen Pause versuchte ich es nochmal. Diesmal sehr viel langsamer. Plötzlich schoss wieder ein kleiner Schwarm auf mich zu. Ich rannte davon, so schnell ich konnte. Der Schwarm blieb zurück. Nur eine einzelne Biene gab die Verfolgung nicht auf und machte Jagd auf mich. Ich wollte sie nicht zu Axel bringen, also schlug ich Haken und rannte draußen wie ein Verrückter im Zickzack um die Tankstelle. Doch umsonst. Ihr Stachel erwischte mich am Oberschenkel. Der Schmerz war kurz und heftig. Zum Glück nicht so lang anhaltend wie bei Axel. Die Biene büßte für den Stich mit ihrem Leben und ich grämte mich darüber. Ein schneller Tod war viel zu human für dieses freche Vieh!

Inzwischen tauchten die Fahrer der Laster auf – im kompletten Imkerschutz! Dass ihre Fracht die ganze Gegend kontaminierte, war für sie eindeutig ein ›Problem anderer Leute‹. Eine junge Mutter mit kleinem Kind auf dem Gepäckträger fuhr mit dem Rad vorbei. Das Kind fuchtelte panisch herum, schrie und heulte. Die Fahrer lachten. Mann, waren Axel und ich sauer! Verdreschen, ihnen die Imkerhüte vom Kopf herunterreißen – und schlimmere Strafen dachten wir uns für diese beiden Knallköpfe aus. Doch die zwei hatten sich mitten im dichtesten Schwarm auf die Erde gesetzt und lehnten nun mit dem Rücken an den großen Reifen eines Trucks. Dort zwischen den Bienen waren sie vor uns sicher.

Wir überlegten, wie wir uns im großen Bogen an den Fahrzeugen vor beimogeln könnten, als die Fahrer plötzlich aufstanden und in die Gaststätte auf der gegenüberliegenden Straßenseite gingen. Damit waren sie in unserer Reichweite. Doch was sollten wir mit ihnen machen? Axel hatte eine Idee, von der ich hellauf begeistert war.

Wir radelten hinüber und gingen in die Gaststätte. Die Räder standen startklar draußen vor der Tür. Wir alberten etwas herum, nahmen mit einem freundlichen ›Bitte‹ die zwei Imkerhüte in die Hand und setzten sie aus ehrlichem Herzen lächelnd auf. Dann rannten wir hinaus und radelten davon. Erst danach ging hinter uns ein Riesengeschrei los. Doch diesmal waren wir von einer dichten Bienenwolke geschützt.

Ich jubelte lautstark. Eine schönere, gerechtere Strafe kann es doch wohl kaum für so viel Rücksichtslosigkeit geben. Und das Schönste daran: Wir hatten nun den idealen Bienenschutz. Schnell fuhren wir davon, um möglichen Verfolgern zu entkommen. Doch die Straße wand sich wieder eine endlose, anstrengende Steigung empor. Irgendwo an der Seite stand ein leerer Lastwagen.

»Du, Axel. Wenn die Fahrer nun doch irgendeinen Schutz auftreiben und uns hinterherfahren, brauchen sie uns nur die Hüte vom Kopf zu reißen. Dann haben wir ein großes, großes Problem.«

»Los, fragen wir den Fahrer, ob er uns bis zur nächsten Stadt mitnimmt«, schlug Axel vor. »Die liegt nur zwanzig Kilometer entfernt.«

»Ja, das sollten wir machen. Wenigstens, um aus der akuten Gefahrenzone herauszukommen.«

Gesagt, getan. Der Fahrer nahm uns gern mit. Er fand uns interessant und wollte sich unterhalten. Doch im Führerhaus war nur für einen von uns Platz. Also kroch Axel hinein, nachdem wir gemeinsam die Räder auf die Ladefläche gewuchtet hatten, während ich bei den Rädern blieb.

Schnell vertrieb der Fahrtwind die restlichen Bienen um mich herum. Ich konnte den Imkerhut absetzen und die Idee, lange Sachen anzuziehen, erst einmal getrost vergessen. Hätte ich das bloß nicht getan!

Erst als unser Laster seine Fahrt verlangsamte, entdeckte ich die Mautstelle vor uns. Samt Lastwagen-Schlange. Im Handumdrehen stand ich in einer dichten Bienenwolke aus den Lastern vor uns, die alle um mich herumsummten, wohl nur um die beste Stelle zum Stechen zu finden. Irgendwie schaffte ich es, mir den Imkerhut überzuwerfen. Doch Arme und Beine blieben weiter ungeschützt und mein Hemd war so weit, dass Bienen einfach in die Hemdsärmel hineinkommen mussten. Von Panik ergriffen stand ich auf der Pritsche und suchte verzweifelt nach irgendeinem kleinen Teich oder Bach in der Nähe. Ich hätte mich auch in eine Jauchegrube gestürzt, um mich vor diesen Viechern zu schützen. Doch das Einzige, was ich sah, waren unzählige Bienen und zwei weitere Laster vor uns am Schlagbaum.

»Axel, hilf mir!« schrie ich in Panik, wusste aber, dass er nichts machen konnte.

Meine einzige Chance bestand darin, ganz ruhig stehen zu bleiben. Doch obwohl ich das wusste, konnte ich nicht verhindern, dass ich am ganzen Körper unkontrolliert zitterte. Hunderte Bienen setzten sich. Ich nahm mir fest vor, mir den Schmerz zu verbeißen und mich nicht zu bewegen, auch wenn Dutzende mich stechen sollten. Jedenfalls würde ich nicht wild herumfuchteln. Denn um mich herum summten weitere Tausende, die nur auf einen Grund zum Stechen warteten.

Nach einer endlos langen Zeit passierte unser Lastwagen die Mautstelle und fuhr langsam an. Schnell wurden die Bienen vom Fahrtwind fortgerissen, und bald war die ganze Ladefläche bienenfrei. Erst jetzt hörte ich auf zu zittern und bemerkte, dass ich völlig nassgeschwitzt war.

Ich atmete erlöst auf und musste an einen Mann denken, den wir während unserer Weltreise in Südamerika kennen gelernt hatten. Er war sehr intelligent, hatte jedoch die Macke, ständig in der gleichen Lautstärke zu reden, monoton, ohne Punkt und Komma. Egal ob mit einem Gegenüber oder mit sich selbst. Dialoge und Selbstgespräche gingen vollkommen ineinander über. Ich musste genau aufpassen, um mitzubekommen, wann ich angesprochen war und wann nicht. Jemand erzählte mir später, er sei beim Paddeln mit einem Freund in einen Schwarm Mörderbienen gekommen. Der Freund hatte sich mit einem Sprung ins Wasser retten können. Doch er kam nicht so schnell aus seinem Boot heraus. Und die Bienen begannen sich schon an seinen Hals zu setzen. Nicht um zu stechen, sondern nur um eine Rast in Form einer Bienentraube zu machen. Wie die berüchtigten Mörderbienen es eben tun. Er überlebte nur, weil er mit dieser dicken Traube am Hals zwei Stunden lang absolut bewegungslos sitzen blieb, während die Bienen in Nase und Ohren krabbelten und kitzelten. Ab sofort allerdings mit eben jener Macke. Jetzt konnte ich das verstehen. Nicht auszudenken, was passiert wäre, wenn wir uns die Imkerhüte nicht geklaut hätten. Vielleicht wäre ich auch durchgedreht. Ich wehrte mich dagegen, den Gedanken zu Ende zu bringen.

Auch in der Stadt, die wir bald erreichten, ärgerten sich viele Leute über die Bienenlaster und ihre lästige Fracht. Nach Möglichkeit hielten sie sich in ihren schützenden Häusern auf und huschten nur, wenn es sich nicht vermeiden ließ, schnell mal über die Straße. Dabei zogen sie eine Jacke über den Kopf und hielten sie vorn so zusammen, dass nur noch ein kleines Loch zur Orientierung offen blieb.

Obwohl sich alle über diese Viecher ärgerten, wurde niemand aktiv. Die Polizei ließ die Bienenlaster unbehelligt fahren, Gastwirte und Tankwarte bedienten die Fahrer bereitwillig. Warum nur? So was ist fahrlässige Körperverletzung! Ich nahm an, es lag wieder Mal am ›Problem-anderer-Leute-Syndrom‹. Niemand fühlt sich verantwortlich, wenn eine ganze Landschaft mit Bienen kontaminiert wird. Jeder sieht zu, möglichst nicht gestochen zu werden, und damit war es gut. Eine mir absolut unverständliche Verhaltensweise.

So verrückt dieser Tag verlaufen war, so versöhnlich endete er. Wir fanden weitab der Straße einen guten Schlafplatz mitten in einem bienenfreien Sonnenblumenfeld, das in voller, prächtiger Blüte stand. Dort hatten wir genügend Zeit, uns über die Geschehnisse klar zu werden. Ob überhaupt jemand nachvollziehen konnte, was uns passiert war? In der Wüste Gobi auf der Flucht vor Bienen?! Etwas Idiotischeres hatte ich noch nicht gehört. Zumindest, wenn ich die Geschichten von den kleinen, grünen Männchen mit Antennen auf dem Kopf ausschloss.

Ohne dass es einen erkennbaren Grund dafür gegeben hätte, verließen uns am nächsten Tag Bienen und die dazu gehörigen Laster so plötzlich, wie sie gekommen waren. Wir erreichten nun die grüne, dicht besiedelte Schwemmebene des Huang He. Ich war schockiert, als wir ihn auf einer Brücke überquerten. In Lanzhou war er noch ein breiter, stolzer Fluss gewesen, der erhaben und unbeirrt seiner Wege floss. Vor zwei Tagen besaß er dann nur noch die Wassermenge eines unbedeutenden, gerade noch befahrbaren Flusses. Und nun war ein Rinnsal übrig geblieben. Wenn die Wasserentnahme so weiter ging, war klar, dass an der Mündung nichts mehr ankommen konnte.

Auf beiden Seiten wurden die grünen Ebenen durch ein kompliziertes Bewässerungssystem mit dem kostbaren Nass aus dem Fluss versorgt. Doch offenbar wurde auch Wasser für entfernte Gebiete in der Wüste abgezweigt. Das Resultat ist bekannt. Nur noch sehr selten erreicht Flusswasser des Huang He das Gelbe Meer. Die ›Lebensader Chinas‹, wie der Fluss oft genannt wird, trocknet aus. Versandung und Versalzung der umliegenden Gebiete, aber auch Überschwemmungen und Dammbrüche, die angeblich selbst Peking gefährden können, halten Experten für logische Folgen dieser Misswirtschaft.

Die ersten beiden Folgen waren schon sichtbar, der Rest ist nur eine Frage der Zeit.

Die berühmten ›Hundertacht Pagoden‹ wurden zur Enttäuschung. Wir hatten uns unter der ›in China einmaligen Anlage‹ etwas viel Spektakuläreres, Mystischeres vorgestellt, aber keine Hundertschaft zwei Meter hoher, symmetrisch angeordneter Kegel, die ich nur mit Widerwillen Pagoden nennen mochte. Wie Grabsteine standen sie an einem zum Fluss hin abfallenden Hang. Ohne große Freude bezahlten wir den Eintrittspreis und sahen uns eine Weile um. Erst nach einer Stunde, gerade als wir begannen, eine Art Aura, eine Ausstrahlung dieser Anlage zu spüren, fuhr eine chinesische Reisegruppe vor und machte mehr Krach als zehn japanischen Reisebusse.

Wir flüchteten. Als wir in einer Gaststätte etwas bestellten, verstand man wie so oft nicht, was wir wollten. Fanden wir nicht jemanden, der genügend Phantasie hatte, unseren Handzeichen oder den aus dem Sprachführer entnommenen Brocken Schulchinesisch etwas Sinnvolles zu entnehmen, kamen wir in Schwierigkeiten. Schulkinder konnten sehr oft einige wenige englische Standardfloskeln, die für eine Unterhaltung aber nicht ausreichten. Bei den Erwachsenen war das Beherrschen einer Fremdsprache die absolute Ausnahme. So war für sie auch die chinesische Umschrift in lateinischen Buchstaben, die angeblich überall gelehrt wird, unverständlich.

Nach dem Motto ›Wenn man sich schon nicht unterhalten kann, wird eben alles aufgeschrieben‹ versuchten sie, sich mit Stift und Zettel mit uns zu unterhalten. Dass Fremde eine andere Sprache sprechen, ist gedanklich für sie nachvollziehbar. Das kennen Han-Chinesen beispielsweise von Kantonesen. Doch dass wir auch eine völlig andere Schriftsprache benutzen und die ihre nicht lesen können, übersteigt ihr Vorstellungsvermögen. Geduldig versuchten manche Einheimische immer und immer wieder, etwas für uns in Chinesisch aufzuschreiben. Ähnliches hatten wir schon in anderen Ländern erlebt, wo wir die Sprache nicht beherrschten. Nur dass die Leute dort immer alles wiederholten und dabei von Mal zu Mal lauter wurden. Hier wurden die Schriftzeichen immer größer.

Kurz vor der Stadt Yinchuan setzte das von uns so genannte ›Großstadtsyndrom‹ ein. Der Straßenverkehr wurde aggressiv und rücksichtslos. Die Anzahl hupender Autofahrer potenzierte sich mit jedem Kilometer. Die meist frisierten Drucklufthupen brachten mich fast zum Wahnsinn. Ich bekam Kopfschmerzen und wurde selbst aggressiv. Um ein Haar hätte ich einen dauerhupenden Lastwagenfahrer aus seinem Fahrzeug gezerrt und verprügelt. Axel hielt mich zurück.
»Warum sind das alles solche Idioten?«, schrie ich wütend.
»Bleib ruhig«, sagte Axel. »Wenn du durchdrehst, erreichst du gar nichts. Das ständige Gehupe führt doch nur dazu, dass es niemand mehr ernst nimmt.«
»Wie denn?! Die hupen ja bei jeder Gelegenheit. Bei voller Straße, bei leerer Straße, an Bahnübergängen, vor Schlaglöchern, vor und hinter liegen gebliebenen Autos. So, als ob sie dadurch freie Fahrt bekämen.«
»Weghupen«, nannte Axel das Phänomen.
»Weghupen ist gut«, bestätigte ich. »Das könnte die Erklärung sein.«
Mehrfach hatten wir beobachtet, wie sich Autos gegenseitig sinnlos mit ihren Hupen nervten, was übrigens auch bei den chinesischen Fahrern zu Aggressivität führte. Busse und Lastwagen rasten mit brutaler Geschwindigkeit in Ortschaften hinein, drückten Dauerhupe und hofften, möglichst lange ungehindert durch den Ort zu kommen, bevor sie irgendwann im Riksche-, Fahrrad-, Traktor- und Fußgängerstau stecken blieben. Wie jeder andere. Dem offensichtlichen Unvermögen, bei solchen Geschwindigkeiten rechtzeitig zu bremsen, wurde weit mehr Respekt gezollt als dem ständigen Gehupe.

Dieser ständige Krach nervte zwar ungemein, doch er sorgte auch dafür, dass man abstumpfte, sich nicht mehr im Einzelnen dafür interessierte. In ein paar Städten hatte ich unbeachtet vor sich hinrostende Hupverbotsschilder gesehen, deren einzige Aussage darin zu bestehen schien, dass auch die Leute hier dieses Dauerhupen nicht mochten.

Yinchuan selbst war eine jener chinesischen Städte, in der Stadtplaner bis auf wenige touristische Attraktionen die ganze Altstadt plattgemacht und an ihrer Stelle eine so sterile wie gesichtslose Neustadt hochgezogen hatten. Immerhin ließen sie erfreulich viel Bäume stehen. Der viereckige, niedrige Trommelturm war klobig. Ein Tempel verdankte seine Existenz nur einer hohen elfstöckigen Pagode. Im Hof befand sich ein großer Parkplatz für Touristenbusse.

Wo, fragte ich mich, war das mystische, geheimnisvolle China geblieben? Das Land, das Akupunktur und Kung Fu hervorgebracht hat. Jenes China, in dem sich Ahnenkult, Daoismus, Konfuzianismus, Geisterglaube und Buddhismus vermischt haben. War davon noch irgendetwas übrig?

Eintritt zahlende chinesische Busgruppen, bunt beleuchtete Glockentürme und Pagoden, eine konsumorientierte Bevölkerung, deren neue ›Religion‹ sich auf Cola, Modeklamotten und Computer stützte, und die mit den alten Werten ungefähr so viel zu tun hat wie der Huang He mit dem Gelben Meer. Das war das China, das wir bisher kennen gelernt hatten.

Plötzlich entdeckte ich eine katholische Kirche. Vom Stil her schien sie rund hundert Jahre alt zu sein. Außen war sie weiß gekachelt, mit dicken Gittern und einer Mauer voller Glasscherben versehen. Über einen Seiteneingang kamen wir hinein. Innen war sie weiß, hell und schlicht. Doch statt eines offenen, einladenden Eindrucks blieb bei mir das beklemmende Gefühl, eine Festung betreten zu haben. Verglichen mit dem friedvollen Ambiente buddhistischer Klöster und Tempel oder der Gastlichkeit islamischer Moscheen fand ich diese Kirche abstoßend.

Vielleicht hatte das damit zu tun, dass die Kirche, besonders die katholische, in China stark bekämpft wurde. Mit dem Anspruch, der Papst müsse als Stellvertreter Gottes auf Erden akzeptiert werden, bringt sie nicht nur chinesische Politiker gegen sich auf, sondern bricht auch mit dem kulturellen Selbstverständnis der Chinesen. So gesehen war es gut nachvollziehbar, dass die katholische Kirche hier nie einen nennenswerten Einfluss gewann. Die Weigerung europäischer Kirchenfürsten, jede Form chinesischer Kultur und chinesischen Gedankengutes zu integrieren, verlief konträr zur traditionellen chinesischen Denkweise.

Was soll's: Wenn die Kirche China schon nicht integrierte, hieß das nicht, dass China die Kirche nicht integrierte. Im Gegenteil: Gleich neben dem Eingang zur Kirche betrieb ein findiger Chinese den ›Sankt Paul Night Club‹.

Als Marco Polo die heutige Provinzhauptstadt Yinchuan bereiste, hieß sie noch Egrigaia. Die Bevölkerung, so Polo, setzte sich damals aus nestorianischen Christen, Buddhisten und Mohammedanern zusammen. Falls die katholische Kirche nur ein Ort für lebensfrohe Touristen war, die ihre nebenan begangenen Sünden beichten wollten, dürfte sich daran wenig geändert haben.

Wir näherten uns bei Ningxia der Provinzgrenze zur Inneren Mongolei. Die Gesichter nahmen die mongolisch runden Formen an. Typische Han-Chinesen sahen wir immer seltener. Die ganze Gegend war flach und für die bisherigen, chinesischen Verhältnisse relativ fruchtbar. Dörfer und Felder reihten sich am Fluss aneinander.

Die Innere Mongolei, auf der anderen Uferseite, empfing uns mit einem ehemaligen buddhistischen Kloster. Die Brücke und die Straße führten quer hindurch. Ein Teil der Anlage war plattgewalzt. Andere Gebäude wurden offensichtlich als Lager verwendet. Über alles hatte sich eine dicke Schicht Kohlendreck gelegt. Wie zur Bestätigung lag ein Berg Rohsteinkohle vor einer ehemaligen Gebetshalle.

»Ein Opfer der Kulturrevolution«, vermutete Axel.

»Ich denke eher, ein Opfer der Industrialisierung«, antwortete ich.

»Das würde nämlich erklären, warum das Kloster nicht wie viele andere komplett zerstört wurde. Während der Kulturrevolution haben sie doch keinen Stein auf dem anderen gelassen.«

Gleich hinter dem Tempel begann ein Kohleabbaugebiet. Die Flöze traten an manchen Stellen bis zur Oberfläche der hier schlagartig einsetzenden Wüste. Abgebaut wurde die Kohle jedoch unterirdisch in kleinen Stollen. Maultiere zogen schwer beladene Loren die schrägen Stollen hinauf. Kohleberge, Kohlestaub und von Kohlestaub eingeschwärzte Erde – das war das Bild, das sich hier bot. Die Menschen lebten direkt neben den Gruben, in denen sie arbeiteten. Frauen, Kinder, Männer, alles, was sich auf der Straße bewegte, war absolut kohleschwarz. So schwarz, dass die Haut davon glänzte. Nur Augenweiß und Zähne leuchteten hell.

In der Bergarbeiterkneipe, die wir für unser Abendessen gewählt hatten, herrschte gute Stimmung. Junge Leute empfingen uns mit großem und freundlichem Hallo. So etwas waren wir nicht gewohnt. Wieder fiel uns auf, wie extrem hart noch immer kulturelle und ethnische Grenzen in China verlaufen. Wir waren in einem ›anderen Land‹. Nicht nur das eher mongolische Aussehen der Leute, auch die Offenheit und Wärme uns gegenüber verdeutlichten das. Einer der Jungs, der, wie Axel sagte, ständig auf meine Schulter geschaut hatte, forderte mich nun zum Armdrücken heraus. Ich saß zwar ungünstig, doch mochte ich mich nicht umsetzen. Da ich so schlecht drücken konnte, blockierte ich ihn einfach so lange, bis bei ihm die Luft raus war. Dann lag sein Arm von ganz allein. Den einsetzenden Beifall hatte ich nicht verdient, mein Gegner hatte nicht annähernd meine Größe oder mein Gewicht.

Anschließend mussten wir uns mit an den Tisch setzen, wo die Mädchen und Jungen aßen. Im Gegensatz zu den Jungen speisten die Mädchen eine ganze Spur vornehmer. Sie schlürften und schmatzten nicht und führten das Essen mit den Stäbchen zum Mund. Uns beide behielten sie genau im Auge; wie wir aßen und ob unser Tee oder Reis alle waren. Wir waren in eine sehr aufmerksame, angenehme und gesellige Runde geraten.

So schön der Abend war, so grässlich begann der Morgen. Punkt sechs Uhr wurden im Ort sozialistische Propagandalautsprecher eingeschaltet. Gute-Laune-Marschmusik dröhnte blechern durch die Straßen. Eine für einen Chinesen tiefe Männerstimme hielt eine patriotische Rede, deren Pathos auch ohne Sprachkenntnisse deutlich wurde: Glanz und Gloria des Sozialismus ›Made in China‹. Wir sahen zu, dass wir von hier fort kamen.

Nach weiteren zwanzig Kilometern Kohle, Dreck und feinem schwarzen Staub hatte uns die Wüste Gobi wieder. Sie zeigte sich von ihrer gemächlichen, von ihrer freundlichen Seite. Auf der Löserde wuchs spärliches Gras. Offenbar reichte es als Weideland. Zäune grenzten die leicht hügelige Landschaft ab. Riesige Ziegenherden rannten herum und sorgten dafür, dass das Gras nicht dichter oder höher wurde. Büsche oder Bäume sah ich nirgends. Nicht einmal kniehohe Gewächse. Nur Steppe. Und alle fünfzig Kilometer ein kleines Dorf.

Dennoch war die Gegend relativ dicht besiedelt. Je nach Bodenqualität und Wasservorkommen standen kleine, einzelne Gehöfte im Abstand von einigen Kilometern irgendwo in der freien Landschaft. Wir mussten uns erst an diese eigenartige, zerstreute Art der Besiedlung gewöhnen. Sie ist typisch für nomadische und halbnomadische Völker, wie es die Mongolen einst waren.

Die Gehöfte waren ausnahmslos nach Süden ausgerichtet, abgeschirmt von dem im Winter eiskalten Nordwind. Oft stand auf der Südseite des Hauses, direkt vor dem Eingang eine Art Miniaturgeisterwand mit zwei großen, dreizackigen ›Neptunspießen‹. Wir rätselten über die Bedeutung. Ein Altar? Shivas hinduistischer Trishul bei mongolischen Buddhisten? So etwas hatten wir noch nie gesehen. Auf jeden Fall schienen diese Altäre nichts Chinesisches an sich zu haben.

Auch die Sprache der Leute hatte sich verändert. Sie klang härter. Ich konnte nicht herausfinden, ob das nun ein chinesischer Dialekt war oder Mongolisch. In den Dörfern war alles zweisprachig ausgeschrieben. Neben riesigen chinesischen Schriftzeichen fand sich ganz klein die mongolische Schrift. Bei ihr scheint jedes Wort aus einem breiten senkrechten Strich zu bestehen, an dem Haken, Striche oder Schlaufen links und rechts die Buchstaben darstellen. Ich hatte diese Schrift bisher nur auf chinesischen Geldscheinen gesehen, wo sie ganz klein neben Tibetisch, Arabisch und weiteren Schriften abgebildet war. In der Mongolei ist sie längst durch das kyrillische Alphabet ersetzt, so dass die chinesische Innere Mongolei inzwischen der letzte Fleck ist, wo diese Schrift und Sprache zusammen in Gebrauch sind.

Allerdings ist zu befürchten, dass die alten Zeichen auch hier irgendwann ausgedient haben. Schon jetzt schreiben viele Mongolen nur noch Chinesisch. Schade wäre das auf jeden Fall, denn von der mongolischen Schrift geht für mich ähnlich wie vom Arabischen eine eigenartige Faszination aus.

Wir befanden uns nun auf Höhe Peking, das wir quer durch die Innere Mongolei ansteuerten. Die chinesische Hauptstadt, das Ziel unserer Reise, lag etwa achthundert Kilometer in östlicher Richtung. In spätestens zehn Tagen würden wir da sein. Wenn nichts dazwischen kam. Wir freuten uns darauf. Irgendwie hatten wir uns beide in die Idee verliebt, dass dort, kurz vor Peking, noch etwas von dem ursprünglichen, geheimnisvollen China zu finden sein müsste, das wir bisher vergeblich gesucht hatten.

KAPITEL ZEHN

Allein nach Peking

Über Nacht waren Axels Lymphknoten am Hals angeschwollen und quälten ihn mit Schluck- und Sprechbeschwerden. Ich machte mir etwas Sorgen, vor allem, weil ich die Ursache dafür nicht herausfinden konnte. Er hatte keine sonstigen Beschwerden, keine eiternde Wunde – einfach nichts. Wir beschlossen, diesen Tag ruhig anzugehen, viele Pausen einzulegen und zeitig ein Nachtlager aufzuschlagen.

Axel schleppte sich mühsam vorwärts. Trotz absoluter Windstille blieb er die ganze Zeit hinter mir und schon bei den leichtesten Anstiegen in der an dieser Stelle relativ ebenen Gobi atmete er schwer. Ich radelte langsam und fragte ihn immer wieder, wie es ihm ginge und ob er Fieber habe.

»Nee, ich fühle mich nur unendlich schlapp.«

Diese Antwort und die geschwollenen Lymphknoten waren die einzigen Anzeichen dafür, dass mit ihm etwas nicht in Ordnung war. Gegen Abend radelte er sogar etwas zügiger.

»Ich denke, dass ich morgen wieder fit bin. Keine Ahnung, was heute mit mir los war.«

»Falls das mit den Lymphknoten schlimmer wird, nimmst du aber Antibiotika«, sagte ich, als wir uns schlafen legten.

Am nächsten Morgen wurde ich von einem lauten Fluch geweckt: »Scheiße!«.

Nicht, dass Axel mich sonst mit einem freundlichen ›Guten Morgen‹ bedachte, aber eine derartige Begrüßung war dann doch etwas Neues. Also drehte ich mich um und sah, wie er sich den Hals abtastete.

»Scheiße«, sagte Axel noch einmal.

Ich fing an zu lachen.

»Du siehst aus wie ein Anschauungsobjekt für Medizinstudenten«, sagte ich. Ich wusste, dass er diese Art von Humor verträgt. »Ich habe nie gewusst, wo genau am Hals sich die Lymphknoten befinden. Du solltest der Menschheit in diesem Zustand erhalten bleiben!«

»Du Idiot, such mir lieber die Antibiotika aus dem Medizinbeutel heraus.«

Axel fühlte sich immer noch schlapp, meinte aber, langsam radeln zu können. Die Strecke war dafür ideal. Wenig profiliertes Gelände, guter Belag, Orte in regelmäßigen Abständen. Wolken verdunkelten die Sonne, ohne dabei mit Regen zu drohen. Selbst der Wind wehte eher lau über die Steppe. Axel redete für seine Verhältnisse ausgesprochen wenig. Ich merkte, dass es ihm schlecht ging und er es sich nicht anmerken lassen wollte. Noch vor der Mittagspause drosselte ich unsere Geschwindigkeit, um ihn nicht mehr als nötig zu beanspruchen. Die Temperatur lag bei angenehmen fünfundzwanzig Grad, als sich Axel eine Jacke überzog. Ich ahnte nichts Gutes.

»Was ist los? Frierst du?«, fragte ich, nun ernsthaft besorgt.

»Ehrlich gesagt, mir geht's richtig beschissen«, antwortete Axel. »Schon seit zwei Stunden habe ich Schüttelfrostanfälle.«

»Das heißt, du hast Fieber.«

Ich ärgerte mich. Musste ausgerechnet jetzt, kurz vor dem Ende unserer Tour so etwas passieren? Wir hatten uns für diese Tour mit Medikamenten nicht gerade üppig ausgestattet. Zwei in verschiedenen Bereichen wirksame Breitbandantibiotika, etwas gegen Amöben, Kopfschmerztabletten und Cremes für Gelenk und Muskelbeschwerden. Irgendwo waren auch noch Malariatabletten und ein dazugehöriger Schnelltest. Wir hatten ihn vorsichtshalber mitgenommen, obwohl wir eigentlich nur Gegenden mit geringem Malariarisiko durchquerten. Fiebersenkende Mittel hatten wir unglücklicherweise nicht dabei. Dafür aber ein Thermometer, das Axel sich sofort unter die Zunge legte. Nach wenigen Minuten zeigte es neununddreißig Grad.

Auch wenn die Symptome nicht unbedingt mit denen früherer Malariaanfälle von Axel übereinstimmten, hielt ich einen erneuten Ausbruch für möglich. Deshalb kämpfte ich mich erstmals durch die Bedienungsanleitung des Malariatests. Die verwirrenden Formulierungen und komplizierten Schachtelsätze verstand sicher nur derjenige, der sie geschrieben hatte. Jemand mit einem kräftigen Fieberschub hatte jedenfalls keine Chance, daraus schlau zu werden. Nach einer Viertelstunde kam ich schließlich doch hinter das Geheimnis des Tests. Er blieb negativ. Was erst einmal positiv war. Oder hatte ich irgendetwas falsch verstanden?

Axels Kopfschmerzen und der dicke Hals blieben ihm jedenfalls erhalten. Deshalb suchte ich schon zeitig eine Unterkunft für die Nacht. In einem winzigen Ort stand eine Truckerherberge und dort ließ ich Axel den ganzen Nachmittag und die Nacht durchschlafen. Ruhe hatte er in jedem Fall nötig.

Solche Fernfahrerherbergen sind in China eine ideale Einrichtung für Langstreckenradler. Auf wenig abgelegenen Strecken liegen sie selten weiter als hundert Kilometer auseinander. Die Unterkünfte sind spartanisch und Hygiene ein Fremdwort. Dafür sind sie angenehm billig, häufig warm und bieten meist sogar ein einfaches Essen. Allerdings dürfen Ausländer darin nicht übernachten. Nur wissen das in der Regel weder die eventuell anwesende Polizei noch die Herbergsväter. Falls man sich nicht daran stört, stehen einer geruhsamen Nacht höchstens ein seltener, aber mitunter vorkommender, unverschämter Phantasiepreis oder ein wenig Ungeziefer im Wege.

Aber wir hatten mit dieser Unterkunft in jeder Hinsicht Glück und Axel schlief sich hoffentlich gesund. Ich hatte Zeit zum Nachdenken. Er war seit jeher anfällig für Infektionen. Jedenfalls anfälliger als ich. Diesmal war jedoch noch ein entscheidender Punkt hinzugekommen. Wir waren beide noch immer körperlich und seelisch sehr geschwächt. Die Taklamakan hatte unsere ganzen Vorräte an Elan und Energie aufgebraucht und die Strecke danach war auch nicht geeignet, uns wieder aufzubauen. In dieser Situation kann einen jeder Virus umhauen. Und Axel hatte physisch noch viel mehr eingebüßt als ich. Bei einer Größe von über einsneunzig wog er nur noch siebzig Kilogramm, zwanzig weniger als bei unserem Aufbruch im Januar. So etwas geht an niemandem spurlos vorüber.

Ich ärgerte mich über mich selbst. Wir hätten unbedingt viel öfter ausgiebigere Rasttage einlegen sollen. Nur die hätten uns wieder aufbauen können. Doch diese Einsicht kam zu spät. Außerdem machte ich mir Gedanken, wie es nun weitergehen sollte. Die Tour so kurz vor dem Ziel abzubrechen, kam nicht in Frage. Wir mussten sie einfach beenden! Axel schlief, während in mir die Hoffnung keimte, dass er sich am nächsten Morgen besser fühlen würde.

Die Hoffnung starb, als ich sah, wie wackelig er aufstand. Nein, Axel war noch lange nicht gesund, und die Antibiotika, die er weiter regelmäßig nahm, zeigten auch nicht die gewünschte Wirkung. Sein Hals blieb dick und schmerzte. Immerhin war er fieberfrei, so dass ich ihn wenigstens zum Radeln überreden konnte. Lust hatte er keine.

In einer hässlichen Kleinstadt bedrängten uns mindestens hundert Leute. Wir hatten unsere Räder an eine Hauswand angelehnt und überlegten, ob wir etwas essen sollten. Ein Mann Mitte dreißig fing an, eine Trinkflasche an Axels Rad aufzuschrauben. Er steckte dann seine vom Dreck verschmierten Finger hinein und leckte sie anschließend ab.

Ich stieß ihn weg und schrie auf Deutsch: »Spinnst du? Nimm deine Finger da weg!«

Der Mann schrie zurück und versuchte dabei, die herumstehenden Massen gegen uns aufzuwiegeln. Wahrscheinlich hatte ich nun mein ›Gesicht verloren‹, eine für Chinesen schlimme Sache, die mich jedoch völlig kalt ließ. Ich hatte andere Sorgen und außerdem bildete ich mir ein, immer noch ein Gesicht zu haben – egal, ob jemand etwas anderes sagte.

Doch was war mit denen, die sich an fremdem Eigentum vergriffen? Ganz offensichtlich war es die kollektive Neugier, die es dem Kerl erlaubt hatte, unsere Sachen anzufassen. Womöglich hielten sie unsere Räder mal wieder für Motorräder und die Trinkflaschen für Tanks. Das war uns schon oft passiert. Dennoch gehörte sich so ein Benehmen nicht. Nie hätte sich ein Chinese einem anderen Chinesen gegenüber so verhalten. Bei Ausländern aber, die sowieso zu einer anderen ›Kaste‹ Mensch gehörten, galten keine Benimmregeln.

Einmal mehr machte ich die Erfahrung, dass sich Lautwerden und harmlose Handgreiflichkeiten gut eigneten, die anonyme Masse zu zügeln, in der sich Chinesen gern versteckten. Nie würde ein Einzelner es wagen, so aufdringlich und frech zu werden. Im Gegenteil: Sehr oft ist der Einzelne angenehm. Doch nie in der Masse.

Es gibt ein chinesisches Sprichwort, das beschreibt, wie Einzelne in der Masse ihre angenehmen Seiten verlieren: ›Ein Mönch trägt zwei Eimer Wasser zum Trinken. Zwei Mönche heben einen Eimer und drei Mönche tragen gar kein Wasser‹.

Die Landschaft wurde immer grüner und fruchtbarer. Überall wurde Ackerbau betrieben. Kein Platz mehr für die Weidewirtschaft der Mongolen. Und auch keine Häuser mehr mit Neptunspießen davor.

Mit mehreren, teils ausgedehnten Pausen schafften wir die hundert Kilometer bis Dongsheng, eine typische Industriestadt mitten in der Gobi. An einer Straßenecke, nicht weit vom Zentrum, fragte Axel einen alten Mann nach dem Weg. Innerhalb von zwei Minuten strömten aus allen Richtungen Leute auf ihn zu. Ich stand ein paar Meter abseits. Es sah aus, als würden sie Axel, noch bevor er eine Antwort bekam, die Luft zum Atmen nehmen. Vier Männer, die wenige Sekunden zu spät erschienen, fingen an zu rennen, um in dem jeden Augenblick undurchdringlicher werdenden Menschenpulk eine vordere Gafferposition zu ergattern. Fluchtartig verließen wir dieses Horrorszenario. Plötzlich verstand ich den Chinesen, der mal sagte: ›Freiheit ist nur der Abstand zwischen Jäger und Gejagtem‹.

Axel fühlte sich etwas besser. Trotzdem blieben wir über Nacht in einem etwas überteuerten, dafür angenehmen Hotel. Axel sollte sich endlich richtig erholen. Am nächsten Morgen fühlte er sich auch sehr viel kräftiger und, was noch wichtiger war: Er war fieberfrei. Also beschlossen wir, mit einem Bus zum siebzig Kilometer weiter südlich gelegenen Grab Dschingis Khans zu fahren.

Auf der Fahrt dorthin schaute ich mir die Landschaft an. Sie war fruchtbar genug für Landwirtschaft und deshalb von chinesischen Ackerbauern besiedelt. Erst kurz vor unserem Ziel sah ich größere Weideflächen und vereinzelt Mongolenhäuser mit Neptunspießen davor.

Die Grabanlage war in gleichem Maße touristisches Ausflugsziel wie Pilgerstätte für Mongolen. Vielleicht fand der große Kahn hier dennoch ein bisschen Ruhe. Zuvor war er mehrere Male umgelagert worden. Von Gansu nach Qinhai und schließlich in die Innere Mongolei. Ob dies seine letzte Ruhestätte sein wird, weiß niemand.

Ein vier Meter hoher Steinhaufen türmte sich seitlich auf. Große und kleine Steine in allen Farben, manche sicher zwei Zentner schwer, lagen dort übereinander. Pilger brachten neue. Eine alte Frau mit krummem Rücken und faltigem Gesicht kramte aus den Tiefen ihres Gewands einen Stein hervor, so groß wie eine Wallnuss, und steckte ihn zwischen all die anderen. Gleich hinter dem Haufen stand ein kleiner, steinerner Altar und in dessen Rücken ein vergoldeter Pfahl, an dem Dschingis Khan sein Pferd festgebunden haben soll.

Wir gingen ins Mausoleum hinein. Dort standen neben einer großen Steinstatue in einigen weiteren Nebenräumen kleine bunte Jurten. In ihren Eingängen lagen Gegenstände, die entweder Dschingis Khan, seiner Familie oder seinen Generälen gehörten. Ein Butterfass, Sättel, Schwerter, ein großer schwarzer nebst einem kleinem Bogen mit dazugehörigen Pfeilen. Pilger steckten Räucherstäbchen auf Altäre und setzten sie in Brand. Einige spendeten etwas Geld, andere große Batzen in Ziegelform gepressten Tee oder Schnaps. Wir überraschten zwei Wächter, die heimlich einen großen Schluck aus einer der Flaschen nahmen. Wohl, um die peinliche Situation zu überspielen, schrie uns einer an. Was wir denn mit unseren Fotoapparaten machten. Es sei verboten, zu fotografieren.

Außer den kleinen Altären, vor denen die Pilger knieten, wenn sie eine Gabe überbrachten, war das Mausoleum sehr steril. Glasvitrinen mit mongolischen Silbermünzen, Wandgemälde, wie es damals ausgesehen haben mochten. Ich ging hinaus und entdeckte neben dem Mausoleum einen nicht überdachten Schrein, der für einen General errichtet worden war. Auf einer Tafel stand, dass der General nun als ein Gott der Rechtschaffenheit verehrt wird.

Axel, der schon eher wieder hinausgegangen war, ärgerte sich, dass mit Dschingis Khan wieder einmal ein großer Aggressor verherrlicht wurde. Ich sagte dazu nichts. Sicher hatte Axel Recht mit seinen Bedenken. Andererseits hat Dschingis erreicht, dass ein Gebiet, das bis dahin noch kein Staatsgefüge kannte, nun immer noch auf der Weltkarte seinen Platz einnimmt. Er hat es überhaupt erst ermöglicht, dass man heute von mongolischer Kultur reden kann. Damit ist nicht ein Tropfen Blut zu entschuldigen. Für mich ist und bleibt der Khan ein brutaler Eroberer. Ich kann trotz allem verstehen, wenn Mongolen, die in ihrer Kultur, in ihrer Eigenständigkeit kontinuierlich von China unterdrückt werden oder früher in der nördlichen Mongolei von Russland unterdrückt wurden, ihn gern anders sehen möchten.

Zurück im Hotel bekam Axel einen starken Fieberschub. Seine Körpertemperatur schwankte bedenklich und näherte sich gefährlich der Vierzig-Grad-Grenze. Ich machte ihm ein paar Umschläge, ging in ein Internetcafé und schrieb Hilfemails, in der Hoffnung, von Leuten, die sich vielleicht auskannten, eine Ferndiagnose für Axel zu erhalten.

Obwohl ich die Symptome ausführlich beschrieben hatte, war das Ergebnis dürftig. Von den Anzeichen her ordnete sich die Krankheit irgendwo zwischen ›Pilzinfektion‹ und ›Kawaski-Syndrom‹ ein. Auch die Internetseite des Netzdoktors half mir nicht viel weiter. Was konnte ich noch tun? Mir fiel nichts ein, außer Freunde zu bitten, vertrauenswürdige Krankenhäuser irgendwo in Ostasien zu finden. Ich hatte nicht die Absicht, Axel in ein chinesisches Krankenhaus zu bringen, auch wenn sich seine Lage dramatisch verschlechtern sollte. In unserem Reiseführer hatte ich zum Stichwort ›Krankheiten‹ nur einen Eintrag gefunden: ›Es ist dringend davon abzuraten, krank zu werden und chinesische Krankenhäuser von innen kennen zu lernen‹. Auch wenn die Ferndiagnosen über das Internet noch so obskur waren, sie schienen mir allemal Vertrauen erweckender als ein chinesischer Arztkittel, dessen Lustlosigkeit und Desinteresse ich mir lebhaft vorstellen konnte.

Als ich zurück ins Hotel kam, drängte Axel darauf, am nächsten Tag früh loszufahren, egal wie es ihm dann ginge. Wenn nur das Fieber nicht weiter anstieg. Ich war mir nicht sicher, ob diese Entscheidung wirklich richtig war. Doch in Datong, unser nächstes Etappenziel, gab es gute Verkehrsverbindungen nach Peking. Und von Chinas Hauptstadt konnte Axel im Notfall schnell in ein gutes Krankenhaus geflogen werden.

Ich maß sein Fieber erneut und erschrak. Das Thermometer zeigte jetzt über vierzig Grad. Also stürzte ich los, um ein Fieber senkendes Mittel zu organisieren. In der nahe gelegenen Apotheke sah ich mich drei Minuten später von Medikamenten umgeben, die ausschließlich Chinesisch beschriftet waren. Mist. Ich machte der kleinen Apothekerin mit Zeichensprache klar, was ich brauchte. Sie zeigte mir unter vielen anderen ein Medikament, auf dem in lateinischer Schrift ›Gan Kang‹ stand sowie in Englisch ›Kopfschmerzen, Fieber, Schmerzen, tropfende Nase, tränende Augen‹. Einen Wirkstoff konnte ich nicht entziffern. Das ärgerte mich, denn ich hätte lieber den Überblick behalten über das Zeug, das Axel einnahm.

Dem war inzwischen allerdings egal, was ich anbrachte. Er schluckte das Medikament unbesehen und siehe da, heftige Schweißausbrüche setzten ein. Nach einer Stunde war sein Fieber auf achtunddreißig Grad gefallen.

Am nächsten Morgen ein Lichtblick. Axels Temperatur lag immer noch knapp unter achtunddreißig Grad. Außerdem fühlte er sich besser. Zwar unendlich schlapp, aber doch so gut, dass er meinte, er könne nun weiterfahren.

Also nichts wie los! Die Landschaft war karg und erodiert. Doch in den spärlich bewohnten Tälern lagen schmale, fruchtbare Felder. Unsere Straße führte über kleine, lang gestreckte Bergrücken. An einigen der wenigen, direkt an der Straße stehenden Häusern bemerkte ich rote Lampions, wie ich sie mit China immer verbunden hatte.

Aber die meisten Leute lebten in dieser Gegend in einer Art Höhlen, die sie in die feine Löserde gegraben hatten. Von einfachen, kleinen Verschlägen bis hin zu ganzen Gehöften, die aus einem Hang herausgeschaufelt waren. Teilweise waren die Höhlen sehr sauber gearbeitet. Ich bemerkte verglaste Eingangswände und Türen. Nach oben führte ein Kamin heraus. Wahrscheinlich waren sie im Winter recht warm. Eine Familie, deren Anwesen ich bestaunte, lud mich mit zu sich in ihre Höhle ein. Doch ich wollte Axel nicht lange warten lassen, der immer noch sehr schwach auf den Beinen war. Deshalb warf ich nur einen kurzen Blick in die Unterkunft. Glatte, geweißte Wände, die regelrecht verputzt aussahen, überraschten mich. Überhaupt war diese Höhle heller und sauberer als die meisten Häuser, die ich bisher in China gesehen hatte. Noch eine Überraschung. Schließlich erzeugt allein das Wort ›Höhle‹ einen Eindruck von Finsternis, Schmutz, Kälte und Nässe. Zumindest für diese hier war das eine völlig unzutreffende Assoziation.

Wir überqueren zum letzten Mal den Huang He, dem wir seit Lanzhou immer wieder begegnet waren. Er war im Vergleich zur letzten Begegnung nur unwesentlich kleiner geworden, aber ich war mir sicher, dass er das Meer nicht mehr erreichen würde.
In den Orten gab es kaum noch mongolische Schriftzeichen. Weshalb auch? Hier lebten Chinesen. Die Große Mauer, die das Ende der inneren Mongolei darstellte, war an dieser Stelle ein unspektakulärer Erdwall, der sich auf Hügeln zwischen den Feldern entlangwand. Vernachlässigt, verfallen und aus fünf Kilometern Entfernung nicht mehr zu erkennen, geschweige denn vom Mond.
Axel hatte sich die ganze Zeit über stark zusammengerissen. Die Temperatur hatte einige Kapriolen getrieben, war unvermutet gestiegen und genauso plötzlich wieder gefallen. Axel war von den Temperaturwechseln stark geschwächt. Während der letzten beiden Tage musste er ständig dieses Fieber senkende Mittel zu sich nehmen. Sonst wäre die Temperatur sofort auf über vierzig Grad gestiegen. Von Entwarnung konnte noch längst keine Rede sein.
Als wir in Datong ankamen, war Axel restlos am Ende. Mit Mühe schleppte er sich in die erstbeste Unterkunft: in ein nobles, sehr teures Hotel. Dort brach er zusammen. Ich fand ihn im Bad des Hotelzimmers, als er sich gerade wieder aufrappelte. Mir wurde klar, dass ich nun handeln musste. Ich stürzte zur Rezeption.
»Ein Arzt! Schnell, ich brauche einen Arzt!«

Zum Glück verstanden mich die jungen Damen an der Rezeption sofort. Sie vermittelten mir am Telefon einen englisch sprechenden Arzt im örtlichen Hospital. Der ließ sich aber auf nichts ein. Es führte kein Weg daran vorbei – Axel musste ins Krankenhaus.

»In die Notaufnahme. Das geht am schnellsten.«

Ich stützte Axel bis zu einem Taxi. Mit quietschenden Reifen rasten wir zur Notaufnahme, einer zugigen, schmutzigen Eingangshalle, die voller Leute war. Die meisten von ihnen waren wie ich Begleiter irgendwelcher Patienten. Einige rauchten. Alle, auch die zwei Krankenschwestern, redeten in einer schon für mich unangenehmen Lautstärke, die durch den Hall in dem gefliesten Raum noch verstärkt wurde. Was nun? Eine Krankenschwester nahm zunächst die Personalien auf. Axel musste unterschreiben, dass er auf jeden Fall er selbst war. Nicht einmal ich hätte seine Unterschrift noch erkannt. Drei Weißkittel sahen ihn sich kurz nacheinander an, fragten ihn mit Handzeichen, ob er Fieber habe und gingen nach der Bestätigung ihrer Wege. Einer horchte immerhin Axels Brust ab. Danach war auch er verschwunden. Eine Schwester maß Fieber, schrieb die soeben gemessenen vierzig Grad auf, bevor auch sie im Getümmel verschwand. Die nächste Schwester knapste einen Bluttropfen aus Axels Ohr, eine andere fragte uns eine Menge unverständlicher Dinge. Ich wurde allmählich wütend. Nein, sie spreche kein Englisch und es gäbe hier niemanden, der diese Sprache beherrsche.

Plötzlich entdeckte ich eine auf Axels Trage ausgedrückte Zigarette. Axels Augen folgten meinem Blick.

»Ich will hier raus! Sofort!« schrie er.

Einen so resoluten Ton hatte wohl niemand von einem dermaßen kranken Barbaren erwartet. Sofort war es einige Augenblicke still in der ansonsten ohrenbetäubend lauten Halle. Ich nutzte diese Sekunden, um Axels ›Befehl‹ weiterzuleiten.

Ein paar Minuten später stand ein Taxi vor der ständig geöffneten Tür. Ich ließ mich auf keine Diskussion mehr ein. Hier war nicht einmal zum Sterben ein guter Platz.

Zurück im Hotelzimmer gab es einen Massenauflauf. Axel konnte nicht einmal mehr gestützt laufen. Noch während ich überlegte, was nun zu tun sei, kam ein Kofferträger auf den genialen Gedanken, Axel einfach auf sein Wägelchen zu legen. So konnten wir ihn gemeinsam in unser Zimmer bringen.

Dem Hotelmanager blieb unsere Rückkehr nicht lange verborgen, und er war alles andere als glücklich darüber. Sicher hatte er Angst, dass Axel ausgerechnet in seinem Hotel sterben könnte. Auf seine Bedenken hin machte ich ihm unmissverständlich klar, dass ich Axel unter keinen Umständen zurück ins Hospital bringen würde. Das begriff der Manager sofort. Er zeigte sogar viel Verständnis für diese Einstellung. Alsbald erklärte er mir, dass er ein paar sehr wichtige Anrufe machen würde. Nach einer Viertelstunde kehrte er zurück und verkündete freudestrahlend, dass ein Arzt hierher kommen würde. Ich war erleichtert.

Nach einer weiteren endlos langen halben Stunde kam schließlich eine Ärztin. Statt Axel zu untersuchen, versuchte sie uns sogleich klarzumachen, dass eine Behandlung ausschließlich im Krankenhaus durchgeführt werden könne. Egal, was ich sagte, sie ließ sich auf nichts anderes ein. Schließlich kam der Hotelmanager mit der Information, Axel hätte nun die Genehmigung, in den ›Bonzenspezialtrakt‹ verlegt zu werden. Freunde seiner Freunde hatten diese Erlaubnis erwirkt.

»Er bekommt ein Einzelzimmer und du kannst bei ihm schlafen«, erklärte er mir.

Ich war zwar noch immer sehr skeptisch, sah aber keine andere Möglichkeit, überhaupt an eine Behandlung für Axel zu kommen. Und er selbst konnte inzwischen nicht einmal mehr widersprechen.

Der Spezialtrakt entpuppte sich als armseliger, heruntergekommener Seitenflügel des ansonsten noch viel verkommeneren Krankenhauses. Es stank penetrant nach Chlor. Immerhin hatten wir eines dieser kleinen schäbigen Zimmer für uns alleine. Die Ärztin, die uns hergebracht hatte, war anschließend sofort wieder verschwunden. Dafür hängte eine Schwester Axel an den Tropf und spritzte ihm Penizillin. Ich hatte das Gefühl, als ob hier jeder Patient, egal, woran er litt, exakt die gleiche Behandlung erfuhr.

Die ganze folgende Nacht über drangen Schreie und lautes Stöhnen durch die geschlossene Tür zu uns ins Zimmer. Kein gutes Omen. Am nächsten Tag erfuhren wir, dass im Nebenzimmer ein Lungenkrebskranker lag. Armes Schwein, dachte ich. Aber auch bei Axel blieb das Fieber die ganze Nacht über bei neununddreißig Grad. Das Penizillin schlug offenbar nicht an. Doch der Tropf brachte Axel etwas Linderung, die ich ihm im Hotel nicht hätte geben können.

Den folgenden Tag blieb ich im Krankenhaus und versuchte, mich um Axel zu kümmern, so gut ich konnte. Das machte sonst niemand. Am frühen Morgen hatte freilich mal kurz eine Ärztin ins Zimmer gelugt, aber mehr war inzwischen nicht passiert. Ein flüchtiger Blick auf die von uns in Eigeninitiative gezeichnete Fieberkurve, kein Puls fühlen, nichts. Nicht einer fragte, wie es dem Patienten ging. Ich war der einzige, der bei Axel die Temperatur maß.

Statt der im Krankenhaus erwarteten Fürsorge kam die gesamte Führungsetage des Hotels zum Krankenbesuch. Sie brachten uns Abendessen mit und erklärten mir, wo ich in der Nähe etwas zu essen kaufen könnte und dass es besser wäre, das Krankenhausessen zu meiden. Das war nicht schwer. Bis jetzt hatte es uns auch gemieden. Auf jeden Fall zeigten die Leute aus dem Hotel Anteilnahme an Axels Schicksal und das war etwas, das ich in diesem Krankenhaus bisher bei niemandem erlebt hatte. Hier schien das reine Desinteresse zu herrschen. Waren die Beschwerden der Kranken für Schwestern und Ärzte etwa auch nur ein ›Problem-anderer-Leute‹? Das wäre fatal.

Wesentlich wichtiger als Axels Krankheit schien die Tatsache zu sein, einen Deutschen auf der Station liegen zu haben. Das kam einer Sensation gleich. Fast bei jedem Gespräch im Flur hörte ich das Wort ›Dögoa‹ – ›Deutschland‹.

Erst am späten Nachmittag fühlte sich Axel einen Hauch besser und wollte gleich schlafen. Ich nutzte die Zeit, um mir Datong anzusehen, weil ich ohnehin nichts für ihn tun konnte.

Regelrecht eindrucksvoll empfand ich Datongs einstöckige Altstadt. Die schmalen Gassen verliefen schnurgerade und im rechten Winkel. Dächer voller Moos bedeckten die alten Häuser. Neben den Eingängen hingen Käfige mit Singvögeln und rote Papierlampions. Aus den Schornsteinen waberte beißender Kohlequalm, der die Häuser über die Jahre grau gefärbt hatte. Selbst viele Lampions waren schon angegraut. Bunt war nur die Werbung für moderne, meist westliche Produkte.

Alte Leute saßen vor den Häusern und schauten auf die Straße. Zuweilen spielten sie zusammen Majong. Das alte chinesische Brettspiel ist noch heute sehr beliebt. An Straßenecken, auf Plätzen und in Teestuben, überall hocken die Menschen über den kunstvoll beschrifteten Steinen. Oft bildet sich eine ganze Traube von Leuten, die den Majongspielern zuschauen.

Mehrfach schreckten Leute im ersten Augenblick auf, wenn sie mich bemerkten. So einen Weißen wie mich sah man hier sicherlich selten.

Ein Mann war auf seinen Melonen eingeschlafen, die er eigentlich verkaufen wollte. Ein anderer bot leckere Dumplings feil. Die herzhaften Klöße sind eine Spezialität der chinesisch-moslimischen Küche und werden mit Rind- oder Hühnerfleisch gefüllt.

Auf einem kleinen Markt nebenan sah ich etwas, das mich ein wenig verstörte. In einer Schüssel mit Suppe schwammen Rattenköpfe! Anfangs hatte ich mich innerlich geweigert, es mir einzugestehen. Auf den ersten flüchtigen Blick sahen sie gar zu sehr nach Vogelköpfen aus. Doch Vögel mit Zähnen sind schon sehr lange ausgestorben. Die scharfen Schneidezähne gehörten eindeutig Nagetieren. Leider gab es bei dieser Größe und Form, die hier vor mir schwamm, nicht viel zur Auswahl, was ich mir hätte einreden können. Nein, das waren eindeutig Rattenköpfe – zum Essen!

Etwas weiter stieß ich auf eine zehnstöckige Pagode in Miniaturformat. Sie war vielleicht sieben Meter hoch, und ich rätselte, was sie für eine Bedeutung gehabt haben könnte. Hatte sie überhaupt eine? Völlig abseits möglicher Touristenströme und eingezäunt, stand sie oben auf einem winzigen Stück restaurierter Stadtmauer, deren quadratisches Korsett die Altstadt einschnürte. Ein paar Kinder kletterten an der Pagode herum. Sie bedeuteten mir, über den Zaun zu steigen. Oben lehnte ich mich an das brüchige Mauerwerk und genoss die nette Aussicht über die grauen Dächer der Altstadt.

Hier fühlte ich mich wohl. Das war die Welt des alten China, die Welt vor der Kulturrevolution. Wo das aus den verwinkelten Hinterhöfen dringende Lachen noch etwas ganz Alltägliches war. Stundenlang hätte ich hier sitzen können. Doch es wurde dunkel und ich musste mich wieder um Axel kümmern.

Obwohl sein Fieber langsam anstieg, fühlte er sich besser. Endlich konnten wir am Telefon auch einen Arzt sprechen, vermittelt von unserer Krankenversicherung aus Deutschland. Er hatte, alarmiert durch meine ständigen Hilfemails, schon mehrfach versucht, im Krankenhaus anzurufen, war aber daran gescheitert, dass jeder, den er in die Leitung bekam und dabei auf Englisch ansprach, sofort wieder aufgelegt hatte. Ich ärgerte mich, weil ich eigentlich genau das hätte voraussehen müssen. Aber nun erzählte ich ihm alles. Von Axels Krankheitsverlauf und diesem ›Hospital‹, das ich kaum so bezeichnen mochte. Am Ende bestätigte er mir, dass Axel in den nächsten zwölf Stunden nach Peking in ein ›Nobelkrankenhaus‹ verlegt würde. Dieses, das hatten inzwischen mehrere Freunde per Mail bestätigt, besaß einen ausgezeichneten Ruf.

»Ich weiß nicht«, blieb Axel skeptisch. »Eigentlich habe ich null Bock auf irgendein Krankenhaus in China.«

»Das in Peking soll aber wirklich gut sein«, versuchte ich, ihm Mut zu machen. »Es wird von Kanadiern geführt und liegt nah am Flughafen. Für den Fall, dass dein Fieber doch noch schlimmer wird ...«

»Wenigstens komme ich so halbwegs sicher nach Peking«, tröstete sich Axel. »Aber du musst die restliche Strecke bis Peking allein radeln. Versprochen?«

»Versprochen«, antwortete ich schnell. Ich wusste genau, wie sehr er sich auf diesen letzten Abschnitt von hier bis nach Peking gefreut hatte. Doch kein Mensch konnte sagen, wann und ob es ihm wieder besser gehen würde.

Als sich im Krankenhaus herumgesprochen hatte, dass Axel verlegt werden sollte, kam plötzlich der Oberarzt mit einer ganzen Schar ihn anhimmelnder Ärztinnen an sein Bett. Aber auch er zeigte an dem Patienten so viel Interesse wie die Putzfrau, die jeden Tag den Müll abholte und das Zimmer jedes Mal mit Chlor verseuchen wollte. Letzteres konnten wir erfolgreich verhindern.

Ich war mir sicher, dass der Oberarzt nur hier war, damit er das im Übergabeprotokoll nach Peking melden konnte. In den letzten Stunden zeigte das Krankenhauspersonal hektische Aktivitäten. Blut- und Urinproben wurden genommen, man bemühte sich sogar, ein EKG zu fertigen. Das Gerät dafür war der letzte Schrei. Die Kontaktklemmen waren verrostet und einige Kabel brüchig. Aber es spuckte wenigstens einen Papierstreifen mit Kurven aus. Ich glaubte nicht daran, dass sich irgendjemand das Ergebnis ansah, nahm die Aktion aber als sicheren Hinweis, dass Axel jeden Augenblick abgeholt werden musste. Und das war tatsächlich der Fall.

Endlich raus hier! Ich weiß nicht, wer sich mehr darüber freute, Axel oder ich. Schon der Krankenwagen sah von innen Vertrauen erweckender aus als das gesamte hiesige Krankenhaus. Um so erstaunter war ich, dass wir in dieses noble Gefährt Axels Gepäck und Rad einladen konnten, ohne das jemand dabei Ärger machte. Nun gut, gemacht hätten wir es so oder so. Die zwei Krankenschwestern, die mitgekommen waren, um Axel abzuholen, hängten ihn gleich wieder an einen Tropf und studierten nun aufmerksam seine Fieberkurve. Danach wandte sich eine zu mir, schrieb eine Nummer auf einen Zettel und sagte in glockenklarem Englisch: »Ab morgen ist Ihr Partner unter dieser Nummer zu erreichen. Jederzeit können Sie ihn dann anrufen. Sie brauchen sich keine Sorgen mehr um ihn zu machen.«

Ich wusste nicht, ob es an dem ausgezeichnet eingerichteten Krankenwagen oder an ihrem guten Englisch lag. Aber ich glaubte ihr.

Mit Axels Abfahrt war mir eine zentnerschwere Last genommen. Sicher, nun musste ich Axels Part übernehmen, Konversation betreiben, verhandeln und notfalls um Geld streiten. Doch genau genommen hatte ich das schon während der letzten zwei Wochen gemacht. Nun musste ich mich wenigstens nicht mehr ständig um seine Gesundheit kümmern. Eigenartig, wie schnell ich die Sorgen abstreifen konnte. Ich fühlte mich frei, nicht ohne dabei ein schlechtes Gewissen zu haben. Warum eigentlich? Ich konnte nichts mehr für Axel tun. Ich ging ins Hotel. Duschen, Tagebuch schreiben, Sachen waschen, ausruhen, Bart schneiden. Einfach entspannen. Es war Zeit, wieder zu mir zu kommen.

Nun hatte ich die nötige Muße, um mir die nahe gelegenen Höhlen von Yungang anzusehen. Sie sind berühmt für ihre buddhistischen Kolossalstatuen und Felsreliefs. In einigen Höhlen befanden sich einzelne, monströse Statuen. Andere waren mit tausenden, auf den ersten Blick völlig identisch aussehenden Reliefs versehen. Doch der zweite Blick offenbarte jedes Mal etwas Individuelles. Und wenn nur das Gewand andere Falten warf. Ich war begeistert. Die mystische, Ehrfurcht gebietende Ausstrahlung übertraf die der Höhlen bei Dunhuang und Lanzhou bei weitem.

Doch mit Abstand am meisten beeindruckte mich eine kleine Höhle, die sich fast am Ende der Anlage befand. Ihr Eingang war gerade einen Hauch zu hoch, als dass ein von vielen, vielen Höhlen und Nischen ermüdeter Tourist hineinblicken konnte. Ich wusste selber nicht genau, warum ich hier heraufgeklettert war, um ausgerechnet in diese Nische zu sehen. Vor einem kleinen verwitterten Buddhareleif standen ein paar ganz winzige Bronzebuddhas auf einem bunten Tuch mit Rändern aus Goldfäden. Davor befand sich eine Schale mit abgebrannten Räucherstäbchen. Hier kroch also jemand in einem unbewachten Augenblick ab und zu, mitten in einer streng beaufsichtigten touristischen Anlage, die zum Weltkulturerbe gehört und für China ein absolutes Vorzeigeobjekt ist, in so eine Höhle und verehrte seinen Gott auf diese unerlaubte

Weise. Kein Niederknien oder Räucherstäbchen-Anzünden vor einem anderen, großen Buddha hätte mir so einen Beweis für die Lebendigkeit dieser Religion geben können wie gerade dieser verbotene, kleine Ausbruch. Allein dafür liebte ich die ganze Anlage. Und ich war traurig, dass Axel nicht dabei sein konnte.

Am nächsten Tag radelte ich los. Nachdem sich nahezu das gesamte Hotelpersonal von mir verabschiedet hatte und mir beste Grüße an Axel mit auf den Weg gegeben hatte, nahm ich das letzte Stück in Richtung Peking, die letzten vierhundert Kilometer, in Angriff.

Die Landschaft war sehr eben. Fruchtbarer Lösboden ließen eine intensive landwirtschaftliche Nutzung zu. Dennoch fuhr ich, erstmals seit Ewigkeiten, immer wieder durch ausgedehnte Wälder, oder besser: In Reih und Glied in großen Abständen gepflanzte Bäumchen – lebensfremde Kunstwälder. Mir gefiel es dennoch.

Leute vom Straßenrand schrieen mir laufend ›Hallo!‹ hinterher und lachten sich anschließend darüber kaputt. Ich drehte das Spiel nach einer Weile um und rief nun meinerseits ›Ni hao!‹, also ›Guten Tag‹. Danach lachte ich laut und lange, wie jemand, der einen blöden Witz gemacht hat, über den nur er selbst lachen kann. Die Leute zeigten daraufhin deutliche Symptome von Verstörung. Also ließ ich es sein und nahm meinerseits wieder das ›Hallo‹ nebst Gelache in Kauf. Geselligkeitsspiele eines einsamen Radlers.

Als ich wieder in die Berge kam und einen Schweiß treibenden Pass hinter mich gebracht hatte, lag das berühmte hängende Kloster vom Heng Shan vor mir. Es wartete im Bergschatten und war unglaublich vollgestopft mit Touristen. Ich verzichtete für heute auf eine Besichtigung. Stattdessen wollte ich auf den Heng Shan klettern, den gleich gegenüberliegenden, nördlichen, heiligen Berg der Daoisten. Die Straße dorthin führte zehn Kilometer fürchterlich steil bergauf. Zwischendurch wurde ich für die Anstrengung und den Schweiß durch schöne Aussichten auf die großzügige Bergwelt belohnt.

In einem Seitental stand eine einsame Industrieanlage. Wie Bienenstöcke stapelten sich gleich daneben die winzigen Wohnungen der Arbeiter an einem Berghang. Selten habe ich ein so auffälliges Beispiel für das chinesische Danwei-Ideal, der Einheit von Wohnen und Arbeiten, gesehen, und nie ein abschreckenderes.

Bald darauf war die Straße zu Ende. Ich stellte das Fahrrad in einer Gaststätte ab und nahm die wichtigsten Sachen mit. Von Norden her zogen dichte Regenwolken heran und der Weg auf den Berg war weit. Ein daoistisches Kloster mit in den Berg und die Felsen eingearbeiteten Tempelgebäuden lag an der Strecke. Ich musste mich beeilen, das Kloster rechts liegen lassen und schnell weiter berganlaufen, wenn ich noch vor Einbruch der Dunkelheit zurück sein wollte. Eine Steintreppe wand sich zwischen Kalkfelsen und exponiert wachsenden, krummen Kiefern bergauf. Ein ausgesetzter Grat führte zum Gipfel, auf dem sich eine große Funkantenne und ein ehemals zum Kloster gehörendes Haus befanden.

Direkt über mir stand eine dicke, dunkle Gewitterwolke, in der ständig Blitze zuckten und aus der Donner drang. Noch fiel kein Regen, aber ein elektrischer Schlag erwischte mich, als ich eine Eisenstange anfasste. Das Gewitter konnte jeden Augenblick losbrechen. Mir war nicht wohl dabei, den Grat zurückzulaufen. Doch es war nicht abzusehen, wie lange das Gewitter anhalten würde. Also rannte ich bergab. Weil ich sämtliche Filme, Tagebücher und anderes Gepäck mithatte, kam ich nicht schnell genug voran. Mit einem besonders lauten Gewitterschlag brach ein schwerer Regen los. Nun schlugen Blitze in den Berg ein. Ich rannte weiter und erreichte endlich die Steintreppe. Dort war ich zwar vor Blitzen halbwegs sicher, doch war sie durch den Regen fürchterlich rutschig geworden. Ich zwang mich, langsam zu gehen. Schließlich wollte ich nicht mit gebrochenen Knochen über Nacht hier liegen bleiben.

Als ich, völlig durchnässt, das erste Tempelgebäude erreichte, stellte ich mich sofort unter ein Dach. Dort hockte bereits ein alter daoistischer Mönch und feilte mit einem Stein an einem Holzspan. Neben ihm saß ein jüngerer, der ihm zusah. Sie wirkten auf mich sehr zufrieden und glücklich. Schließlich holte ich mein Multifunktionswerkzeug mit einer Feile hervor und gab es dem älteren. Er freute sich über die unerwartete Hilfe und lud mich ein, mich neben ihn zu setzen.

Eine kleine verspielte Katze war dort mit einem kurzen Strick angebunden und nahm mich und mein Gepäck als unerwartetes Spielzeug in Beschlag. Der dunkelblau gekleidete Mönch kicherte. Er hatte langes, strähniges Haar, das oben auf dem Kopf zu einem Knoten zusammen gebunden war. Sein dunkelbrauner Hut war nach oben offen, so dass das Haar frei lag. Es war wie der schüttere Spitzbart und der Schnurrbart schlohweiß. Seine Augen strahlten absolute Güte, aber auch

Spitzbübigkeit aus. Die Fältchen an den Augen deuteten darauf hin, dass er viel lachte. Ganz offensichtlich machte er ständig kleine Witze auf meine Kosten. Ich sah, wie er immer wieder auf meine behaarten Arme schielte und musste auch lächeln.

Die ganze weitläufige Klosteranlage hier oben und auch die schmalen, gewundenen Wege waren sehr dezent und ästhetisch in die Landschaft eingepasst. So dominierten sie nicht, sie harmonierten. Damit schien das daoistische Prinzip, nach Möglichkeit alles so natürlich wie möglich zu belassen, sehr gut umgesetzt worden zu sein.

Eine Frau kniete in einem Tempel auf einem Kissen vor einer Statue. Jedes Mal, wenn sie sich vorbeugte, schlug ein Mönch einen kleineren Gong. Ganz leicht, doch in der Stille war der Ton weit zu hören.

Als der Regen aufhörte, wurde es auch schon dunkel. Jetzt, so spät abends, waren keine Touristen mehr hier oben. Dafür waren viele Mönche im Kloster unterwegs, alle mit langen, zusammengeknoteten Haaren. Mit Gesten fragte mich der Alte, ob ich hier schlafen wollte. Ich hatte riesige Lust dazu. Doch das ging leider nicht und ich ärgerte mich darüber! Dem Kneiper, der auf mein Fahrrad aufpasste, hatte ich versprochen, bei ihm zu Abend zu essen, und außerdem wollte ich ganz früh beim hängenden Kloster sein. Vor dem Touristenansturm, wenn das erste Morgenlicht in die schmale Schlucht fiel. Ich musste rennen, um nicht in absoluter Finsternis unten anzukommen.

Der Kneiper wollte mir natürlich die teuersten Gerichte aufdrängen. Ich sagte meinen Standardsatz für solche Fälle auf.

»Tut mir leid, aber ich esse nur vegetarisch.«

Das ist nicht nur gesünder, sondern auch sehr viel billiger als die teuren ›Spezialitäten‹, in denen sich, wie ich einmal zu Axel gesagt hatte, sein Lieblingswort ›spezial‹ nicht zu Unrecht verbarg. Der Kneiper war ein junger Mann mit einer Hasenscharte und sehr burschikosem Auftreten. Ein hübsches Mädchen mit Kleinkind ging ihm zur Hand. Ich schätzte sie auf sechzehn Jahre. Plötzlich hackten alle Anwesenden auf mich ein, ich sollte doch die Nacht mit ihr verbringen. Sie stand verschämt vor mir und kicherte. Ich hatte den starken Verdacht, dass sie mit dem Kneiper zusammenlebte und alles nur ein Spaß auf meine Kosten sein sollte. Also antwortete ich, dass ich verheiratet sei. Normalerweise hilft das in solchen Situationen. Doch diesmal bedeuteten mir alle: Nach außen hin bist du natürlich mit einer Frau verheiratet. Aber ab und zu

mal eine andere ..., das brauchte man ja niemandem zu erzählen ...
Der Kneiper bot mir an, dann eben allein hier zu schlafen. Er war sehr nett. Doch ich wollte früh los und schlief, um ihn nicht so zeitig zu wecken, lieber draußen. Von dort sah ich, wie der Kneiper und das Mädchen zusammen ins Hinterzimmer gingen. Dann wurde das Licht gelöscht.

Das hängende Kloster vom Heng Shan schmiegt sich an eine hohe, senkrechte Felswand. Der obere Teil ist mit langen, ihn abstützenden Holzsäulen auf einen kleinen Sims gemauert. Viele Räume sind sogar direkt in den Felsen hineingearbeitet. Im Kloster sollte es konfuzianische, daoistische und buddhistische Elemente geben. Doch ich ging nicht hinein. Zum einen fand ich keinen vertrauenswürdigen Platz für mein Rad, zum anderen war ich mir sicher, dass nicht das Innere, sondern die beeindruckende und ungewöhnliche Bauweise das Interessanteste an diesem Kloster war. Außerdem fand ich, dass es zu einer Touristenattraktion verkommen war. Ich ärgerte mich, den letzten Abend nicht doch in dem daoistischen Kloster verbracht zu haben.

Die Berge wurden nun weicher, runder und waren nicht mehr so schroff. Sofort verließ die Straße das Flusstal und führte auf einen Berg hinauf. Dann folgte sie dem Bergkamm. Solche ›Kammstraßen‹ kenne ich ausschließlich von China. Schon in alter chinesischer Literatur werden sie erwähnt. Warum führten sie nicht, wie sonst überall in der Welt, im Tal entlang? Kammstraßen sind gewöhnlich länger und haben, da es auf dem Kamm ständig rauf und runter geht, insgesamt auch eine größere Höhendifferenz zu überwinden. Warum also? Doch bestimmt nicht wegen der besseren Aussicht, die ich jetzt so genoss.

Zwei Gründe fielen mir auf Anhieb ein. Zum einen fehlte dem Bergzug dadurch der trennende Charakter. Die Talbewohner dürften sich nicht so fremd sein, wie man das aus anderen Bergländern kennt, denn die Kammstraße wird von den Bewohnern beider Täler genutzt. Ein anderer, vielleicht noch wesentlicherer Vorteil dürfte in der besseren militärischen Kontrolle und staatlichen Aufsicht liegen. Sicher gibt es noch weitere Gründe. Dass solche Straßen viel schöner sind, dürfte dagegen kaum eine Rolle gespielt haben. Oder sollte den Chinesen der Sinn für Ästhetik nur im Laufe der Jahrhunderte abhanden gekommen sein? Heutzutage werden neue Straßen nur noch in Tälern gebaut.

Der abendliche Anruf bei Axel brachte sehr gute Nachrichten. Er hatte sich inzwischen so weit erholt, dass er schon am nächsten Tag entlassen werden konnte. Woran er eigentlich erkrankt war, konnten ihm die Ärzte auch in Peking nicht sagen. Irgendein Infekt. Aber das sagen Ärzte bekanntlich immer, wenn sie im Dunkeln tappten.

Ich brauchte noch drei Tage bis nach Peking. Drei Tage, an denen sich Axel erholen und Kräfte sammeln konnte.

»Die Ärzte haben gesagt, unsere Fieberkurve, in der eingetragen war, wann ich welche Medikamente genommen habe, war Gold wert«, erzählte mir Axel am Telefon. »Dadurch konnten sie sich einiges zusammenreimen.«

»Nur was du hattest, wissen sie immer noch nicht?«

»Nein, das ist mir eigentlich auch egal. Hauptsache, ich bin wieder fit. Aber was ich dich noch fragen wollte: Was hast du eigentlich heute Abend gegessen?«

»Eine Nudelsuppe, wie meistens.«

»Also vor mir steht gerade ein Shrimpcocktail. Mein Problem ist nur, dass ich ihn wieder zurückgeben muss. Ich habe nämlich keinen Appetit mehr.«

»Du verarschst mich doch, oder?«

»Nein. Die bringen mir für jede Mahlzeit einen ganzen Stapel Speisekarten aus umliegenden Nobelrestaurants. Daraus kann ich mir was auswählen. Und diesmal wollte ich eben mal so etwas probieren. Nur habe ich seit der Bestellung wieder den Appetit verloren.«

»Na dann Mahlzeit!«

Ich legte auf. Schließlich hatte ich angerufen, weil ich besorgt war und nicht, weil ich mir von Delikatessen vorschwärmen lassen wollte.

Am nächsten Morgen stand ich noch vor Sonnenaufgang auf und wollte losfahren. Mein Rad hatte einen Platten. Ein Flicken am Vorderrad war über Nacht geplatzt. Ohne jede Belastung. Er hatte dem Luftdruck nicht standgehalten. Würden nun alle anderen Flicken, die ich unterwegs gekauft hatte, auch platzen? Ich hatte keine von zu Hause mehr dabei und versuchte, derartige Befürchtungen zu zerstreuen.

Morgennebel mit Kohlequalm vermischt lag über den Häusern der Kleinstadt. Nur ganz fahl schien die Sonne. Allmählich erwachte die Siedlung. In den Dörfern radelten die Leute zur Feldarbeit oder saßen in Gruppen irgendwo herum und warteten auf eine dieser blauen dreirädrigen Lastenkarren, die die Arbeiter früh abholten.

Die Straße verließ das fruchtbare Tal und folgte nun einem Flusslauf, der eine mächtige Schlucht durch ein Kalkgebirge gegraben hatte. Riesige, senkrechte Wände mit grünen, dicht bewachsenen, vielleicht unbegehbaren Gipfeln ragten über eine äußerst schmalen Klamm. Ausgesetzte, imposante Felskuppen ringsum begeisterten mich. Ein Kloster war elegant und harmonisch unter einen riesigen Kalksteinüberhang gebaut.

Plötzlich, mitten in diesem schönen Tal, ein gigantischer Stau, verursacht durch eine Polizeikontrolle, wie sich später herausstellte. Auf mindestens fünf Kilometern Länge standen die Kohlelaster Stoßstange an Stoßstange. Ich mogelte mich irgendwie durch, immer damit rechnend, dass vor mir jemand eine Fahrertür aufreißen könnte und ich mit dem Kopf dagegen knalle. Beim Türaufmachen und Rausspringen achtete grundsätzlich niemand auf den Verkehr von hinten! Auch nicht auf Autos.

Ich fuhr vorbei an Lastern mit Kohle, an welchen mit Kohlestaub oder an leeren, aber von Kohle verdreckten Lastern. Fast immer fuhren gleich viel beladene wie leere Lastwagen in beide Richtungen. Dahinter musste ein System stecken. Wir hatten viel darüber nachgedacht, waren jedoch nicht mal ansatzweise zu einer Lösung gekommen. Irgendwie schien das halbe Land nur mit Kohle beschäftigt zu sein. Überall schippten Leute an Kohlebergen. Andere klaubten Kohlestücken von den schmutzigen Straßenrändern. Ruß machte die Orte grauschwarz und der Wind blies die Ascheberge auf die Felder. Auch ich selbst war völlig verdreckt von dem Staub. Selbst unter den Axelhöhlen!

Schroffe Berge rückten wieder näher. Plötzlich sah ich vor mir hoch oben auf einem Berggrat die Große Mauer. Sie war aus riesigen Steinquadern errichtet und sehr viel besser erhalten, ungleich markanter und beeindruckender als weiter im Westen. Ja, hier war sie die Große Mauer aus dem Bilderbuch, die sich majestätisch über die Berge schwang. Eine halbe Stunde lang radelte ich staunend weiter, fasziniert von dieser großartigen Linie, von der Harmonie zwischen Berggraten und Mauerzügen, Türmen und Treppen. Doch dann stellte sich wieder die alte Abneigung ein und der Hass auf die Herrscher, welche tausende Arbeiter sinnlos für dieses Bauwerk geopfert hatten.

Ich wählte mir eine kleine Straße aus, die bis unmittelbar vor Peking durch die Berge führte. Weniger Straßenverkehr und vielleicht auch hübsche Aussichten von den Pässen bewogen mich dazu, selbst wenn das nun bedeutete, dass ich ständig steil bergauftreten oder scharf bergab bremsen musste.

Schon nachdem ich von der Hauptstraße abgebogen war, zahlte sich meine Entscheidung aus: eine winzige Straße, die sich durch Wälder wand, welche ganz langsam den Morgennebel aufsteigen ließen. Die Sonne tauchte den Wald in ein gelbes, geheimnisvolles Licht. Jemand hackte irgendwo Holz. Der Schall trug weithin durch das Tal. Selbst eine halbe Stunde später, als ich auf einer Serpentinenstraße schon ein ganzes Stück Höhe gewonnen hatte, hörte ich noch die gleichmäßigen, dumpfen Schläge. Plötzlich gesellte sich dazu ein von oben kommendes, eigenartiges Surren. Kinderkreischen war zu hören. Noch während ich überlegte, worum es sich dabei handelte, wurde das Geräusch lauter und kam schnell näher. Plötzlich schossen um die Kurve vor mir drei vielleicht zehn Jahre alte Jungs auf Seifenkisten, deren Räder aus Kugellagern bestanden. Der in Führung liegende Junge raste geradewegs auf mich zu und musste scharf bremsen, um einer Kollision zu entgehen. Er presste dazu ein Stück Gummi, das wie ein Teil eines Autoreifens aussah, auf die Straße. Laut kreischend überholten ihn die anderen beiden, und im Nu war der Spuk hinter der nächsten Kurve verschwunden.

Auf der einsamen, nun von der Sonne erwärmten Straße kroch ich weiter nach oben. Unverhofft brachte mich eine extrem steile Abfahrt wieder auf die Ausgangshöhe und der nächste Anstieg lag vor mir. In zwei Tagen, so hatte ich mich mit Axel verabredet, musste ich in Peking sein. Das bedeutete, dass ich heute wenigstens hundertzehn Kilometer schaffen musste. Eigentlich eine Kleinigkeit. Doch diesmal zogen sie sich in die Länge.

Ich wurde unsicher. Würde ich diese Stecke bei diesen steilen Bergen schaffen? Um etwas schneller zu sein, nahm ich mir vor, den nächsten Anstieg nicht hinaufzuschieben, wie ich es eigentlich vor hatte. In einem kleinen Gang kroch ich gleichmäßig tretend hinauf.

Vor mir lag ein schlechter Pass, einer, der je höher ich hinaufkam, noch viel mehr an Höhe zunahm. Ich wollte zügig radeln, also keine Pausen machen. Immer wieder sagte ich mir: ›Bis zu dieser Kurve dort vorn, dann sehe ich weiter‹. Siebenundzwanzig Kilometer ging das so. Mein rechtes Knie schmerzte wieder. Seit der Taklamakan machte es mir ständig zu schaffen. Der Schweiß lief mir in Strömen herab und ich kam trotzdem nicht umhin, den Anstieg und später auch den Pass zu mögen. Nein – er war nicht wirklich schlecht. Er gönnte mir sogar grandiose Aussichten über eine wilde, kaum bewohnte Bergwelt, die ich so dicht vor Peking nie erwartet hätte.

Nicht nur meine Einstellung zu Pässen hatte sich geändert, ich begann allmählich noch viel mehr mit anderen Augen zu sehen. Auch meine Einstellung zu China. Über so viele Dinge hatte ich mich geärgert! Doch stand mir das wirklich zu? Ich war nur Gast hier und wenn ich ein Land vorzufinden hoffte, das meiner Kultur ähnlich ist, dann durfte ich nicht hierher fahren. Nein – wenn ich in ein exotisches Land reiste, musste ich auch akzeptieren, dass es anders war als erwartet. Trotzdem wurde mir klar, wie schwer mir das mitunter fiel. Und ich begriff auch, dass es Dinge gab, die ich akzeptieren musste, auch wenn ich mich nie mit ihnen anfreunden würde.

Ganz besonders wurde mir das bei der abendlichen Abfahrt klar. Ich genoss die laue Luft und den guten Ausblick und rollte langsam auf dem glatten Asphalt dahin. Plötzlich sah ich in vielleicht zweihundert Metern eine Familie auf einem Maultier entgegenreiten. Vater, Mutter und ein kleines Kind. Dazu jede Menge Gepäck. Augenblicklich bremste ich noch mehr. Das tat ich immer, um die Tiere nicht zu verunsichern.

Das Maultier hatte mich längst gesehen. Es lief noch ein Stück weiter und dann, als wir nur noch etwa hundert Meter auseinander waren, fing es plötzlich an zu traben. Sofort hielt ich an. Nach drei oder vier Schritten des Tieres sah ich, wie der Sattel, auf dem die Familie saß, seitlich zu rutschen begann und schließlich langsam hinunterfiel. Relativ weich, auf das Gras am Straßenrand. Von der Last befreit, wendete das Tier, rannte zurück und verschwand hinter einer Kurve. Niemandem war etwas passiert. Der Mann rannte seinem Tier hinterher. Mutter und Kind setzten sich demonstrativ mit dem Rücken zu mir an den Straßenrand. Ich war mir keiner Schuld bewusst. Also rollte ich ganz langsam, bereit augenblicklich anzuhalten, an ihnen vorbei zu der Kurve, hinter der Maultier und Mann verschwunden waren.

Ich fand den Mann in einem aufgeregten Gespräch mit einem Jungen, der zufällig dort stand und nun den Berghang hinab zeigte, den das Tier vermutlich hinuntergerannt war. Als mich der Mann bemerkte, rannte er auf mich zu und stieß mich vom Rad. Nicht so, dass ich gestürzt wäre, aber auch nicht gerade harmlos. Dazu schrie er auf Chinesisch auf mich ein und fuchtelte wild mit den Armen herum.

Ich lehnte mein Rad an, baute mich vor dem Chinesen auf und fing nun meinerseits an, ihn anzubrüllen. Auf Deutsch.

»Du bist wohl nicht ganz dicht, mich hier anzuschreien! Du Idiot solltest erst mal lernen, dein Tier zu beherrschen, bevor du damit auf eine öffentliche Straße gehst! Und wenn du nicht weißt, dass man einen Sattel festbinden muss, ist dir anscheinend sowieso nicht mehr zu helfen! Und was, verflucht, hätte ich denn tun sollen, deiner Meinung nach?«

Auch wenn ich äußerlich bewusst den Eindruck vermittelte, war ich innerlich kein bisschen wütend. Ich wollte ihn nur dazu bringen, über sich nachzudenken und mir vor allem keinen Stein hinterherzuwerfen, was bei einer überstürzten Flucht schnell passieren kann.

In Wirklichkeit hatte ich schon mehrfach von ähnlichen Situationen gelesen, in denen bei Unfällen teilhabenden Ausländern generell die Schuld gegeben wurde, nach dem Motto: Wenn du nicht hier gewesen wärst, wäre dieser Unfall nicht passiert! Die Frage nach Recht und Unrecht trat bei dieser Sichtweise natürlich in den Hintergrund. Und ganz so fremd, wie es im ersten Augenblick scheint, ist uns diese Betrachtungsweise doch gar nicht. Wie oft werden in Deutschland Ausländer für die Arbeitslosigkeit verantwortlich gemacht?

Nun ja, selbst wenn ich solches Gerechtigkeitsempfinden irgendwie akzeptieren muss, auch um das kennen zu lernen, war ich ja losgefahren. Gutheißen konnte ich es trotzdem nicht. Aber wer sagt eigentlich, dass man alles Fremde auch gutheißen muss? Sicher, es ist üblich geworden, von bereisten Ländern nur das Beste zu erzählen. Warum eigentlich? Wäre es nicht sinnvoller, treffende Vergleiche anzustellen, auch wenn das Ergebnis unter Umständen nicht wie erwartet ausfällt?

Mit solchen Überlegungen erreichte ich Vororte von Peking. Vororte, oder besser Vorstädte, die ineinander übergingen und den gewaltigen Moloch Peking einleiteten. Auf eine Autobahn mit eigentlich idealen Randstreifen war für Radfahrer kein Raufkommen. Ich musste mich durch kleine, von Bussen, Taxen und Mopeds verstopfte Nebenstraßen quälen und ihre Abgase einatmen.

Auf dem Gepäckträger eines Mopeds waren drei Schafe festgebunden. Sie ließen die Köpfe hängen und ich dachte, sie seien tot. Doch als das Moped an mir vorbei fuhr, hob eines den Kopf und schaute mich kurz aus blutunterlaufenen, nach Hilfe schreienden Augen an. Als es begriff, dass auch ich nicht helfen würde, ließ es den Kopf enttäuscht wieder sinken.

Teestuben mit roten Papierlampions luden zum Verweilen ein. Aus einer Nebenstraße kroch der schwere Duft von Räucherstäbchen in meine Nase. Doch noch bevor sich dieser Anflug des alten, geheimnisvollen China verstärkte, verkrümelte er sich wieder und machte einer modernen, von Hochhäusern und breiten Straßen mit ebenso breiten Radwegen beherrschten Stadt Platz. Ich war völlig verunsichert. Das war Peking? Die Hauptstadt von China?

Sie schien mit dem Rest des Landes, den ich bisher kennen gelernt hatte, reinweg gar nichts gemeinsam zu haben. Internetcafés machten mit riesigen Leuchtreklamen Werbung, ein gigantisches Einkaufszentrum bot so ungefähr alles, was niemand brauchte und trotzdem gekauft wurde. Jeder, bis auf mich, lief in irgendwelchen Markensachen schick angezogen herum. Ich fühlte mich deplatziert. Nein, das war nicht das China der heißen Dumplings und der von Kohlestaub angegrauten Tempel mit den geschwungenen, roten Dächern! Niemand spuckte um sich und keiner verrichtete seine Notdurft hinter irgendwelchen Häuserecken. Das war eine andere Welt!

Dann der Platz des Himmlischen Friedens. Er bot wirklich ein wenig Frieden. Die Besucherströme verloren sich in seiner endlosen Weite. Kinder ließen Ketten aus zehn oder zwanzig hintereinander befestigten Papierdrachen aufsteigen. Ich sah ihnen zu, bis ich bemerkte, dass zwei der Kinder Schuhe trugen, an denen kleine elektrische Lämpchen blinkten. Mein Frieden bekam einen Knacks. Aber ich musste sowieso weiter, wenn ich noch rechtzeitig zum vereinbarten Treffpunkt mit Axel kommen wollte. Also fuhr ich ins Diplomatenviertel.

Nachdem ich mehrere Male in falsche Richtungen abgebogen war, fand ich schließlich doch noch die richtige Botschaft. Noch bevor die deutsche Fahne zwischen all den grünen Bäumen zu erkennen war, sah ich Axel irgendwo im Schatten auf einem kleinen Geländer hocken. Er hatte mich noch nicht bemerkt, weil er sich in einem lebhaften Gespräch mit mehreren Journalisten und Fernsehleuten befand. Seinen Gesten entnahm ich, dass er noch immer stark geschwächt war. Auch seine Gesichtsfarbe sah ungesund aus. Unter den Augen hatte er große dunkle Ringe.

»... war unglaublich, diese friedliche Religiosität, diese Harmonie, das war etwas, was ich noch nie so tief und angenehm empfunden hatte, wie gerade hier in China. Und bei all dem die ständigen kleinen Scherze. Selbst wenn sie oft auf unsere Kosten gingen, sie waren lieb gemeint und hatten etwas sehr Vertrauliches an sich. Das hat mir in China am besten gefallen.«

Erst jetzt bemerkte mich Axel.

»Und dort drüben kommt mein Reisepartner angeradelt. Er hat die letzte Etappe allein zurücklegen müssen, wie ich ja schon erklärt habe.«

Alle Köpfe drehten sich zu mir um. Ich war ein wenig verlegen. Zwar war ich während der ganzen Tour gewöhnt, viel Aufmerksamkeit geschenkt zu bekommen. Doch wenn sich dazu noch eine ganze Reihe Kameras gesellten, war es schon etwas anderes.

»Hallo, Mister Peter. Und was ist Ihr Eindruck vom heutigen China?«

Ich musste mich erst einmal kurz sammeln, ehe ich antworten konnte. Schließlich war ich noch nicht einmal dazu gekommen, Axel nach seiner Gesundheit zu befragen.

»Ich bin erstaunt und angenehm überrascht, wie viele und wie schnell sich die Dinge in China in den letzten sechs Jahren geändert haben. Das Land ist unglaublich bunt geworden. Die einheitsblauen Maouniformen sind fast völlig verschwunden. Mir ist es nicht einmal gelungen, auch nur von einer ein Foto zu machen.«

Alle lachten.

»Mao selbst scheint zum großen Teil verschwunden. Zwar wird ihm als Staatsgründer immer noch entsprechend viel Ehre zuteil und sein Bild hängt immer noch am Kaiserpalast, doch scheint mir der Umgang mit seiner Person inzwischen differenzierter, ehrlicher zu sein.«

»Ist Ihre Reise jetzt beendet?«, wollte ein grauhaariger, streng dreinblickender Journalist wissen.

»Diese Radreise – ja. Aber wir möchten eine Antwort Chinas an unsere Kultur mit zurücknehmen. Nicht jetzt. Erst in zwei Jahren, wenn wir wie Marco Polo mit einer Dschunke zurück nach Europa segeln.«

»Was denn für eine Antwort, worauf?«

Ich war erstaunt, dass Axel das noch nicht erwähnt hatte. Er wühlte in seinen Papieren, um die Petition zu finden.

»Hier ist sie«, rief er, nachdem er sie herausgefischt hatte und hielt das Schreiben in die Luft. »Das ist die Petition, in der wir alle, die westliche Welt ebenso wie die chinesische, zu mehr Toleranz anders Denkenden gegenüber aufrufen und mit der wir für einen intensiven und friedlichen Dialog zwischen den Kulturen werben wollen.«

Plötzlich richteten sich alle Augen auf diese Stückchen Papier. Kurzes Schweigen setzte ein, während die vordersten lasen, was darauf geschrieben stand.

»Ist das eine Kritik? Und wenn ja, wie ist sie gemeint?«, fragte ein anderer älterer Herr, der schon die ganze Zeit sehr ernst geschaut hatte.

»Nein!«, antwortete Axel. »Das soll eine Aufforderung an alle sein, sich mit den anderen auseinander zu setzen, sich mit ihnen zu unterhalten. Immer wieder haben wir auf unseren Reisen, und auf dieser ganz besonders erlebt, wie Kriege damit anfangen, dass eine Seite mit der anderen nicht mehr spricht, dass sie ›die anderen‹ ausgrenzt, nicht mehr verstehen will und bald darauf auch nicht mehr verstehen kann.«

»Wie meinen Sie das?«, fragte der ältere Herr nach.

»Wir haben uns zum Beispiel mit einem Palästinenser unterhalten, der ganz erstaunt war, als wir ihm erklärten, dass auch Juden kein Schweinefleisch essen. ›Dann sind die in dieser Beziehung ja gar nicht so anders als wir‹, hat er erstaunt geantwortet und wusste gar nicht, wie Recht er damit hatte.«

Der ältere Journalist war plötzlich ganz angetan von unserem Schreiben. Spontan erklärte er sich bereit, die Petition in seiner Tageszeitung komplett abzudrucken. Das war weit mehr, als wir uns erhofft hatten. Ein Aufruf, der an alle geht!

Für den friedlichen Dialog zwischen den Kulturen der Welt

Den Spuren Marco Polos, dieses großen Entdeckers und Humanisten des Mittelalters, zu folgen, heißt für uns vor allem, Toleranz und Verständnis für andere von unserem Vorbild zu lernen. Deshalb möchten wir die alten Sehnsüchte der Menschen nach Frieden, Freiheit und Gleichberechtigung lebendig halten.

Jedoch führen Missverständnisse immer wieder zu blutigen Auseinandersetzungen. Dennoch haben alle Völker die Vision eines friedlichen, freiheitlichen und gleichberechtigten Zusammenlebens.

Für dieses Ziel lohnt es sich über alle Widersprüche hinweg im Gespräch zu bleiben, aufeinander zuzugehen und voneinander zu lernen. Das erfordert jedoch den Anspruch jedes Einzelnen an sich selbst, Verantwortung für sich und für andere zu übernehmen, Verständigung zu ermöglichen, Toleranz zu leben. Aus Verpflichtung gegenüber diesen Überzeugungen sind wir unterwegs.

Auf dem Weg von Europa nach Asien folgen wir den Spuren Marco Polos, der sich im Mittelalter auf die Reise in ein unbekanntes Land einließ. Heute erreichen uns in Europa die Nachrichten aus China und von anderswo nur durch den Filter der Medien oder aufgebauscht zur Top-News. Wirtschafts- und Handelskonzerne stoßen in ihren eigenen Interessen auf neue Märkte vor. Politiker begeben sich im Parteien-Auftrag auf Reisen.

Unser Vorhaben aber ist es, mit den Menschen ins Gespräch zu kommen. Dabei sollen verschiedene Herkunft, andere Sprache, unterschiedliche Religion nicht trennen, sondern vielmehr als gegenseitige Bereicherung verstanden werden.

Wir wollen ›Weltsichten‹ sammeln und weitergeben. Wie einst Marco Polo wollen wir Botschafter sein zwischen unserer Heimat und Asien, zwischen Mitteleuropa und Fernost. Wir folgen seinen Spuren und hoffen, selbst Spuren zu hinterlassen.

Axel Brümmer und Peter Glöckner

DANK

In manchen Sandsturm haben wir uns fürchterlich einsam und hilflos gefühlt. Etliche Male wurden wir von unnahbaren Konsularbeamten ohne die dringend benötigten Visa aus deren kolonialzeitlich eingerichteten Büros geschickt. Und als Axel lebensgefährlich krank wurde, war jede Hilfe so weit entfernt.

Gerade deshalb danken all unseren Freunden, die schon bei der Vorbereitung dieser Reise mit Ratschlägen und tatkräftiger Hilfe mitwirkten und sich mit großem persönlichem Einsatz für deren Gelingen einsetzten, wenn es unterwegs wieder einmal nicht weiter zu gehen schien.

Stellvertretend für alle, die sich um uns sorgten, sich für das Gelingen dieser abenteuerlichen Reise sowie des vorliegenden Buches einsetzten und deren Fernweh uns unmerklich begleitete, möchten wir Bernd, Jörg sowie Ramona und Hendrik nennen.
Wir haben euch so manche Sorge bereitet und haben doch immer Hilfe und Unterstützung erhalten. Dafür möchten wir uns bei allen bedanken.

Axel und Peter

Wir bedanken uns bei folgenden Firmen:

LEICA

Kodak Professional

www.Globetrotter.de
Ausrüstung

Weltklasse aus Rosenheim seit 1907   http://www.klepper.de

Deutsche Bank 24

Axel Brümmer & Peter Glöckner

Nachdem sie 1995 wieder von ihrer Weltumradlung nach Deutschland zurückgekehrt waren, erstellten Axel und Peter ihren ersten aufsehenerregenden Diavortrag. Inzwischen entwickelten sich die beiden zu angesehenen Fotojournalisten und Diareferenten, was besonders ihre TV- und Druckveröffentlichungen beweisen. Weitere Reisen führten sie nach Australien, in den Oman und in das Amazonasgebiet. Erlebnisse und Fotos dieser Reisen werden in verschiedenen Büchern und Diavorträgen gezeigt.

Weiter Informationen über Vorträge, Termine, Expeditionen und das Thüringer Dia-Festival erfahren Sie im Internet unter:

www.weltsichten.de

Folgende Bücher sind bereits in der Reihe Weltsichten erschienen:

WELTSICHTEN
FÜNF JAHRE MIT DEM FAHRRAD UNTERWEGS

Mit dem Fahrrad um die Welt. Peter Glöckner und Axel Brümmer erfüllen sich diesen Traum. Einen Tag vor der Währungsunion starten sie im Sommer 1990, noch als DDR-Bürger, zu einer Reise, die sie erst nach fünf Jahren ins wiedervereinigte Deutschland zurückführt. Auf ihrer Tour über fünf Kontinente und durch rund 60 Länder legen sie mehr als 80 000 Kilometer zurück. Sie erleben eine tiefe Freundschaft. Unterwegs begegnen ihnen hilfsbereite Eingeborene und gönnerhafte Millionäre. Andererseits sind sengende Hitze und mörderische Kälte, Krankheiten und Bürokratie zu überwinden.

245 Seiten mit vierfarbigen Abbildungen
Format 13,4 x 21,5 cm
Axel Brümmer & Peter Glöckner
Verlag Weltsichten, Saalfeld
ISBN 3-934996-00-0

UNTERWEGS ZUM AMAZONAS
MIT FALTBOOTEN ZU GOLDSUCHERN UND INDIANERN

Sieben Reisen führten Axel und Peter immer wieder in den Amazonaswald. Bisher fuhren sie per Fahrrad, Schiff und Einbaum auf 20 000 Kilometern zu Indianerstämmen, Urwaldbauern und Einsiedlern. Diese hier geschilderte Faltbootreise stellt in einem spannenden Panorama die Extremerlebnisse einer abenteuerlichen Fahrt quer durch Südamerika dar. Diese Reiseerzählung stellt das Meer aus Wäldern und Strömen sowie die beiden bekannten Abenteurer aus Sicht eines ›normalen‹ Europäers dar.

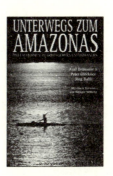

320 Seiten mit vierfarbigen Abbildungen,
Format 13,4 x 21,5 cm
Axel Brümmer & Peter Glöckner, Jörg Buhl
Verlag Weltsichten, Saalfeld
ISBN 3-00-004921-5

Diavorträge

AUSTRALIEN
GRENZENLOSE WEITE

Auf der Radreise durch alle Wüsten Australiens lernen die beiden Fotojournalisten das Innere des fünften Kontinents kennen. Auf ihrer Tour von West nach Ost legten sie 6 500 Kilometer auf Sand- und Schotterpisten in einer großartigen Landschaft zurück. Der Bogen spannt sich von sportlichem Abenteuer zur ältesten noch lebenden Kultur, von den Aborigines bis hin zu den australischen Cowboys im Outback.

AMAZONAS
VON DEN ANDEN ZUM ATLANTIK

Eine eindrucksvolle Faltbootreise führt die beiden Abenteurer durch das gewaltigste Flusssystem der Erde. In authentischen Darstellungen zeigen Axel und Peter das Leben im Urwald ihr Zusammenleben mit Eingeborenen und spontane Erlebnisse mit dreist neugierigen Krokodilen, wohlschmeckenden Piranhas und lärmenden Papageien.

Weltsichten
Fünf Jahre mit dem Fahrrad unterwegs

Die ganze Welt bereisen, in Gedanken mit Heinrich Harrer und Marco Polo oder den Helden Karl Mays unterwegs sein, auch Axel und Peter träumten diesen Traum. Doch das Reisen in ferne Länder blieb für sie in der DDR bis 1990 ein unerfüllbarer Wunsch. Die Mauer fiel und die beiden packten ihre Fahrräder. Berührende Erlebnisse mit freundlichen und hilfsbereiten Menschen in aller Welt, machen diese Schilderung einer Reise über 80 000 Kilometer in fünf Jahren mit dem Fahrrad um die Welt zu einem nachhaltigen Zuschauererlebnis.

Auf Marco Polos Spuren
Mit dem Fahrrad von Venedig nach Peking

Von Marco Polo inspiriert brechen Axel Brümmer und Peter Glöckner auf. Die achtmonatige Tour wird zu einer Reise in den Schmelztiegel von vier Weltkulturen und den schönsten Landschaften der Erde. Doch wie an einer Perlenkette reihen sich die Krisenherde der Gegenwart an der Strecke auf: Palästina, Libanon, Kurdistan, Iran, Mittelasien, China. Zusätzlich zu den Herausforderungen in den Steppen, Wüsten und Gletschergebirgen zwischen Arabien und Ostasien benötigen beide ein starkes Einfühlungsvermögen in die kulturelle Vielfalt von Moslems, Juden, Türken, Persern, Mongolen und Chinesen, das für Gelingen und Überleben der Reise erforderlich ist.

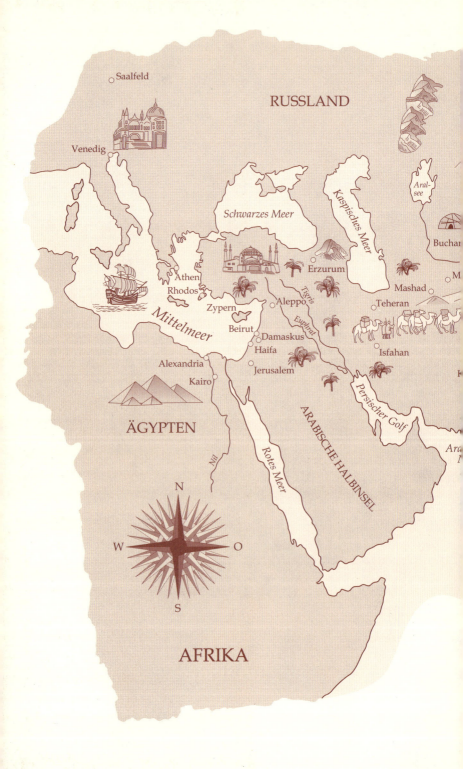